创新创业教育译丛

杨晓慧 王占仁 主编

国际创业教育
——议题与创新

〔法〕阿兰·法约尔 编
〔德〕海因茨·克兰特

金　昕　王占仁　译
王晨霏　曹清华
李　莹　张思奇　校

2019年·北京

INTERNATIONAL ENTREPRENEURSHIP EDUCATION

Copyright © Alain Fayolle and Heinz Klandt, 2006

This edition arranged with Edward Elgar Publishing Limited

through Big Apple Agency, Inc., Labuan, Malaysia.

All rights reserved.

中译丛书序言

高校深入开展创新创业教育对于提高高等教育质量、促进学生全面发展、推动毕业生就业创业、服务创新型国家建设发挥了重要作用。高校创新创业教育的基本定位是培养创新创业型人才，造就"大众创业、万众创新"的生力军。为了切实提高创新创业型人才培养质量，就要把创新创业教育真正融入高校人才培养全过程，以培养创新创业型人才为核心目标，以把握创新创业型人才成长规律为基本依据，以创新创业型人才培养质量为主要评价标准，在创新创业型人才培养视域下规划和推进高校创新创业教育。

培养创新创业型人才是国家实施创新驱动发展战略、促进经济提质增效升级的迫切需要。在创新型国家建设的新形势下，国家对创新创业教育有了新的期待，希望创新创业教育能够培养冲击传统经济结构、带动经济结构调整的人才，这样的人才就是大批的创新创业型人才，以此来支撑从"人力资源大国"到"人力资源强国"的跨越。

培养创新创业型人才是世界高等教育发展的必然趋势。创新驱动的实质是人才驱动，国家需要的创新创业型人才主要依靠高等教育来培养。但现有的高等教育体制机制还不足以满足创新型人才培养的需要，必须进行深入改革。这种改革不是局部调整，而是系统革新。这恰好需要高校创新创业教育先行先试，发挥示范引领作用，以带动高等教育的整体转型。

培养创新创业型人才是高校创新创业教育当前所处历史方位的必然要求。我们要清醒地认识到高校创新创业教育当前所处的发展阶段，以及将来能够发挥什么作用。当前，高校创新创业教育已经在大胆尝试和创新中完成了从无到有的初级目标，关于未来发展就是要看它能为对它有所期待、有所需要的国家、社会、高等教育和广大学生创造何种新价值。

国内外创业教育的实践都充分表明，高校创业教育的核心价值是提升人们的创新意识、创业精神和创业能力，即培养创新创业型人才。这是高校创新创业教育能够有所作为并且必须有所作为的关键之处。

在我国深化高等学校创新创业教育改革的同时，世界范围内的很多国家也在大力发展创新创业教育。其中，在有些创新创业教育起步较早的国家或地区已经形成了"早发内生型"创新创业教育模式，如美国的创新创业教育。在起步较晚的国家和地区形成的"后发外生型"创新创业教育模式也值得学习和借鉴，如欧盟的创新创业教育。因此，我们需要从中国创新创业教育的发展逻辑和迫切需要出发，进行国际比较研究。创新创业教育的国际比较面临着夯实理论基础、创新研究范式、整合研究力量等艰巨任务，其中一个非常重要的前提性、基础性工作就是加强学术资源开发，特别是要拥有世界上创新创业教育相关理论和实践的第一手资料，这就需要开展深入细致的文献翻译工作。目前围绕国外创新创业教育理论及实践，学界虽不乏翻译力作，但成规模、成系统的译丛还不多见，难以满足创新创业教育的长远发展需要。

正是从创新创业教育的时代背景和学科立场出发，我们精选国外创新创业教育相关领域具有权威性、代表性、前沿性的力作，推出了具有很高研究价值与应用价值的系列翻译作品——《创新创业教育译丛》（以下简称"译丛"）。译丛主要面向创新创业教育领域的研究者，帮助其开阔研究视野，了解全世界创新创业教育的发展现状；面向教育主管部门的决策者、中小学及高校从事创新创业教育的工作者，帮助其丰富教育方法，实现理论认知水平与教育水平的双重提升；面向创新创业教育专业及其他专业的本科生与研究生，在学习内容和学习方法上为其提供导向性支持，使之具备更为广阔的专业视角和更为完善的知识结构，从而为自我创业打下坚实的基础并能应对不断出现的种种挑战。

基于以上考虑，译丛的定位是体现权威性、代表性和前沿性。权威性体现在译丛选取与我国创新创业教育相关性大、国际学术界反响好的学术著作进行译介。既有国外相关领域知名专家学者的扛鼎力作，也有创业经历丰富、观点新颖的学术新秀的代表性著作。代表性体现在译丛选取在全球创新创业教育领域位居前列的美国、芬兰、英国、澳大利亚和新加坡等国家，着重介绍了创新创业教育在各国的教学理念、教育模式、发展现状，有力展现了创新创业教育理论研究与实践探索的最新现状及前沿发展趋势。前沿性体现在译丛主体选取了自 2000 年以来的研究专著，确保入选书目是国外最新的研究力作。在研究主题上，入选书目聚焦近年来学界集中关注的热点难点问题，紧扣我国创新创业教育发展的重大问题，把握国外创新创业教育理论与实践的最新动态，为深化创新创业教育改革提供前沿性理论支撑和实践引导。

译丛精选 12 本专著，计划分批翻译出版，将陆续与广大读者见面。它们分别是《本科生创业教育》《研究生创业教育》《创业教育与培训》《创业教育：美国、英国和芬兰的论争》《创新与创业教育》《创业教育评价》《国际创业教育》《广谱式大学创业生态系统发展研究》《广谱式创业教育》《创业教育研究手册（卷一）》《创业教育研究手册（卷二）》和《创业教育研究手册（卷三）》。

译丛坚持"以我为主、学习借鉴、交流对话"的基本原则，旨在丰富我国创新创业教育在国外译著、理论研究与实践探索等方面的学术资源，实现译著系列在学科定位、理论旨趣及国别覆盖上的多重创新，为推动学术交流和深度对话提供有力支撑。

杨晓慧
2015 年 12 月 25 日

目　录

图目录 ……………………………………………………………… vii
表目录 ……………………………………………………………… ix
编著者 ……………………………………………………………… xiii
前言 ………………………………………………………………… xvii

第一章　创业教育领域的议题和创新：看待全新实际问题与学术
　　　　问题的崭新视角 ……………………………………………… 1

第一部分　创业教育的关键议题 …………………………… 17

第二章　创业的教与学：困境、反思和策略 …………………… 19
第三章　创业教育：商学院能否迎接挑战？ …………………… 34
第四章　支持新兴学术创业者：创业设计大赛的作用 ………… 57
第五章　态度、意向和行为：评估创业教育的新方法 ………… 76

第二部分　关于创业教学方法论的创新 …………………… 93

第六章　欧洲大陆和英美创业教育方法的异同 ………………… 95
第七章　教育干预：针对创业者的辅导 ………………………… 115
第八章　可以教授创业者撰写创业计划吗？创业计划大赛的实证
　　　　评估 ……………………………………………………… 138
第九章　技能示范：职业教育国际化与工作生活建立有效合作的
　　　　可能性 …………………………………………………… 161
第十章　打开新商机的途径：创业课堂的创新与策略 ………… 174

第三部分　传播和促进创业文化及挖掘创业潜能 …… 195

第十一章　培养工科大学生的创业精神：教育因素是什么 ………… 197

第十二章　大学生——潜在的创业者：意大利与阿根廷的比较研究………………………………………………………… 225

第十三章　加拿大大学生创业教育：关于学生创业偏好和创业意向的大型实证研究…………………………………… 249

第十四章　创业行为的动机与局限——针对法国博士生的调查研究………………………………………………………… 271

第十五章　非洲非正式部门的创业教育…………………………… 286

译后记…………………………………………………………… 306

图目录

2-1	本章结构	20
2-2	创业教育的核心战略决策	30
3-1	批判性思维和创造性思维的比校	48
4-1	2003年费德里克二世创业杯参赛者所属院系	70
5-1	创业行为的意向:计划行为理论	82
5-2	评估工具的一般模型	84
6-1	创业教育的要素框架	100
6-2	英美和欧洲大陆的教育方法	109
7-1	不同学习形式	132
9-1	三方评估	163
9-2	技能示范材料的编制流程	167
9-3	360度评估体系	169
10-1	当代创业机会模型	175
10-2	可行性分析	176
10-3	培养创业者的自我效能	179
10-4	创业生命周期的早期阶段	181
10-5	发现独特商业想法的感知能力	183
10-6	识别新企业市场机会的感知能力	184
10-7	概念框架	185
10-8	创业者角色模型	186
11-1	陶恩斯创业过程示意图	199
11-2	创业精神模型	201

11-3	创业精神初探模型	209
11-4	工科大学学生的创业意向	217
11-5	工科大学学生与信任者合伙创业的意向:"如果我信任的人向我提出建议,我会和他共同创业。"	218
13-1	创业过程模型	251
15-1	创业辅导金字塔	300

表目录

1-1	创业教育从传统范式到现代范式：对教育者、创业者和研究者的启示	3
3-1	创业者类型、人格和特质	36
3-2	学习的侧重点	47
3-3	工商管理硕士、企业主/管理者及讲师/培训师的一般创业倾向对比（平均分）	50
4-1	公司所获正式支持的类型	63
4-2	公司所获非正式支持的类型	63
4-3	针对建立学术衍生企业的阻碍因素提供不同支持而产生的影响	64
4-4	创业行为与相关支持	66
4-5	费德里克二世创业杯提供的正式与非正式支持	69
4-6	2003年费德里克二世创业杯参赛者	70
4-7	参赛者商业构想的所属领域	71
5-1	评估指标及测量时间	78
7-1	2003年样本中的企业年限	123
7-2	加入辅导项目的目的	126
7-3	学员对辅导项目的预期	127
7-4	预期的实现情况	128
7-5	学员的收获	129
7-6	你会向同类型的企业推荐辅导项目吗？	129
8-1	提交的创业计划数量	143

8-2	评估数据	145
8-3	均值比较——初稿样本	147
8-4	相关性——初稿样本	148
8-5	均值比较——修订后的样本	148
8-6	相关性——修订后的样本	149
8-7	第一次逻辑回归分析(标准1、标准2、标准3、标准4和标准7)	150
8-8	第二次逻辑回归分析(标准3和标准4)	150
8-9	分类表(边界值为17%)	151
9-1	对技能示范负责的教师的职责与职场导师的职责	170
10-1	(a)描述统计与(b)相关性	182
11-1	创业技能评估变量	204
11-2	自我效能评估变量	205
11-3	学生对于工程师的看法	215
11-4	学生对未来职业角色的倾向	215
11-5	大学毕业后的期望职位	216
12-1	不同国家和年龄的学生(比例)	233
12-2	不同国家和性别的学生	233
12-3	父亲的职业(比例)	234
12-4	母亲的职业(比例)	234
12-5	同意以下关于未来职业生涯说法的学生(比例)	235
12-6	创业(同意以下说法的学生比例)	236
12-7	创业的兴趣(比例)	237
12-8	父亲的职业对创业兴趣的影响(比例)	237
12-9	各国中父亲是创业者或管理人员的学生的创业兴趣(比例)	238

12-10	同意以下说法的学生(比例)	238
12-11	创业的原因(认为这些原因重要或非常重要的学生比例)	239
12-12	创业的障碍(两国学生认为重要的或非常重要的障碍的比例)	240
12-13	与过去相比创业的困难程度(比例)	241
12-14	过去和现在创业困难程度的对比。按照学生父亲的职业区分(比例)	241
12-15	与过去相比创业的困难程度(父母是创业者的学生比例)	241
12-16	创业的障碍	242
13-1	样本数据	254
13-2	主要应答率	255
13-3	创业的几种概念(%)	256
13-4	创业者的其他概念(%)	257
13-5	拥有企业的可能性(%)	258
13-6	创业动机(%)	259
13-7	创业的次要动机(%)	260
13-8	拉瓦尔大学应该支持的创业发展活动(%)	260
13-9	有助于创业发展的学术活动	261
13-10	有助于创业发展的非学术活动	261
13-11	教育水平(%)	262
13-12	学习领域(%)	262
13-13	年龄分类(%)	262
13-14	在三个不同时期比较学生的创业意向	263
13-15	不同性别学生的创业努力	264
13-16	基于创业努力的服务意识比较	265

13-17 不同创业状况的个体对于创业培训的意向 …………………… 266
13-18 基于学习领域的受欢迎的课外活动 …………………………… 266
13-19 基于创业努力情况的受欢迎的课外活动 …………………… 267
14-1 学生动机的类型 ………………………………………………… 275
14-2 由判别分析确定的轴(结构矩阵) ……………………………… 276
14-3 学生创业弊端认知类型的分析 ………………………………… 280

编著者

雷米·巴切莱特(Rémi Bachelet),就职于法国里尔中央理工学院(Ecole Centrale de Lille)。

珀·布伦科(Per Blenker),就职于丹麦奥尔胡斯大学(University of Aarhus)。

吉恩-皮埃尔·布瓦森(Jean-Pierre Boissin),就职于法国格勒诺布尔市皮艾尔·蒙德大学(Université Pierre Mendès France)。

哈纳斯·A. 卡德(Hanas A. Cader),就职于美国南卡罗来纳州立大学(South Carolina State University)。

洛雷拉·坎纳瓦乔洛(Lorella Cannavacciuolo),就职于意大利那不勒斯费德里克二世大学(University of Naples Federico II)。

吉多·卡帕尔多(Guido Capaldo),就职于意大利那不勒斯费德里克二世大学(University of Naples Federico II)。

吉恩-克劳德·卡斯塔格诺斯(Jean-Claude Castagnos),就职于法国格勒诺布尔市皮艾尔·蒙德大学(Université Pierre Mendès France)。

吉恩·米歇尔·德乔治(Jean Michel Degeorge),就职于法国圣艾蒂安高等商学院(ESC Saint-Etienne)。

贝朗杰·德尚(Bérangère Deschamps),就职于法国格勒诺布尔市皮艾尔·蒙德大学(Université Pierre Mendès France)。

波尔·德莱斯勒(Poul Dreisler),就职于丹麦奥尔胡斯大学(University of Aarhus)。

詹卢卡·埃斯波西托(Gianluca Esposito),就职于意大利那不勒斯费德里克二世大学(University of Naples Federico II)。

赫勒·M. 弗尔格曼(Helle M. Færgeman)，就职于丹麦奥尔胡斯大学(University of Aarhus)。

阿兰·法约尔(Alain Fayolle)，就职于法国里昂商学院CERAG实验室(EM Lyon and CERAG Laboratory)和比利时索尔维商学院(Solvay Business School)。

贝努瓦·盖利(Benoît Gailly)，就职于比利时鲁汶大学(Université Catholique de Louvain)。

伊冯·加斯(Yvon Gasse)，就职于加拿大拉瓦尔大学(Laval University)。

艾伦·吉布(Allan Gibb)，就职于英格兰杜伦大学(University of Durham)中小企业发展基金会(Foundation for SME Development)。

多纳托·亚科布奇(Donato Iacobucci)，就职于意大利马尔凯理工大学(Università Politecnica delle Marche)。

卢卡·安道利(Luca Iandoli)，就职于意大利那不勒斯费德里克二世大学(University of Naples Federico II)。

吉尔·基库尔(Jill Kickul)，就职于美国西蒙斯管理学院(Simmons School of Management)。

戴维·A. 柯比(David A. Kirby)，就职于英国萨里大学(University of Surrey)。

约翰·凯尔森(John Kjeldsen)，就职于丹麦奥尔胡斯大学(University of Aarhus)。

海因茨·克兰特(Heinz Klandt)，就职于德国欧洲商学院(European Business School)。

保拉·基罗(Paula Kyrö)，就职于芬兰坦佩雷大学(University of Tampere)。

赛亚·马拉玛基-库尔塔宁(Seija Mahlamäki-Kultanen)，就职于芬

兰坦佩雷大学(University of Tampere)。

阿斯科·耶蒂宁（Asko Miettinen），就职于芬兰坦佩雷大学(University of Tampere)。

戴维·W. 诺曼(David W. Norman)，就职于美国堪萨斯州立大学(Kansas State University)。

塞尔吉奥·波斯蒂戈(Sergio Postigo)，就职于阿根廷圣安德烈斯大学(Universidad de San Andrés)。

马里奥·拉法(Mario Raffa)，就职于意大利那不勒斯费德里克二世大学(University of Naples Federico II)。

玛丽亚·费尔南达·坦博里尼(María Fernanda Tamborini)，就职于阿根廷圣安德烈斯大学(Universidad de San Andrés)。

马里皮尔·特伦布莱(Maripier Tremblay)，就职于加拿大拉瓦尔大学(Laval University)。

卡洛琳·韦尔扎特(Caroline Verzat)，就职于法国里尔中央理工学院(Ecole Centrale de Lille)。

前　言

阿兰·吉布

自国际创业教育与培训（IntEnt）大会成立以来，我有幸与它保持联系，并很幸运地参加了它的多次研讨会。正如大多数小企业一样，它积微成著，由一位具有远见卓识的企业家海因茨·克兰特所推动。多年来，它已经在理论和实用价值上取得了长足的进步。在我看来，最重要的是，它为"创业教育"这一概念的界定提供了更为广阔的视角，在某些方面挑战了美国的主导范式。随着国际社会对创业教育的兴趣越来越高，有关这方面的投稿也越来越多。

本书选自2003年格勒诺布尔会议会刊，这标志着崭新的一步。本书主题是对知识惯例及创业教育的内容、定位和教学法的挑战。除了该领域内几位杰出作者的文章，还有一些具有独特见解的新人在实证和概念层面为读者提出有挑战性的见解。

创业领域中的教师和决策者对弄清事实的渴望推动着国际创业教育与培训大会的发展。国际创业教育与培训大会从来都不是充斥着传统研讨会单学科模式下的纯学术论文。大会吸收了许多不同概念性框架。本书与该大会一样，从来不畏接纳创新实用主义，从而总是具有很大的启发性。

第一章　创业教育领域的议题和创新：看待全新实际问题与学术问题的崭新视角

阿兰·法约尔　海因茨·克兰特

顺应20世纪70年代始于美国的发展趋势(Fiet,2001),旨在通过培训和教育使人们更具创业精神的政府和私人项目的数量在大西洋两岸倍增(见Fayolle,2000;Klandt,2004)。这些创业教育项目一方面反映了学生对创业越来越感兴趣(Brenner et al.,1991;Fleming,1994;Hart and Harrison,1992;Kolvereid,1996),另一方面也提高了公共管理部门对创业促进经济发展的重要性的认识(Hytti and Kuopusjärvi,2004)。

在本书中,我们从广义上将创业教育定义为关于创业态度和技能的所有教育方法和教育过程,其中涉及某些个人素质的培养。因此,创业教育不仅仅关注马上开创新企业,这一定义还涵盖各种各样创业的情境、目标、方式和教学方法。

绪论篇共有两个目标。其一,我们要强调创业教育范式方面的一些改变及其对该领域研究所产生的影响;其二,通过阐述各章内容来概述本书。

创业教育范式将要改变?

自20世纪90年代初科学领域出现关于创业教育的专题会议[1]以来,创业教育日益成为研究者们主要的兴趣焦点。由于创业概念本身难

---

[1] IntEnt:国际创业教育与培训大会。另参阅贝查德和格雷瓜尔(Bechard and Goegoire,2005)提出研究创业教育的重要框架的研究工作。

以界定,所以对于创业教育是什么及如何进行创业教育并未形成一致的看法。众多研究者、实践者和教师通过不同的角度和特定视角来看待创业和创业教育(见 Bouchikhi,2003;Fayolle,2004)。对于我们而言(Fayolle,2004;Fayolle and Senicourt,2005),创业和创业教育可以被看成具有不同的层面:

- 创业是文化问题(制度视角)或心态问题(个人视角)。这意味着创业教育有助于在国家、社会、公司和机构等内部创建一种创业文化,或有助于改变个体的心态。文化和心态可大体上概括为价值观、信念和态度。
- 创业也是有关行为的问题。组织和个人均可以培养创业行为,就像史蒂文森(Stevenson)所描述的(机会导向、承诺机会导向、资源承诺等)[1]或由创业导向概念所揭示的那些行为(Lumpkin and Dess,1996)。
- 最后,创业是有关具体情况的问题(成立新公司、公司风险投资、收购现有企业等)。其中包括变动性、不确定性和复杂性等情况,并要求具备诸如上文提到的创业行为和与这些具体情况的特点相关的创业能力。

每一个层面都必须考虑到个人维度和制度维度。

柯比(Kirby,即将出版)认为,传统创业教育范式一直在关注创业,其目标是"更快地产生更多种关于如何发掘商机的观点……设计更广泛的途径来进行创业"(Vesper and McMullen,1988:9)。这一观点同世界上广泛传播的创业教科书的现行内容完全相关。在这个范式中,创业教育的目的是教会学生创办企业。该创业教学理念主要着眼于第三层面(即

---

[1] 详情参见史蒂文森和舒曼(Stevenson and Schuman,1987)。

具体情况）。

吉布(Gibb,2002;2004a;2004b)提出创业教育的"现代"范式,这一范式更加关注第一层面(文化、心态)和第二层面(行为)。吉布的出发点在于,考虑到对创业和创业教育的兴趣日益浓厚与全球化所带来的观念变化有关,这种变化表现为环境的复杂程度和不确定性越来越高。政府、机构(诸如各大学和学院)、组织和公司、个体正在转变其对世界的看法,同时面临着新世界的复杂性和不确定性。

现今,我们每个人渐渐地都不得不接纳、处理、创造并享受这种不确定性和复杂性(Gibb,2004a)。正如吉布所说,创业教育传统上关注新的投资管理、创业计划、增长和创新,现在我们需要将侧重点转移到基于对创业者生活和学习方式理解的更广泛的维度上来。

表1-1强调创业教育和创业教育研究的意义取决于对创业定位不同层面(文化/行为/具体情况)的考量。

表1-1 创业教育从传统范式到现代范式:对教育者、创业者和研究者的启示

创业有关于……	文化或心态	行为	具体情况	分析维度
对创业教育的启示	如何营造创业文化? 我们如何设计和营造一个有利于创业文化发展的环境? 我们如何教授政府工作人员和决策者并帮助他们发展创业文化?	我们如何教授创业行为? 我们如何教授创业导向? 我们如何教授与创业行为相关的技巧和能力?	我们如何教授公司创业? 我们如何将诸如战略管理或创业管理等理念讲述给他人?	集体层面

(续表)

创业有关于……	文化或心态	行为	具体情况	分析维度
对创业教育的启示	我们如何传授创业精神（内容和方法）？我们如何教授创业价值观？我们如何培养对创业的积极态度？	我们如何教授创业行为？教授创业行为的最佳内容和方法是什么？	我们如何教授独立创业（主要是开创新企业）？谁能教授创业教育以达到目标？	个人层面
对创业教育研究的启示	我们如何使创业文化概念化？不同国家的创业文化有何差异？国家实体、专业实体及企业实体对创业文化有何影响？	创业行为是什么（主要概念是什么）？是否存在相较其他更为有利的组织框架和组织条件？	我们如何将公司创业概念化？我们如何建立起公司创业和创业间的概念桥梁？是否有教授公司创业的具体内容和方法？	集体层面
对创业教育研究的启示	我们如何使创业精神概念化？我们如何衡量创业精神？我们如何评估创业教育对创业精神的影响？	我们如何评估创业教育对个人创业行为的影响？可能影响创业行为的因素是什么？	我们如何评估创业教育对创业活动产生的影响？如何评估创业过程的不同阶段？	个人层面

为了让读者更好地把握本书内容，我们在此简略地强调一些局限性和准确性。

首先，我们用以确定这些影响的方法并未穷尽。显然，表1-1可以进一步补充和大幅完善。

其次，计划框架并未考虑到不同层面（文化/行为/具体情况）和两个维度（集体/个人）之间如何联系。当然，人们可以在这些关键元素的交叉点及互动处发现新的研究议题和新的创业教育问题。

最后,我们认为现代范式是对其他要素(文化和行为)的全新关注,但这并不意味着我们会忽略创业和创业情况的传统焦点。在我们看来,现代范式并非过去范式的另一种选择,也不应该被视为一种替代品,它更是传统范式的延伸。随着世界越来越复杂,由于包括新变量和概念新层面,创业教育模式也将变得越来越复杂。

显然,范式的转变、创业教育是什么或创业教育应该是什么的观念的转变,引领作为这一领域研究者的我们提出新的补充性研究问题。然而,正如我们将要看到的那样,之前的研究问题仍然存在。

创业教育领域的经典研究问题主要围绕听众、听众需求、教育者、内容和方法、行为而提出。布罗克豪斯(Brockhaus,1993)提出了创业教育的研究议程。首先,他认为我们需要开发衡量创业教育的研究方法。例如,我们现行的研究计划与这一目标并行(见 Fayolle,2005;Fayolle and Gailly,2004;Fayolle et al.,2005;本书第五章),尤其是我们应尽量在研究方法中考虑主要元素。布罗克豪斯认为主要元素有:"学生、学生需求、教师类型、形式及不同时间节点的不同结果"(1993:4)。

布罗克豪斯也表示,我们应该检查教授给听众的内容:"他们需要管理教育吗?他们需要创业过程的信息吗?他们需要专业技巧吗?他们需要增强动机吗?"(1992:4)。

"谁来教授"也是布罗克豪斯强调的研究需要。同样,"研究应试图评估在何种情况下哪些是最有效的?"(同上,1992:4)。谁是"最佳"教师?是那些没有受过正式创业教育的教师还是拥有高等学历的教师?是那些有着丰富创业经验的教师还是没有创业经验的教师?创业者是比非创业者更好的教师吗?

布罗克豪斯研究议程的最后一个研究与学习方式相关。是否有能够运用于创业教育的具体学习方式?鉴于创业者所想所行似乎同管理者有所不同,创业者最有效的学习方式应引起研究者的关注。

表 1-1 向我们说明在现代范式中仍然存在传统研究问题。他们对创

业文化、创业精神、创业导向、创业潜力等新研究对象的兴趣越来越浓厚。首先,我们要定义这些新的研究对象,使之概念化,之后在各种教学环境和学习情景中进行研究。

本书概述:新问题,新视角

本书各章无疑反映了范式的这种改变,并强调了探讨传统研究问题和新研究问题的需要。

本书作者来自三个大陆的十个国家。他们在创业教育领域均经验丰富,具有丰富的学术实践。在这个团体中,我们可以看到与所代表国家文化范围相关的多样性和来自同一个实践群体的同质性。在本书的撰写中,多样性和同质性现象均十分明显。

本书分三部分来探讨创业教育和创业研究中出现的新问题。第一部分探讨与定义、评价和机构相关的关键性问题;第二部分着重探讨不同背景下的方法论问题;第三部分聚焦于广义上的文化和个体创业教育的新型教学方法。

第一部分:创业教育的关键议题

本书第一部分中的各章既探讨传统问题又探讨新问题。第二章的核心问题是如何学习和教授创业。这应该是创业教育领域中历史最为悠久的一个问题。第三章涉及一些诸如商学院的机构能否有能力以正确的方式开展创业教育的问题,体现出十分明显的集体维度。第四章对支持学术衍生的现存方法进行了评述,对设计出最有效的框架和工具给予启发。最后,第五章解决评估问题,详细阐述在计划行为理论(Ajzen,1991)基础上的理论和方法论框架,以此来衡量创业教育项目对学生态度和行为产生的影响。下面让我们详细阐述第一部分各章的内容。

第二章(由布伦科、德莱斯勒、弗尔格曼和凯尔森撰写):"创业的教与学:困境、反思和策略"集中在一系列基本问题上。

作为一般大学研究尤其是作为商科研究的一部分,创业是否能学、创业是否能教的问题已经讨论了很多年。现今最普遍的答案似乎是肯定的:是的,创业是可以习得的,也是可教的。

对作者们来说,一个主要的问题在于大学和商学院的传统教学形式显然不再适合提高学生创新和创业的积极性和能力。这一现象导致了本章中描述和讨论的几个困境。这些困境大多与创业的教学关系、创业或创业行为是否得到提升有关。

一个困境是教学应该是为了创业还是关于创业?另一个困境在于教学的基础是基于管理理论还是一些尚未定义的创业理论?第三个困境涉及创业教育的定位,它应该被置于大学礼堂或小型企业那样的安全环境下,还是学术和实践之间?第四个困境是学生应该个人作战还是团队合作?第五个困境是如何提炼教学内容的实质,创业是否应被概念化为一门艺术或一门科学?

为了回答他们提出的根本问题,作者超越了传统的提问方式,即如何对创业进行教学,尤其是引入大学在选择创业教育战略时应该决定的三个不同但相关的教育决策层次。

第三章(由柯比撰写):"创业教育:商学院能否迎接挑战?"为在商学院聚拢起发展创业文化和创业行为的机构条件与教育条件研究提供一种独创的观点。

第三章探讨创业者的品质和角色,以及商学院因培养更多具有创业精神的个体之需所面临的挑战。本章认为,传统教育体系会制约而非促进培养创业者的必备品质和技能,建议如果要培养创业者,需大幅调整其学习内容和过程。本章尤其提出需要将重点从"有关"创业的教育中学习转移到"为"实现创业的教育中学习。同样,它也强调创业应该等同于创新和改变,而不是创建新企业或管理小企业。在这个背景下,本章提议教育机构需要改变学习过程,使学生能够开发右脑的创业能力和左脑的分析能力。作者借用奇雅(Chia,1996)的观点,认为商学院需要弱化思维过程,鼓励和激发学生的创业想象力。

第四章(由坎纳瓦乔洛、卡帕尔多、埃斯波西托、安道利和拉法撰写）："支持新兴学术创业者：创业计划大赛的作用"关注以回顾和分析现有方法来鼓励学术衍生这一举措。

因此本章重点在于学术衍生的创建过程，更具体一点是分析其早期的创建过程。学术衍生计划的顺利实施受制于文化、机构、法律和经济障碍。首先，本章分析了学术衍生企业建立的障碍。其次，作者对克服这些障碍的支持手段进行了综述。第三，他们将学术创业者的关键特征进行分类，然后利用这些方面来确定一些基本原则，重点在于制定有效政策，促进在将研究成果转化为企业相关活动方面没有优势的领域建立学术衍生企业。

具体来说，本章的调研工作分析了意大利那不勒斯费德里克二世大学实施的一个学术衍生支持项目。该项目并未考虑创业过程的所有阶段，而是仅仅关注学术衍生企业建立过程的第一阶段。这个阶段主要是为了促进新的创业理念的出现。

第五章（由法约尔和德乔治撰写）："态度、意向和行为：评估创业教育的新方法"是本书第一部分的最后一章。本章涉及"我们应该衡量什么"和"我们如何评估创业教育的影响"等关键问题。

世界范围内培养人们成为创业者的创业教育项目和活动不断增加，随之而来的一些实用性和关键性研究问题也在增加。在这些问题中，创业教育项目评估问题无论在社会层面还是研究层面，似乎都是一个最为关键的问题。

正如本章所述，一些关于这一主题的研究正在进行。一大部分研究明显强调评估问题的复杂性，其主要体现在指标的选择及由于存在后期效应造成评估本身非常复杂。此外，创业教育领域是多元化和异质性的，这取决于教学目标、听众、内容、教师情况、教学方法和手段等。

基于这个复杂的现实，本章旨在表明，通过重新考虑和重新制定评估问题，可以避免这些困难。作者认为，创业教育最重要的成果不一定是初创企业的创立，而是受教育的学生通过意向衡量思想的变化、态度的变化和创业导向的发展。因此，本章提出了评估创业教育项目的概念框架。

这个框架使用了阿杰恩(Ajzen,1991)所阐述的计划行为理论。在与创业教育项目相关的自变量的影响下,计划行为理论是衡量创业行为的态度变化、主观规范变化、感知创业行为控制变化及创业意向变化的有力工具。本章的主要研究思路是考虑使用计划行为理论设计一个动态工具,以评估创业教育项目,从而衡量整个教育过程中创业意向的变化是否符合预期和具有可行性。

第二部分:关于创业教学方法论的创新

本书的第二部分包括五章,旨在对教学观念和教学实践提出新的观点和见解。这里的问题不仅仅是如何教学生设计和创办企业(即该领域的传统方法),而且是渐渐聚焦于通过课堂内外的创新方法来帮助学生培养创业行为和创业态度。

在诸如我们这样的教学圈子中,教学法和学习方法问题是重中之重。这部分的作者们对创业教学法进行综述(第六章)后,接着探讨辅导学生的教学法(第七章)、创业计划(第八章),以及具体情形下的技能演示(第八章)和新商机(第九章)。

第六章(由基罗撰写):"欧洲大陆和英美创业教育法的异同"显然是以创业教育法为中心,并通过欧洲和北美洲的比较来强调对未来的展望。

从笔者的角度来看,自 20 世纪末以来,由于创业及小企业现象对各国影响逐渐加深,人们对创业和教育的讨论也日益增多。鉴于广义的创业与强劲的社会需求相关联,有关如何学习创业和如何成功开发教学法的讨论显然是创业者和决策者的要务之一。目前的侧重点已从天生观(创业者是天生的而不是培养出来的)转变为现行的教育观(人们是被教育成为创业者的)。然而,这一教育导向的焦点引发的是创业研究领域中的探索,却没有吸引教育科学领域的研究人员。本章表明,这一事实似乎是由教学讨论的缺失造成的。为了鼓励将创业与教育作为相互作用的两个方面进行科学辩论,本章中的研究界定了创业教学法的基础。

第七章（由耶蒂宁撰写）："教育干预：针对创业者的辅导"研究的是一个非常有趣的概念，即"辅导"。这一概念同"训练"很接近，可能在其他国家更多用"训练"这一概念（例如，在法国的文献和实践中都会用"训练"来替代"辅导"）。辅导和训练是相对较新的概念，在创业领域尚未得到充分研究。

本章包括对芬兰的一个地区性辅导项目在其实施头十年末期进行的研究。实证部分包括两项调查，一项关注受试者的经历（57例），另一项关注导师的经历（20例）。研究结果多为正面的、鼓舞人心的。受试者感觉他们从项目中受益匪浅，导师们也认为通过为他们提供学习机会，其自身也能有所收获。在这项研究中，作为对创业者的正式教育与培训的补充，辅导活动被视为非正式培训和教育的合力。辅导活动被定义为一种干预，大致分为数据反馈、议程设定干预和个人辅导或咨询。本章通过经验和反思的概念进一步探讨了辅导的教育作用。

第八章（由盖利撰写）："可以教授创业者撰写创业计划吗？创业计划大赛的实证评估"聚焦于一种在课堂和创业文献中众所周知的工具，但是作者提出的问题无论在教学法层面还是在研究层面均有相当大的启发作用。本章通过一个佳例说明如何通过新视角来看待旧问题。

本章的目的在于通过分析2000年以来在4个欧洲国家每年组织的创业计大赛数据，为创业计划大赛的效率（是否有助正确创业？）和效能（是否提供相关支持？）提供实证证据。在这项工作中，作者分析了外部专家有关提交给创业设计大赛的创业计划的评估数据、企业获得支持的评估结果及这些企业的后续结果，特别是它们是否最终创立了真正的企业。

结论是，仅根据其创业计划去选择潜在企业的创业计划大赛方法（不包括创业者的访谈）似乎相对有效，因为此过程有助于正确选择创业。然而，为创业者提供的专家支持和培训似乎并不见效，因为它并没有显著提高企业成功的可能性。另一方面，通过收集创业者的轶事证据表明，创业计划大赛能有效地在互联网方面支持创业者，特别是通过与其他潜在创业者及参与过程的专家之间的联系。

第一章　创业教育领域的议题和创新:看待全新实际
问题与学术问题的崭新视角　11

第九章(由马拉玛基-库尔塔宁撰写):"技能示范:职业教育国际化与工作生涯建立有效合作的可能性"阐述了一个由芬兰政府发起的、以初级职业中学教育中全国性技能展示活动的实施为基础的实践经验。

在这一背景下,本章提供了一个理论上和实际上合理的评估本国经济中的核心创业过程的例子,这个例子描述并分析了为本国经济中创业者的职业教育学位而设立的全国技能展示资料的开发项目。

作者对本次经验和其他类似经历进行数据分析。结果显示,在本次实践过程中,创业文化发生了转变。另一项关键的研究成果是,年轻职教学生的创业意向上升也是一个关键的研究结果。最后,高效的实践技能和客户导向被认为是初级创业教育中最重要的能力。

第十章(由基库尔撰写):"打开新商机的途径:创业课程的创新与策略"是本书第二部分的最后一章,探讨如何教授创业的旧观点和新方法。

因此,本章旨在强调一个着眼于发现和创造新机会的新型创业课程。该创业课程分析新企业和现有企业创业的设想、开始和发展中涉及的关键因素。作者的立场是基于这样一种信念:创业不仅仅是一套用于创业和发展业务的工具和技术,它还是一种理念,是一种专注于机遇、创造性地看待事物的方法。举例来说,该课程中的一些主题涉及:(1)发现新观点和新机会;(2)产品和(或)服务的市场潜力分析;(3)商机的启动资金和组织筹办。

在本章中,我们可以明显发现在新范式下教授创业的观点和建议。我们不仅致力于"如何创业",更是致力于"如何培养创业品质"。

第三部分:传播和促进创业文化及培养创业潜能

最后一部分包括五章,涉及广义的文化概念。在有利的文化背景下,创业意向、创业精神和创业潜力均可有所提升。为了突出文化在国家层面的重要性,这些章节或多或少地直接阐述了一些国家和大陆的文化特征,包括非洲、阿根廷、加拿大、法国和意大利。这部分内容使我们有机会学习其他文化,从而加深我们对于如何创造和发展创业文化的理解。从个人层面来讲，有用的见解向我们展示了一些在诸如创业精神、创业意向和创业潜力等关键概念的理解方面取得进展的方法。

第十一章（由韦尔扎特和巴切莱特撰写）："培养工科大学生的创业精神：教育因素是什么？"侧重探讨创业精神的概念。

本章旨在进一步研究创业精神的概念。创业精神作为一个标签已被广泛运用，但在相关文献中却无明确定义。本章也考虑到创业精神建立起来的方式及各种各样的教学活动可能会影响到哪些特定方面。因此，作者的一个重要目标就是设计一种模式，以此来培养工科学生和年轻工程师的创业精神。这种模式是基于心理和社会双重理论，也基于作者在法国工科学校的亲身经验。

在韦尔扎特和巴切莱特的研究工作中，他们探讨的是如下关键问题：（1）在涉及创业意向时，如何体现创业精神？（2）在工科学生构建他们自身身份认同的过程中，我们如何分析其创业思想的产生过程？（3）各种意识提升／促进／培养方式会对构成创业精神的态度、信念和自我效能产生什么影响？

正如我们所见，这些关键的研究问题是创业教育新范式的核心。

第十二章（由波斯蒂戈、亚科布奇和坦博里尼撰写）："大学生——潜在的创业者：意大利与阿根廷的比较研究"采用国际比较来丰富关于如何引导学生成为创业者的基本原因和条件的知识。

"信息社会"教育是新公司成立及其发展前景的一个关键因素，人们对此已经达成了越来越多的共识。在这个背景下，人们对毕业生创办的新企业，尤其是对知识和技术型企业发挥的关键作用寄予厚望。

本章主要目标是分析不同背景——发达国家（意大利）和发展中国家（阿根廷）——在下列方面的不同影响：（1）学生对创业者的认知；（2）社会背景对成为创业者动机的影响；（3）对影响新企业成立的积极因素或消极因素的认知。

研究结果显示，在对创业观念及对自主创业的态度方面，阿根廷学生和意大利学生之间的相似之处大体上多于不同之处。但是，学生的社会背景起主要作用。虽然该研究只是一项尝试性的初步研究,但它对大学生创业项目的设计有重要启发作用。

第十三章(由加斯和特伦布莱撰写):"加拿大大学生创业教育:关于学生创业偏好和创业意向的大型实证研究",提出一项在北美洲实施、围绕"创业潜力"这一概念设计的研究。创业文献中对创业潜力概念的研究非常匮乏,但在我们看来,它却对如何提高实施创业行为的技巧和能力这一问题的理解至关重要。

在拉瓦尔大学实施的这项研究有助于判断大学的创业潜力,它同时也可以使我们更好地了解学生的创业需求和期待。这些学生是从拉瓦尔大学学生的花名册中随机选出的,共有600名学生接受了采访。

作者尝试通过这一研究观察学生的价值观、态度和行为,即他们的创业潜力如何使他们更倾向于开办公司、开创自己的事业或具有创业意向。数据表明,约3.2%的学生目前参与创业。此外,32.5%的学生似乎已经想到创业或有朝一日自己当老板。在这些学生中,有43%的学生计划在毕业5年后创业,而7.9%的学生打算在学习期间这样做。

研究还旨在确定拉瓦尔大学在支持学生创业方面的作用。结果表明,受访者喜欢特定的创业教学方法。此外,想要创业背后的动机是渴望自己当老板(30%),其次是想要自给自足和独立(14%)。

第十四章(由布瓦森、卡斯塔格诺斯和德尚撰写):"创业行为的动机与局限——针对法国博士生的调查研究"是对学生创业意向评估的进一步尝试。显然,该研究试图探讨创业教育对学生创业意向的影响。

该研究基于74名博士生组成的初始样本,旨在了解他们的创业意向和创业观念。作者运用统计工具分析数据,尝试根据创业动机和局限对学生进行分类。

尽管该研究尚处于尚初步阶段,本章揭示的结果仍非常令人鼓舞,即应引导我们设计基于建立学生数据库的纵向研究,以便在课程内外追踪学生。

第十五章(由卡德和诺曼撰写)是第三部分也是本书的最后

一章,即"非洲非正式部门的创业教育"。非洲以非正式部门的经济作用而闻名,它们为潜在创业者提供关键意见和资源。发达国家可从中得到启发,以更多地了解非正式部门的规则和运作,并尝试、转换或调整一些非正式实践。

在本章中,作者向我们表明,非洲的非正式部门有创业教育和培训的潜力。在任何创业教育策略的实施中,缺乏对潜在创业者(如教育程度较低的成人)的关注都是一大局限。创业活动只能由创业者自己规划和组织。因此,本章在非洲非正式部门的背景下提出了一套可供选择的、实用的教育培训方法。在这个特定的背景下,作者提出了一个有趣的观点,关于成人如何向同龄人学习,以及为什么专门从事该职业的教师才是行家。一个强有力的结论是,辅导是促进农村成人创业的备选方案之一。在这一层面上,当地创业者作为导师发挥着重要作用。

结束语

在作为前言的这一章中,我们尝试提出和讨论创业教育领域的范式变化。这些变化涉及经济、政治和社会需求,它们源自新目标的出现,着眼于研究和教育层面。创业教育领域的这些变化引导我们提出新的问题、运用新的教学法。我们希望本前言中对所有章节的简要介绍能带来一些有用的知识,以便使我们在这个不断变化的世界中开阔眼界和心智,更新课堂教学内容和教学方法。我们知道本书中采取的措施仅是一小步,还需要进行更多研究。创业教育领域的研究得到了前所未有的鼓励和支持,研究工作也比以往任何时候都需要继续并推动创业教师的实践活动。

参考文献

Ajzen, I. (1991), 'The theory of planned behaviour', *Organizational Behavior and Human Decision Processes*, 50, 179-211.

Bechard, J. P. and D. Gregoire (2005), 'Entrepreneurship education research revisited: the case of higher education', *Academy of Management Learning and Education*,

4(1),22-43.
Bouchikhi, H. (2003), 'Entrepreneurship professors and their constituencies: manifest for a plural professional identity', guest lecture at the 2003 IntEnt Conference, Grenoble, France.
Brenner, O. C., C. D. Pringle and J. H. Greenhaus (1991), 'Perceived fulfilment of organizational employment versus entrepreneurship: work values and career intentions of business college graduates', *Journal of Small Business Management*, 29 (3), 62-74.
Brockhaus, R. H. (1993), 'Entrepreneurship education: a research agenda', in H. Klandt and D. Müller-Böling (eds), *Internationalizing Entrepreneurship Education and Training*, proceedings of the IntEnt92 Conference, Dortmund, 23-26 June, FGF-Verlag, Köln-Dortmund, Germany.
Chia, R. (1996), 'Teaching paradigm shifting in management education: university business schools and the entrepreneurial imagination', *Journal of Management Studies*, 33 (4), 40.
Fayolle, A. (2000), 'L'enseignement de l'entrepreneuriat dans le système éducatif supérieur: un regard sur la situation actuelle', *Revue Gestion 2000*, no. 3, 77-95.
Fayolle, A. (2004), '"Entrepreneuriat", de quoi parlons-nous?', *L'Expansion Management Review*, no. 114, 67-74.
Fayolle, A. (2005), 'Evaluation of entrepreneurship education: behaviour performing or intention increasing', *International Journal of Entrepreneurship and Small Business*, 2 (1), 89-98.
Fayolle, A. and B. Gailly (2004), 'Using the theory of planned behaviour to assess entrepreneurship teaching programs: a first experimentation', paper presented at the IntEnt 2004 Conference, Napoli, Italy, 4-7 July.
Fayolle, A. and P. Senicourt (2005), 'Peut-on former des entrepreneurs?', *L'Expansion Management Review*, no. 116, 34-41.
Fayolle, A., B. Gailly, J. Kikul, N. Lassas-Clerc and L. Whitcanack (2005), 'Capturing variations in attitudes and intentions: a longitudinal study to assess the pedagogical effectiveness of entrepreneurship teaching programs', paper presented at the 50th ICSB Conference, Washington, 15-18 June.
Fiet, J. O. (2001), 'The pedagogical side of teaching entrepreneurship', *Journal of Business Venturing*, 16 (2), 101-117.
Fleming, P. (1994), 'The role of structured interventions in shaping graduate entrepreneurship', *Irish Business and Administrative Research*, 15, 146-157.
Gibb, A. A. (2002), 'In pursuit of a new enterprise and entrepreneurship paradigm for learning: creative destruction, new values, new ways of doing things and new

combinations of knowledge', *International Journal of Management Reviews*, 4 (3),233-269.

Gibb,A. A. (2004a),'Creating conducive environments for learning and entrepreneurship', paper presented at the 14th Annual IntEnt Conference, University of Napoli Federico II,4-7 July.

Gibb,A. A. (2004b),'Creative destruction,new values of doing things and new combinations of knowledge',paper presented at the 14th Annual IntEnt Conference,University of Napoli Federico II,4-7 July.

Hart,M. and R. Harrison (1992),'Encouraging enterprise in Northern Ireland: constraints and opportunities',*Irish Business and Administrative Research*,13, 104-116.

Hytti,U. and P. Kuopusjärvi (2004),'Evaluating and measuring entrepreneurship and enterprise education: methods,tools and practices',www. entreva. net.

Kirby,D. (forthcoming),'Changing the entrepreneurship education paradigm',in A. Fayolle (ed.), *Handbook of Research in Entrepreneurship Education*, Cheltenham, UK and Northampton,MA,USA: Edward Elgar.

Klandt,H. (2004),'Entrepreneurship education and research in German-speaking Europe',*Academy of Management*,*Learning and Education*,3 (3),293-301.

Kolvereid,L. (1996),'Prediction of employment status choice intentions',*Entrepreneurship Theory and Practice*,20 (3),47-57.

Lumpkin,G. T. and G. G. Dess (1996),'Clarifying the entrepreneurial orientation construct and linking it to performance',*Academy of Management Review*,21 (1),135-172.

Stevenson,H. H. and W. Sahlmann (1987),'Entrepreneurship: a process not a person',working paper,Harvard Business School.

Vesper,K. H. , and W. E. McMullen (1988),'Entrepreneurship: today courses, tomorrow degrees?',*Entrepreneurship Theory and Practice*,13 (1),7-13.

第一部分

创业教育的关键议题

第二章 创业的教与学:困境、反思和策略

珀·布伦科 波尔·德莱斯勒

赫勒·M. 弗尔格曼 约翰·凯尔森[1]

引言与背景假设

在过去的数十年中,人们就讨论过某些人是否是天生的创业者。如果回答是肯定的,那么这种天赋究竟达到何种程度。因此,创业者们似乎一出生就拥有一些并非后天习得的能力和本领。我们不会接着讨论这个问题,而是基于这样一个一般假设,即通过创业者与环境的相互作用,包括与教育系统的相互作用,至少一些个人特征、能力和本领是能够被培养和训练出来的。

因此,我们的基本假设为:创业或创业行为可学且可教。然而,创业教育要求全面反思行动与理论、学习与实践之间的关系,这主要是因为创业现象具有多方面的本质,这种特点使我们难以概括创业教育,因而教与学也成为一个难题。

基于这种假设我们进一步推测,包括教育系统和大学在内的公共部门应该反思如何激发学生的创业思维模式。教授创业课程的学术机构数量似乎有所增加(Jack and Anderson,1999;Katz,2003)。

问题之一在于,大学和商学院中传统的教学模式已不再适应学生创新、创业动机与能力的提高。讨论这一现象的文献越来越多(Gibb,

---

[1] 笔者要感谢丹麦贸易与工业局的财政支持,并感谢匿名评审员提出的建设性意见。

2002;Swedberg,2000;国际创业教育大会的论文),甚至一些期刊出版了专刊(例如,《管理、学习和教育学院》2004年特刊3(3)聚焦于创业教育),举办了创业教学年度研讨会(IntEnt and ESPRI),甚至还创办了专门研究这一现象的学术期刊(《国际创业教育杂志》)。

因此创业教学研究也许不再稀缺,但是仍然缺乏通用方法和范例。与之相反的是,教学方法似乎存在很大差异。在本章中,我们试图阐明这一领域存在的诸多困境,以及教师们在尝试克服这些困境的过程中所使用的各种方法。

图2-1显示了本章的结构。首先我们可以看到创业项目实施所面临的一系列困境,这些困境被简化为三个基本维度,创业教育的参与者应该反思这些维度。基于这些反思,有观点认为:想要开展创业教育的大学应该在如图所示三组策略性问题上做出决策。

创业教育的五个困境	反思的三个维度	三组策略性问题
• 为了创业而教还是教关于创业的内容? • 是教管理理论还是创业理论? • 应在大学还是在别处开展创业教育? • 创业是个体行为还是集体行为? • 创业是一门艺术还是一门科学?	• 象牙塔还是创业大学? • 教与学? • 创业或创业行为?	• 大学在其背景和制度规范中的作用。 • 课程组合及创业教育的目标群体。 • 每门创业课程的教学目的及学习过程。

图2-1 本章结构

创业教学的一些困境

探讨如何教授与学习创业时存在几个困境。我们通过研读创业教学与培训、创业学习等相关文献,确定了大量文本中表述过的5个基本困境:

- 教学是为了创业还是关于创业?
- 教学基础——是基于管理理论还是某些尚无定论的创业和内部创业理论?
- 教育定位——应该在大学讲堂的安定环境中还是在或小型企业中进行,或者应介于学术与实践之间?
- 学生应该独立工作(熊彼特式的精英创业者)还是团队协作(创业者联盟)?
- 如何确定教学本质——创业应被视为一门艺术还是一门科学?

正如我们将在本章最后看到的那样,这些困境大多数都涉及大学与大学内部环境的关系、创业教与学的关系,以及我们追求创业行为还是创业精神的问题。

为了创业还是关于创业?

学生想要学习创业的原因(Jack and Anderson,1999)很多。有人可能想创办自己的企业,但基于对知识的渴求,他们也有可能对学习和拓展一般创业知识感兴趣。

困境究竟是为了创业还是关于创业所做的决策,一方面取决于教育是否旨在提升学生的能力,把实施创业行为作为一种实践活动;另一方面取决于教育是否把创业学习当做一门学科(Gibb,2002;Laukkanen,1998)。

创业教学往往侧重于提升学生制订创业计划的能力。通过经历诸如问题识别(包括问题描述、信息收集和问题分析)、备选方案的制订、评估及实施等多个阶段,教授学生看到他们潜在的创业理念的形成过程。在创业计划课程中,学生对其企业进行描述和定义,对其管理团队、公司结构和市场进行阐述,制订营销计划和创业体系,并选择如何将创业理念贯彻到财务管理、风险管控和资金流动中。

为了深入理解创业计划的不同要素,旨在提升学生实施创业行动能力的创业教育通常涉及许多实用的专业化课程。与传统管理教育相似的是,创业教育课程也包括营销、组织、金融和会计等内容。这些课程与传统的实用专业课程的不同点在于它们在教授过程中带着一点创业的"色彩"。

当创业教育的目标主要在于提升学生的一般创业知识时，有关创业理论历史的课程就会占主导位置，学生将接触到经典创业理论。这些课程通常具有三个关键要素。第一个要素是由熊彼特（Schumpeter，1934）、柯兹纳（Kirzner，1973）和其他奥地利经济学先驱提出的，聚焦于创造性破坏和那些作为社会创新者的创业者。第二个要素是个人特质研究法，更多聚焦于心理层面和社会层面。学生可以了解到韦伯（Weber，1905，2001年重印）和资本主义精神，以及麦克莱兰（McClelland，1961）有关创业者具有强烈成就需求和高度内在自控理念的理论。第三个要素是这些课程让学生了解到更多的当代创业理论，例如，有些理论聚焦于创业者和机遇情境的关系，以便确定创业者是如何识别或创造机遇的（Eckhardt and Shane，2003；Shane and Venkataraman，2000）。

当然，上述对以创业为目的的课程与关于创业的课程区别的概括过于简化。提升创业行动能力将会增强创业学术能力，同时，增加创业知识也会提升实践能力，但毫无疑问的是，一些项目强调实际应用，另一些项目则更多着眼于概念上的深化（Garavan and O'Cinneide，1994）。

管理理论还是创业理论？

总体来说，创业的概念缺乏明确的定义，从而导致创业学术领域界限模糊。杰克和安德森（Jack and Anderson，1999）指出，这一术语涵盖不同的领域，从小企业经营到新创企业，再到广义的全面创新与个人主义。

无论教学是为了创业还是关于创业，都需要建立在某种理论基础之上。因此，关键的问题在于，创业教学应该建立在哪种理论之上？创业理论可以被看作是帮助潜在创业者了解未来，获知其行为所带来的结果的一种手段。在极个别情况下，这种思维方式甚至将理论看作是为创业行为提供"应做之事"的方式（Fiet，2000；Gibb，2002）。然而，这种方法往往过于笼统且缺少情境背景（Laukkanen，1998）。正如前文"为了创业还是关于创业"困境中所表述的那样,创业教育似乎建立在两种不同的知识传统之上:商学院的学院制传统和创业理论的理论传统。在商学院,通常是有着经济学和管理学教育背景的教师教授创业课程,这就导致在创业教育中特别强调把管理理论作为基本的理论背景。

创业需要具备基本的商业知识和技能。网络理论、消费者行为理论、产业组织理论、博弈论、代理理论、交易成本理论或资源基础理论等更为普遍的经济学和管理学理论可以对基本的创业问题做出解释,诸如如何发现机遇、如何评估行业吸引力、如何整合资源及如何创造竞争优势(Fiet,2000)。

因此,创业教学似乎经常将传统管理教育中大量的领域和话题组合在一起(Fiet,2000),却缺乏与创业相关的概念基础。

另一个影响因素是创业理论强大的理论传统。然而,创业理论主要是描述性理论,因此在创业教育中使用创业理论时所产生的问题在于,创业理论在"为了"创业而教育的问题上没有发言权。

正如杰克和安德森(Jack and Anderson,1999)所认为的那样,每项创业活动都是独一无二的,并且在创业过程中复合因素和相依因素是并存的。创业者的本质在于他们能在预知机会时克服所遇到的困难,包括独特性、敏感性和处理未知事件的能力,因为在决策过程中不存在固定模式的正确程序。与之相反,在创业行为中解决问题时会明确地涉及一种基于个人知识的反实证主义及主观判断方法。

受奥地利经济学家的启示,这些问题可能会推动行动导向理论的发展(Jakobsen,1992)。然而,迄今为止,还没有人将这种方法与更正式的创业教育成功结合起来。

校企合作还是其他形式?

我们能够在课堂上教授事实性知识和技能,但是创业活动也依赖于个人知识和背景知识,这种知识主要源于个人经验。

不仅大学教师缺乏创业经验,学生们也普遍没有创业经历(Jack and

Anderson,1999)。这就易于产生这样的课堂情境,即过于关注让参与者感觉舒适的元素:包括适用于为创业活动和小型企业提供建议的规范管理理论,或通过创业者的出现及其个人特点来解释社会革新的描述性创业理论。

由于改变教师和学生群体可能相当困难,那么就需要从其他方面引入创业经验。方法之一是邀请"现实世界"的客座讲师,运用与传统教学方式相类似的案例研究来进行教学。然而,这类案例并没有超越传统的教学方法。

创业行为依然不能在独立的情境中进行。为了强化创业行为,大学必须敞开大门——既要在大学内部建立院系和部门之间的联络网,又要在外部建立与产业和政府之间的关系网。但这绝非易事,制度规范、激励制度和普遍偏见阻碍了创业行动的有益尝试。

个人行为还是集体行为?

创业教育的大多数方法都以个人为中心。这种个人主义可以从两方面进行表述:创业内容和教育背景(Laukkanen,1998:2-3)。

创业内容聚焦个体。例如,一位精英创业者在发现机会后迅速整合资源以开设自己的公司。人们很少意识到,这个经济流程也是社会进程的组织过程(Johannisson and Lundberg,2002)。在社会进程中,他人的行为是相辅而行、相互影响的。

同样,教学环境也聚焦于个体。传统的大学教学主要是把知识从一个个体传输给另一个个体。因此,有人可能会认为,教学环境对于提高学生组织社会进程的能力没有多大作用,而这种能力与大部分的创业行动息息相关。

然而,其他学习过程可能发生在没有学习的团体或社区中,但其主要目标是某种创业行动。学生间的团队合作,或者与其他有不同经验的团体成员之间的合作,蕴含着产生创业行为的潜力。

艺术还是科学？

在大学环境中,我们试图把创业理解成一门理论学科。然而,一个核心问题是我们不能在理论层面上复制成功创业者的经验(Jack and Anderson,1999)。

与创业相关的关键词似乎都是"实验""新颖""创新""创造力""灵活性""独特性""自主性""自我指导"和"自我表达"等(Garavan and O'Cinneide,1994;Jack and Anderson,1999),这些词通常与艺术有关。从这一点来看,创业也可以被认为是一种经济艺术形式,在这之中创业者创造了过去不曾存在的东西(Jack and Anderson,1999)。

另一方面,创业也可以被看作是一种艺术形式,因为它是一种"创生、主动"的理论学科,而不仅仅是一种试图去描述和分析创业形势(Cockx et al.,2000)的"被动、描述、沉思"的理论学科。创业的艺术可以被理解为一种基于丰富的理论知识之上的能力或者优势,但是这种艺术形式的本质在于人"在实践中对创造性和主动性的应用能力"(Cockx et al.,2000:22)。

从这个角度来看,一个人必须通过自身学习形成掌握创业思维的技能。这与试图更加理论化分析创业形势的方法大相径庭。"以情境为中心"的技能培训也许比"以个人为中心"的技能培训更为容易(Cockx et al.,2000)。

对重述困境的反思

截至目前,对人们创业进行教学与培训的困境已经交错在一起。本章讨论的中心问题是:怎样学习和教授创业?

在试图解答这些问题时,我们意识到在解决困境过程中是无法完全协调不同需求的。而在问题间做出选择同样是不可能的,因为这些问题涉及许多不同层面的教育计划的决策。因此,挑战之处不在于选择困境的不同角度,而在于通过重述困境来解决困境。

为了设计大学创业策略、创业相关课程和单一创业课程的组合,相关教师及大学管理层应该反思这些困境以寻求解决这些困境的具体方法。

为了解决这些困境,我们反思了过去十年在创业文献中出现的三个更广泛的论述。

第一种论述的灵感来源于关于学习组织和组织学习的广泛讨论。在20世纪90年代,这一讨论成为时代主题。它基于个人与组织的双重发展,在持续的自我转型性组织中寻求个体的自我发展。学习型组织在个人层面和组织层面的自我革新被看作是挖掘竞争优势资源的关键,并以此方式重新创造世界。

第二种论述的灵感来源于关于创业或创业行为的讨论,并涉及教育力求提升的是何种行为的问题。

第三种论述涉及大学制度体系的更普遍转变,讨论在"创业型大学"和"三螺旋"的引领下,大学与其环境的新型关系。

教与学

关于人能否被教育成一名创业者的分歧似乎和教与学的问题密切相关。加拉范和奥·辛奈德(Garavan and O'Cinneide,1994)声称创业是可教的,然而琼森和琼森(Jonsson and Jonsson,2002)认为教导某人成为创业者的观点是错误的:创业不是认知问题,而是其他问题。

传统意义上,大学专注于将其认为必要的东西教授给学生。如果创业是学习计划的一部分,那么它通常是相对独立的,属于一种单独课程。然而,如果想提高敏锐度,并在大学环境中提升学生、教师和核心参与者应对机遇的能力,则要给予学习和创业行为更广泛的关注。

传统大学一直基于教学方法来传播知识。对于创业型大学而言,其目标是将机遇知识整合到持续学习的过程中,以创造反思行为。这需要在教学方面进行实验,涉及两种课程,以及在大学或大学环境下的其他学习活动。当教学更加注重知识的传授时,则会忽视学生的个人发展。

以前用"学"和"教"这两个词分别来描述学生和老师的角色,但是随着许多新型学习理论的出现,情况显然不那么简单了。

"学"与学生或学习者被邀请成为学习过程中积极平等的合作伙伴的方法相关。从理论上来讲,"学"与建构主义、经验主义、存在主义及社会导向理论相关联。在实践和方法层面上,"学"与"承担自己的学习责任"和"学会学习"等说法相关联。这种方法还提供了一种更全面的教育观:学习关注的不仅仅是认知的发展,也要考虑情感目标和隐含目标。

"教"这个词语仍然与教师所做的事密切相关,因为学生,或者换一种更好的说法——"学徒",被认为是这种方法中相对被动的知识和技能的接受者。这就是为什么相关的教学理论和策略都集中在教师们如何寻求呈现内容的最佳方式上,以便学生更轻松地消化理解,如果教学内容与之有关则就进行练习。一般来说,这种方法可以称为教学主义,它主要由认知理论和行为教学理论构成。

当我们把创业行为视作创业的先决条件时,我们首先需要运用学习方法。其主要原因在于,我们把创业行为与一些个人特质联系起来。这些特质不太可能受讲座等形式的教学的影响,除非是一种特殊的教学方式。

然而,创业本身可能被视为一种学习过程,或至少与学习紧密相关。大多数创业理论都是建立在这样一种观念之上的:创业者只有在能够不断识别机遇时,才能将其称为创业者。因此,创业者也可以被定义为一个持续学习以便发现新机遇的人。

创业还是创业行为?

有关文献对应该教授什么样的行为这一问题有些存疑,进而小型企业、创业和创业行为的概念也更加令人困惑。如果不明确定义这些概念,针对这些领域的教育计划的适当内容和教学过程就很难达成共识(Gibb,2002)。

因此,小型企业教育被理解为给小型企业主提供管理工具。这些小型企业主可能并不具有创新性,但往往因为缺乏一些传统的管理资源而受到影响。很大程度上,小型企业管理的教学很可能局限于传统教学范式之中(Jack and Anderson,1999)。

传统意义上,创业与特定形式的创业活动相关,如公司的创立。因此,创业教育旨在以创新的方式激发创业精神,聚焦于经济层面的业务更新。

与这些概念相反的是,创业行为的概念更加宽泛,教育工作旨在培养独立的创业者(Garavan and O'Cinneide,1994)。因此,与小型企业管理相关的更加"普通"(Gibb,2002:28)的模式相比,创业行为似乎涉及更具创造性和灵活解决问题的方法。

接下来我们将主要聚焦于创业行为,我们认为创业行为与其他两个概念截然不同。创业行为是一个更宽泛的概念,被赋予了许多定义,但总体上看,创业行为通常与个人特质有关,如愿意改变、灵活性、创造力等。创业行为可能会发生在非经济领域的其他环境中,也可能体现为除创建企业以外的其他形式。根据吉布的观点(2002),需要企业应对的复杂性和不确定性会在生活中的各个方面影响到所有人,不仅仅是当他们创建企业的时候。

从这个角度来看,创业行为类似于斯皮诺萨等人(Spinosa et al.,1997)呼吁的"开拓新世界"的能力,我们最好将其理解为创业的先决条件。这个先决条件也可以被描述成一种看待日常生活中异常现象的能力,并将其作为理解世界和改变世界的基础。通过这种方式,公司得以建立,社会得以变革,历史得以创造(Spinosa et al.,1997)。

象牙塔还是创业大学?

还有一些问题似乎都与大学的作用有关。传统意义上,大学参与创业的研究及教育。在这两种情况下,创业均与大学体系脱钩,发生在另一个体系之中。

一种更为激进的观点可能认为,创业成效的责任部分在于大学,教授创业者的责任不能完全留给教育界(Garavan and O'Cinneide,1994)。

像"三螺旋"(Matlay and Mitra,2002)或创业型大学(Etzkowitz et al.,2000;Nelson,2001)等最近的研究方法持有一种更为复杂的观点:大学被看作一个社会子系统,在这个子系统中进行创业教育。约翰尼森和伦德伯格(Johannisson and Lundberg,2002)甚至把大学环境描述为创新环境。作为创新体系的一部分或者是地区或国家进步的推动力,"三螺旋"及创业型大学的概念被用来表述大学与其环境之间的关系。

似乎也出现了另一种对"现代大学"的理解。在这种理解中,现代大学被解读成一种社会系统,它本身就具备创业素质,因为其教师、学生及雇员在某种程度上将他们自己转变成为了创业者。通过与环境的互动,大学与地区的结合遵循着创业的基本运行模式(Clark,1998;Röpke,1998)。

大学策略的反思

以上我们讨论了在创业教育界观察到的一些困境。从某种意义上来讲,这些困境是真实存在的,因为我们无法给出学习创业行为的统一公式。但是,正如上文所示,解决这些困境的最好方法可能就是用一种新方式来表述原有的困境。我们已表明,将教与学并重,将创业与创业行为并置,才是本领域对推动教育发展关键问题更有成效的重述。

某些困境质疑大学的总体策略,另外一些困境质疑创业课程的组合与课程的安排,而其他问题都与具体创业课程设计有关。

从一种实用和战略的观点来看,人们也许会认为在大学教授创业或是鼓励创业行为涉及大学规范的制度问题,以及大学应该怎样与其所处的环境相联系的问题。不同群体的学生有着多种不同需求,这些需求似乎能够通过各种教学法得以满足。

图2-2归纳了这些问题,并将它们与以前的困境联系起来。因此,图2-2可以被理解成一种对从事创业教育和培训的人员和组织所采用的目标和方式进行反思的体系。

	为了创业还是关于创业	管理理论还是创业理论	艺术还是科学	大学还是他处	个体还是集体行为
学还是教	总体创业课程和每门课程的教学方法决策			关于大学规范、结构和外部关系的制度性和背景性决策	
创业还是创业行为	总体创业课程和每门课程的教育决策					

图 2-2 创业教育的核心战略决策

吉布(Gibb,2002)提出了类似的观点,他认为应该重新划分客户和需求。劳卡南(Laukannen,1998)的观点是创业教育在学习目标、系统目标、优先事项和教育顺序方面缺乏明确的目标。

图 2-1 所示的关于创业教学反思的概念框架应该能够使我们思考如何为潜在创业者制定课程。这些课程应该帮助学生更好地处理创业中遇到的实际问题。但是,我们的概念框架还应该使我们反思其他课程如何帮助人们学习,这些人普遍更想培养自己的行为能力、创造能力,并能未雨绸缪,在生活美好时享受生活的不确定性和复杂性(Gibb,2002;Spinosa et al.,1997)。

按照这些更全面的思考,创业教育机构应该进行更详细的分析。为此,我们从三个层面来分析:

- 大学自身及其身份、战略、学术规范及结构——我们认为这是大学如何在环境方面追求创业活动的背景问题。对于每一所大学来说,这是一个致力于创业战略的问题。它必须反映其身份、战略、学术规范和结构,因为大学必须决定就目标群体和创业教学目标要实行的总体战略。这涉及创业活动如何与它所处的环境相联系的问题。
- 教学过程或学习过程使用的是多种形式的创业教育——我们将其视为辨别正确的课程内容,并辨别与课程组合或者其他属于大学的创业学习计划有关的教学方法的问题。
- 目标群体和教学目的影响每个创业教育要素的内容和形式——我们将其视为关乎大学里每个创业课程的核心教学与教学法的问题。

这三个要素之间相互依赖,并具有同等重要性,一个因素的变化要通过另外两个因素的变化来保持平衡。通过反思这些问题,教师和大学管理层可能会以超越传统的方式来探究如何教授创业。

结论

创业教育界充满了困境,主要不是理论上的困境,而是每个参与创业教育或发展创业型大学的人面临的真正困境。

一些问题是说教性的。解决"关于创业还是为了创业"或"艺术还是科学"这一困境的创业理论尚待形成,因而从管理层借鉴的理论可能弊大于利。

其他问题则是教学性的。表明创业教育的新角色、新过程和新结构的创业学习理念尚待发展。

另外,制度问题也需要解决。创业型大学可以搭建起连通大学及其周围环境的桥梁,同时解决个人和集体的困境,这样的大学仍有待被创建。

与此同时,我们将不得不务实地制定创业型大学策略,开发创新型课程并教授多种形式的创业课程。为此,我们需要框架来组织我们对这些主题的思考。在本章中,我们已经建立一个将三组战略问题整合到创业教育中的框架。

参考文献

Clark, Burton R. (1998), *Creating Entrepreneurial Universities-Organizational Pathways of Transformation*, Oxford: Elsevier Science.

Cockx, Raphael, Sven De Vocht, Jan Heylen and Tom Van Bockstaele (2000), *Encouraging Entrepreneurship in Europe: A Comparative Study Focused on Education*, Antwerpen: UFSIA-University of Antwerp.

Eckhardt, J. and S. Shane (2003), 'Opportunities and entrepreneurship', *Journal of Management*, 29(3), 333-349.

Etzkowitz, Henry, Andrew Webster, Christiane Gebhardt, Branca Regina and Cantisano Terra (2000), 'The future of the university and the university of the future:

evolution of ivory tower to entrepreneurial paradigm', *Research Policy*, 29, 313-330.

Fiet, J. O. (2000), 'The theoretical side of teaching entrepreneurship', *Journal of Business Venturing*, 16, 1-24.

Garavan, T. N. and B. O'Cinneide (1994), 'Entrepreneurship education and training programmes: a review and evaluation—part 1', *Journal of European Industrial Training*, 18 (8), 3-12.

Gibb, A. (2002), 'In pursuit of a new "enterprise" and "entrepreneurship" paradigm for learning: creative deconstruction, new values, new ways of doing things and new combinations of knowledge', *International Journal of Management Reviews*, 4 (3), 213-231.

Jack, S. L. and A. R. Anderson (1999), 'Entrepreneurship education within the enterprise culture', *International Journal of Entrepreneurial Behaviour and Research*, 5 (3), 110.

Jakobsen, R. (1992), 'The "Austrian" School of Strategy', *Academy of Management Review*, 17 (4), 782-807.

Johannisson, Bengt and Hans Lundberg (2002), *Entrepreneurship as Breaking and Making Sense-Learning Beyond Boundaries*, RENT XVI—Research in Entrepreneurship and Small Business, Barcelona, Spain.

Jonsson, C. and T. Jonsson (2002), 'Entrepreneurial learning: an informed way of learning-the case of enterprising and business development', working paper, Växjö University.

Katz, Jerome A. (2003), 'The chronology and intellectual trajectory of American entrepreneurship education 1876-1999', *Journal of Business Venturing*, 18 (2), 283-300.

Kirzner, Israel (1973), *Competition and Entrepreneurship*, Chicago, IL: University of Chicago Press.

Laukkanen, Mauri (1998), 'Exploring alternative approaches in high-level entrepreneurship education', paper presented at the 10th Nordic Conference on Small Business Research, 14-16 June, Wäxjö.

Matlay, Harry and Jay Mitra (2002), 'Entrepreneurship and learning: the double act in the triple helix', *International Journal of Entrepreneurship and Innovation*, 3 (1), 7-16. McClelland, David C. (1961), *The Achieving Society*, Princeton, NJ: Van Nostrand.

Nelson, Lita (2001), 'The entrepreneurial university', in Albert H. Teich, Stephen D. Nelson, Ceilia McEnaney and Stephen J. Lita (eds), *AAAS Science and Technology Policy Yearbook 2001*, Washington, DC: American Association for the Advancement of Science, pp. 279-285.

Röpke, Jochen (1998), *The Entrepreneurial University-Innovation, Academic Knowledge Creation and Regional Development in Globalized Economy*, Marburg: Phillips-Universität.

Schumpeter Joseph A. (1934), *The Theory of Economic Development*, Cambridge, MA: Harvard University Press.

Shane, Scott and Sankaran Venkataraman (2000), 'The promise of entrepreneurship as a field of research', *Academy of Management Review*, 25, 217-226.

Spinosa, C., F. Flores and H. L. Dreyfus (1997), *Disclosing New Worlds: Entrepreneurship, Democratic Action and the Cultivation of Solidarity*, Cambridge, MA: MIT Press.

Swedberg, Richard (2000), 'The social science view of entrepreneurship: introduction and practical applications', in Richard Swedberg (ed.), *Entrepreneurship, the Social Science View*, Oxford Management Readers, Oxford: Oxford University Press, pp. 7-44.

Weber, Max (1905), *The Protestant Ethic and the Spirit of Capitalism*, 2001 edn, London: Routledge Classics.

第三章 创业教育:商学院能否迎接挑战?

戴维·A. 柯比

引言

据布罗克豪斯(Brockhaus,2001:14)称,"1947年,哈佛商学院开设了首批(创业或小企业)课程之一。1953年,彼得·德鲁克在纽约大学教授另一门早期课程。"然而,直到20世纪的最后二十年,学术界才开始重视高等教育在培养研究生创业者方面所起到的作用(Hills,1986;Scott and Twomey,1988)。随着伯奇(Birch,1979)发表观点,称发现新型小企业在为美国创造就业机会上所起的作用,加之美国和英国政府着力于减少国家干预、增加个体职责,世界各国政府都开始对能够促进创业和创造新企业的文化创造产生兴趣。随后,教育系统在不同程度上承担了这项使命,这一点在英国表现得再突出不过了。1997年,全国高等教育调查委员会(1997:201)建议大学"考虑通过创新的项目设计来鼓励创业的范围",并且截至2000年,商业和创业发展已被列为英国大学的四项战略目标之一(Universities UK,2000)。

尽管有这些外界影响,学术界内部也对大学的普通院系,尤其是商学院能否或者是否应该对创业做出贡献存在许多争议。一些人认为:创业者是天生而非后天教育而成的,但是另外一些人则认为:"通过创业教育使学生不仅更具有创业精神,而且能够将学生培养成商人……是一项在时间和范围上都超出了商学院能力的事业。"(Johannisson,1991:79)

有趣的是,小企业研究信托基金(1988)在英国开展的一项调查显示,只有13％的调查对象认为通过学习过程无法获得创业技能。因此,本章主要论证大学和商学院是否能够培养创业者,但正如奇雅(Chia,196:410-411)提出的那样:"知识和教育的优先顺序需要做出根本改变。"因此,本章首先阐明"创业者"的概念,然后分析为什么创业者对社会如此重要,以及创业者(或大型组织中所称的内部创业者)该如何发展。前提是,一旦明晰需要什么以及为什么需要,它就应该能决定如何可以被生产。一旦明晰社会所需及其原因,就应该能确定培养创业者的方式!

创业者特质

通常,一提到"创业者",我们就会想到小企业(Gibb,1996)、业主管理和自主创业这些概念。然而,这些定义都过于简化了这个概念。创业者的概念比这些概念要宽泛得多:并非所有的企业主都是创业者,并非所有的小企业都是创业型企业,并非所有的大企业都不具创业精神。

遗憾的是,创业者的特质仍没有统一的定义。布罗克豪斯和豪维茨(Brockhaus and Howitz)在1986年写道:"从文献来看,似乎支持创业者没有通用定义的这一观点。"之后,切尔等人(Chell et al.,1991:1)提出:"如何鉴别创业者的身份这一问题又被另一个事实搞得更加混乱,那就是人们对创业仍没有一个能够被普遍接受的标准定义。"

虽然尚且缺乏对创业的统一标准的定义,但仍需要对其进行定义。为此,追溯创业这个词的起源就很有必要。"创业"一词源自法语动词——entreprendre,意为"承诺"。这样说来,创业者就是承担者,承担做事任务并把事做成的人。因此,他会打破现状,并可能会被视为变革者。拥有这样一种能力,创业者不仅仅在小公司为自己工作,也可能会受雇于大型组织。通常这种大型组织都是私营部门,但也有越来越多的公共部门和志愿组织(Kirby et al.,1991)。因此,这可能与蒂蒙斯(Timmons,1989:1)的观点相一致:"创业是在实践中创造和建立起某种东西的能力,是创立、运行、实现、开办一家企业或组织,而不只是观察、分析、描述一家公司。创业的诀窍在于,当别人感到混乱、矛盾和迷惑的时候,你要敏锐地嗅到机会。"

可以看到,虽然可能无法给创业者下一个准确的定义,但仍可以给出一个定义。事实上,如果我们采用莱塞姆(Lessem,1986)的观点,创业者很可能是没有原型的——没有个体在同等程度上具备所有的创业者特质。相反,创业者很有可能存在许多不同类型,具有不同的人格类型、一系列特质和行为。(见表 3-1)

表 3-1 创业者类型、人格和特质

创业者类型	人格类型	特质
创新者	想象型	独创性、灵感、爱心、改革
新型设计者/倡导者	直觉型	进化、发展、共生、连接
领导者	权威型	指导、责任、结构、控制
新型创业者	意志型	成就、机会、冒险、权力
发起人	社交型	不拘礼节、共同价值观、团体、文化
冒险家	能量型	运动、工作、健康、活动

资料来源:莱塞姆(Lessem)1986。

虽然莱塞姆(Lessem)的观点的重要性在文献中经常被忽略,但其仍具有重要意义。其重要性有以下几个原因:首先,它重申大小公司都能发现创业者;其次,它摒弃了对创业者类型的单一定义;最后,它注重观察创业者的特质——那些与传统商学院培养的学生不同的特质。很显然,莱塞姆(Lessem)并不是首次提出这种观点的人。心理学理论认为创业者具有如下一些特点或特性,尽管这种已不再盛行:

- 冒险能力。传统经济理论认为创业者是冒险家。鉴于他们在经济和社会活动中扮演的角色的性质,显然创业者不排斥冒险。然而,就创业者在风险承担方面没有达成明显一致性,一个普遍的说法似乎是,创业者比其他行业的人更倾向于进行缜密的风险预估(Caird,1991;Cromie and O'Donoghue,1992)。这样一来,与非创业者相比,创业者能够更好地处理随之而来的模糊性与不确定性(Koh,1996)事件。有趣的是,布塞尼茨(Busenitz,1999)在著作中表示,创业者比大型组织的管理者更加自信,而这种自信会有碍他们对于风险的认知。这就引出了另一个深层次概念——自信心。科赫(Koh,1996)认为这是成功创业的先决条件,霍和科赫(Ho and Koh,1992)则认为自信心与对不确定性的容忍度及创造力相关。

- 成就需求(nAch)。麦克莱兰(McClelland)于1961年首次提出这个概念,认为创业者对成就感有很大需求,其实现成就的情境包括以下条件:
  —— 个人责任;
  —— 中度(非高度)风险;
  —— 对决策结果的认知;
  —— 新颖的基本活动;
  —— 对未来可能性的预料。

  正是对成就的期望(而不是金钱)激励着创业者们。为证实麦克莱兰(McClelland)的成就需求理论而进行的实证研究与其理论本身稍微有些冲突。人们一般认为:"尽管有着强烈成就需求的人很可能表现出创业特质,但若将成就需求理论上升到中心去解释创业动机仍存在问题"(Cromie,2000:17)。

- 控制源。基于罗特(Rotter,1966)的研究成果,创业者具有较高的内心控制点,并且相信目标的实现取决于其个人行为或个人特点。然而,对此的实证研究依旧没有得出结论。有些人(Cromie,1987;Cromie and Johns,1983)将创业者和有经验的管理者进行对比,发现创业者的"内心"控制点远高于管理者,而其他人(Brockhaus and Nord,1979;Cromie et al.,1992)在这两类人之间并没有发现这种差别。另外,克罗米

(Cromie,2000)认为取得高成就的人也会表现出这样的行为,而且就内心控制点和成就需求是否属于更深层的创业特质的问题,也存在着相互矛盾的证据(Chen et al.,1998;Hull et al.,1980)。

● 渴望自主。创业者想要占据主导地位——因为较之许多其他职业群体而言,他们更渴望自主,对外部控制更加恐惧(Caird,1991;Cromie and O'Donoghue,1992)。他们比一般公众或管理者更渴求个人主义和自由,讨厌规则、程序和社会准则。因此,他们无法在扼制创造力的环境下正常工作,与他人相处也会有困难。正如克罗米(Cromie,2000)所观察到的,一些人甚至被视为不正常。

● 偏差现象。这基于凯茨德·弗里斯(Kets de Vries,1997)的研究成果。他认为创业行为是由负面特质和负面动力所驱动的。创业者所获得的经济利益和背后的经济动因并不总能使其获得个人满足感和幸福感。在他看来,创业者是"一个焦虑且条理很差的做事不循常规的人,甚至会做出自毁行为"(同上:41)。他宣称,创业者之所以会有这种行为,是因为他们有令人不安的童年,且通常在父亲缺位的环境下长大。结果导致他们成为了:

— 自尊心低的人;

— 缺乏批判性反思能力的人;

— 幻想掌控一切、不依赖一切人和事物的人。

这或许可以解释为什么创业者会参与冒险活动,选择创建自己的企业。然而,调查表明创业者的处境并不比他人的处境艰难,有些创业者甚至来自家境殷实、氛围和谐的家庭。

● 创造力和机会主义。许多创业文献表明创业者要比其他人更具创新性(Timmons,1989;Whiting,1988)。创业者的思考方式一般异于常人,他们会挑战现有的设想,灵活多变,能够根据不同情况调整解决问题的方式。所有这一切都是创造性和创造过程的组成部分（Kirton，1976；Solomon and Winslow，1988），尽管有些人认为，与其说创业者具有创造性还不如说他们是机会主义者。比起创造新想法，他们更善于发现并把握机会。无论如何，乌奇和劳赫（Utsch and Rauch，2000）的研究表明，创新性和企业效能之间的联系十分紧密，与成就取向也有联系。成就取向低的人不愿创新而且会很快放弃，缺乏努力与自信，而具有高成就取向的创业者能够付出巨大努力，在面对问题和障碍时能够坚持。因此，他们得出结论："创业者不一定需要具有高成就取向才能成功，但具有创新性是很有帮助的。尤其是在快速发展的领域或高科技领域……高成就取向显得尤为重要。"（出处同上：59）

- 直觉。关于创业者是直觉型而不是理性思考者这一观点，人们对此有过争议（Carland，1982）。相较于采取结构化的分析方法，即需要注意细节、遵守规则和系统化调查的方式去解决问题，创业者可能更愿意采取一种更加直觉化的方式，即需要整体观和综合观，采取横向而非纵向的推理和随机的探索方法去解决问题。但是，有些人质疑：直觉虽然重要，但是对某种类型的创业者来说，实际情况要比其他因素重要得多。例如，奥尔森（Olsen，1995）认为直觉对创业过程的初始阶段非常重要，而迈纳（Miner，1997）认为就他所确定的四类创业者来看，"直觉"只是一个"产生想法"的重要特征。一个领军刊物——《当地英雄》（Scottish Enterprise，1997）曾刊登过一项针对437家高速发展的公司的创办人进行的有趣研究，阿林森等人（Allinson et al.，2000）将156份调查问卷的结果与早前546名来自各个公司的管理者的问卷结果进行了对比（同一套问卷）。结果表明，高速发展的公司的创业者比一般的管理者群体,尤其是中层和基层管理者更具直觉性,但是他们的认知方式与高级管理者和执行主管们相比并无差异。鉴于这个抽样调查的样本是随机抽取的,作者得出结论:这项发现能够证实"成功的创业者是通过直觉来处理信息的"(出处同上:41)这一普遍观点。同时,他们质疑创业者的信息处理过程与所有类型的工薪阶层管理者不同的这一观点,这与创业行为并不仅仅局限于个体经营者的观点是一致的。

因此,近些年来,心理学文献已经确定了创业者所具备的不同人格特征,可以看出他们的主要特征并非单独存在,而是许多特征集合在一起,这点在莱塞姆(Lessem,1986)的研究成果中有过说明。此观点在蒂蒙斯等人(Timmons,1985:153)的研究成果中也被重述过,他们得出的结论为:"我们认为每个创业者不是只有单一的特点。"相反,他们认为创业者需要具备 14 种行为,具体会表现出哪种行为主要看他们身处的环境。重要的是,他们总结出这些行为都可以习得。这些行为是:

- 完全的投入、坚定的决心和持久的坚持
- 去实现目标与成长的动力
- 目标和机会导向
- 积极主动并有个人责任
- 不虚伪,具有幽默感
- 寻求并利用反馈的意见
- 内心控制点
- 能够忍受模糊性、压力和不确定性
- 预估风险并分担风险
- 对地位和权力的需求低
- 诚信可靠

- 果断、雷厉风行、有耐心
- 从失败中学习
- 团队建设者和精英缔造者

当然,上述并非创业者所必需的所有特质。比如,霍纳迪(Hornaday,1982)确定了 19 种相似但略有不同的特质和行为,吉布(Gibb,1990)确定了 12 种。就本章的写作目的来说,精确的行为数量和类型并不重要,重要的是确认创业者的行为/特质,以及这些特质能够通过后天习得和(或)发展而来。

对创业者的需求

当下人们对创业与培养创业者产生兴趣有诸多原因。吉布(Gibb,1996)认为,究其根本有以下三方面的原因,分别是:

- 提供就业机会和促进经济发展
- 战略调整/重组
- 公共事业和国有企业的去管制和私有化

然而,也许这些是某一个更根本原因的具体表现。

彼得斯(Peters,1987)等人认为,社会正在进入一个前所未有的变革时代,即一个"天翻地覆的世界"。这并不新奇,因为变革一直都是社会和经济演化的一部分。不过,以前的变革正如汉迪(Handy,1990:5)所观察到的:

> 变革大体相同,但只会越变越好。这些都是渐进式变革。今天,我们知道,在许多生活领域都不能保证事情一成不变,不管是工作还是金钱,和平还是自由,健康还是幸福,我们甚至无法自信地预测生活中会发生什么。

在这种情况下,德鲁克(Drucker,1989)的"新现实"社会不仅需要人们适应变革,而且要能够参与变革,更重要的是要发起变革。事实上,莫斯·坎特(Moss Kanter,1984:354)在20年前曾提出:"由于经济和社会环境发生了深刻转变,现如今我们更应该把解放和支持那些能够预见和推动创新的技能放在整个国家的首位。"

然而,世界经济体系中同时也出现了一些自相矛盾的趋势。尽管近年来人们已经逐渐认识到全球化和市场互相依赖,世界公民也显然不再依赖"他们"。就算"他们"是世界上富有的民族、国家或大型公司,也不能依赖他们来提供财富、工作、家庭、医保等。社会越发地依赖自身。因此,个人、社团、组织,甚至国家都以某种方式被赋予了权力,这点在之前还未被意识到。在世界经济中,每个公民都是独立的,但是他们每个人也要对自己的命运负责——为了他们自己的、家人的、同事的、同胞的乃至世界公民的利益。因此,包括个人、团体、组织和社会在内,大家都有必要提升创业精神和自立心。社会需要的是那些能够看到机遇、创造机遇、实现机遇的人才。因此,商学院需要培养学生发展这些方面的创业特点。

培养创业者

似乎人们大多认为"通过正式学术培养方式的教育会削弱学生的商业敏锐度"(Bartlett,1988:26)。甚至在美国——创业的温床,旨在向学生介绍商业和管理原则的课程也倾向于"教授学生如何成为有能力的员工,而不是成功的商业人士"(Solomon,1989)。随着这些论断的出现,世界各地都有大量的创业提案涌现出来(Brockhaus et al.,2001;国际管理技术发展网络,Interman,1991;Vesper and Gartner,1998)。通常这些提案将创业和创办新企业/小型企业管理相结合,并教授有关创业和企业的知识,而不是为了创业而教育。似乎很少将教育的重点聚焦于提升学生成为成功创业者所需要的技能、特质和行为。例如,国际管理技术发展网络综合目录表列出了三种创业方案类型,即:

- 创业导向和创业意识方案:侧重于介绍创业基本信息并鼓励参与者把创业当作一项事业。
- 创办新企业的方案:旨在提升创业、经济自足、创造就业的能力。
- 侧重小企业生存与发展的方案。

在本书有限的篇幅中,要对列出的 205 项方案进行一一分析是不可行的,但是从分类中不难看出,这些项目的重点在于学习创业及如何管理小企业。然而,本章前面已论证过,创业是拥有或获取一种特殊的特质、技能和行为。

此外,拜格雷夫(Bygrave,1994)在其受到高度赞扬的《工商管理硕士创业简本》中,就"顶级商学院如何使学生应对在 20 世纪 90 年代及之后的创业商业大环境中的挑战"向读者提出了独到见解。全书共 14 章,450 页。学生会在书中学到创业过程、机会识别、市场准入策略、市场机遇和销售、制订成功的创业计划、金融预测、风险投资、债券和其他形式的融资、对初创企业和小企业的外部援助、法律和税务问题、知识产权、特许经营权、特许权、创业经济学等知识。显然,商学院学生很有必要了解这些原则和实践,尤其是如果他们要继续创建自己的企业。但是仅仅了解这些知识并不能使学生"应对 20 世纪 90 年代及之后的创业商业环境的挑战"。这只是过程中很小的一部分因素。如上所述,一个成功的创业者要具备一系列超越纯商业的个人技能、特质和行为。学生需要养成的正是这些特质、思维和行为方式,如果他们的创业能力得以提高,他们将有能力迎接 21 世纪创业环境下的挑战。这意味着课程内容和学习过程都需要改变,这和吉布(Gibb,2004a)的观点可能是一致的,即摒弃"目前狭隘的创业范式"是很重要的,这种范式将创业等同于创办新企业及启动和经营业务的工具。

课程内容应做出的改变

正如雷(Ray,1997:199)所认为的:"在商学院所学到的传统技能确实很重要,但却不足以造就一个成功的创业者。"学生仍然需要提升自己的创业技能并深化对创业的理解,需要更多地聚焦于培养创业技能、特质和行为。这就意味着需要引入针对培养学生创业意识和创业特点的模块和课程。根据雷(Ray,1997)的观点,可能需要包含以下内容:

- 交流技巧,尤其是说服他人的能力
- 创意技能
- 批判性思考和评估技能
- 领导技能
- 谈判技能
- 解决问题技能
- 社交技能
- 时间管理技能

然而,单靠这些技能是不够的。要取得成功,有必要创造一种改变学生学习方式的学习环境,并强化这种技能的发展。

学习过程的变化

从神经心理学(Ornstein,1986;Sperry,1968)的观点来看,大脑分为两个半球。

- 左脑掌管语言、逻辑和符号,以逐步深入的方式对信息进行处理。左脑思维集中度高,具有系统性,高度逻辑地从一点到另一点。
- 右脑掌管情感、直觉和空间。它以直觉的方式处理信息,严重依赖于形象。右脑思维是横向的、非常规的，缺乏系统性和条理性。右脑这种横向思维正是创意过程的核心。

根据刘易斯的观点(Lewis,1987:38-9)：

左脑得出结论之前需要强有力的证据，右脑则喜欢处理各种不确定和难懂的知识。右脑更偏爱开放式问题，喜欢有多个答案且没有固定正确答案的问题……左脑专门提供一些精确的描述和准确的解释；右脑则喜欢类比、明喻和隐喻。左脑需要结构性和确定性，右脑则因自发性和模糊性而活跃。

因此，那些想要开发右脑思维的人可以：

- 问一问是否有更好的方法
- 挑战习惯、常规和传统
- 反思——通常是深思
- 玩益智游戏，尝试从不同角度看问题
- 认识到也许"正确"答案不止一个
- 将错误和失败看作通往成功路上的驿站
- 将一个与问题看似不相关的想法联系起来，并找到解决问题的办法
- 从宏观着眼，从细处着手

尽管左右脑通常可以互补，但有时它们也会相互较劲，或者有一半脑不主动工作。重要的是，自古希腊以来，大多数正式的教育体系都更注重培养学生的左脑能力。正如刘易斯(Lewis,出处同上:41)所述：

在课堂上，学生被期望逐步获取知识，并有条不紊地增加他们的

知识储备，直到他们有足够知识来通过考试。这需要左脑技能。给予学生的问题常常需要通过分析来解决，而不是凭借直觉。这也是左脑的任务。写作是主要评估的一项能力，必须组织清晰、论据充分、逻辑清楚……都是左脑技能。那些被视为聪明且成功的学生往往都不断地追求学业目标，能够在课堂上控制情绪，听从老师指示，不会问尴尬的问题，按时上课及上交作业。设定目标、克制情绪、遵守时间，以及做他人期待自己去做的事情，这些都是左脑技能。孩子们应该通过倾听、记笔记和阅读来进行学习。当然，所有的这一切也都是左脑的"专职"任务。

有趣的是，纽温休泽恩和格伦瓦尔德（Nieuwenhuizen and Groenwald,2004）之前在南非所做关于创业者大脑倾向性的研究表明，右脑的思维更能造就一个成功的创业者，这也许能很好地解释为什么现在很多知名的创业者在学业上并不是很出色，甚至有的患有诵读困难症（Kirby, 2003）。这也许同样可以解释为什么吉布（Gibb,1987）直观地认为：想要培养创业者或更具创业精神的个人，教育体系的重点应该从传统系统转变到他称之为"创业的"系统上来（表3-2）。因此，面临的挑战是制定一套学习（和评估）体系来补充传统教育，并且培养学生具有创业者或富于创业精神的个人所具有的技能、特质和行为。

正如在别处所观察到的（Kirby,1992），奥尔森和博塞曼（Olsen and Bosserman,1984:53）的观点尤其具有相关性。他们认为"当个体具有以下三种特质时就会表现出创业者的行为"：

- 角色定位——强调效能；
- 能力——能够同时感性和理性地思考；
- 动机——行动的驱动力。

表 3-2　学习的侧重点

传统学习侧重	创业学习侧重
过去	将来
批判性分析	创造力
知识	洞察力
被动理解	积极理解
绝对不带着感情	带着情感参与
符号处理	事件处理
书面沟通、保持中立	人际沟通、影响他人
概念	问题或机会

资料来源：吉布（Gibb,1987）。

为实现这些,似乎有必要采取具有下列特点的一种学习方法：

- 让学生掌握学习的自主权,包括与导师共同协商学习目标、学习资源及实现这些目标的活动和过程,同样重要的是对目标实现结果进行测定的方式(激发动机,减少依赖性,提供角色定位体验)。
- 让学生在现实情况下解决问题,也可让其在团队中解决问题(提升感性和理性思维、认识问题及对策的多层次本质,鼓励交流与合作)。
- 鼓励学生根据一些即时、不完整、"存疑"和适当情况下自己生成的数据做出决策(以激发应对不确定情况的效度和能力)。
- 为学生提供参与学习和评价过程的榜样(展示角色定位、能力和动机)。

在奥尔森和博塞曼(Olsen and Bosserman)所确定的特质中,对传统教育体系尤其是商学院来说,最难的也许是培养学生同时具有感性和理性思考的能力——即开发所谓的"平衡的大脑"。正如已经提及的,大多数教育体系倾向于采取左脑学习方式,强调开发辩证思维或创造性思维的能力。左脑的功能是客观的、分析的、逻辑的、固定答案的(就算不是固定答案,答案数量也不会很多)。相比之下,创造性思维是线性的、想象型的、情感导向的、联想型的、不止一个答案的(de Bono,1970)。表 3-1 对这两种思维方式进行了总结,显然两者是互补的。显而易见,为提高创业能力,既需要批判性思维又需要创造性思维。假设大脑是一台可编程的计算机,那么右脑的功能大概就可以得到开发。因此,对于批判性思维,学生可以通过训练去创造性地思考,并像右脑功能一般去解决那些模糊性和不定性问题,这已得到证实。实际上,也有许多技术来鼓励人们横向思考,用新的方式看待问题,但是最重要的也许是经常保持开放和求知的心态。这也正是教育应当扮演的角色,但教育并没有很好地做到这一点。正如刘易斯(Lewis,1987:240)指出的:"在现今范式的主导下,学校只是教授学生'是什么'及'如何做',而不是'为什么这样做',即内容至上,学业成功的关键就是掌握'知识',精确地聚焦于教师和考试者。事实为真,真理为神圣,知识永恒存在。"

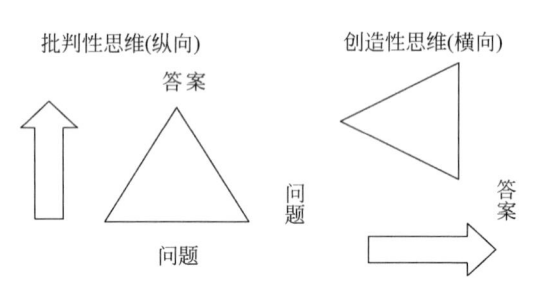

图 3-1 批判性思维和创造性思维的比较

可悲的是,这种情况不止发生在学校,大部分教育层次都存在这种问题,商学院也不例外。在快速变化的时代,现有的认知时限越来越短,这种情况不太可能无限延续下去。改变是必然的。然而,如果商学院在培养创业者方面能够起到领头作用,它们就需要比体系内的其他部门更快地做出改变。事实上,可能有人认为,学术型创业者的角色就是创新,并带来这种急需的变革。

实验

为了对本章中所提出概念的有效性进行检验,英国萨里大学(University of Surrey)的 76 名全日制及在职工商管理硕士在创业之前参与了创业倾向测试,这一测验运用了柯比(Kirby,2003)提出的目标和技巧。在实验初期和末期用来测试学生创业倾向的工具是英国杜伦大学的一般创业倾向(GET)测试。这套测试基于上述心理特质理论,由约翰逊和凯尔德(Johnson and Caird,1988)的研究发展而来。在克罗米(Cromie,2000)看来,GET 测试是最有用、最全面、最方便和最易实施及评分的测试之一。测试共包括 54 道题,旨在对人格的五个维度进行评估——成就需求(12 道)、自主性(6 道)、动力和决心(12 道)、冒险(12 道)、创造力(6 道)。每道题都是一个陈述句,考生需要选择同意或不同意。每个维度都有从 0—12 的分值(其中自主性这一维度是 0—6 分),综合得分在 0—45 分之间。整个测验用时 10 分钟,并且看起来具有"标准和聚合效度及良好的内部一致性"(出处同上,22)。该测试是在学生接触工商管理硕士的义务创业教育之前进行的。该测试表明,与同样规模的企业主/管理者样本相比(Caird,1991),学生的得分较低,说明在某种程度上其创业倾向较低。事实上,他们的创业倾向甚至低于那些公认度较小及有些陈旧的讲师和培训师的样本倾向(表 3-3),尽管与学生调研几乎同时进行的一项研究表明:学生的创业倾向比学者略高(Hay et al.,2003)。无论如何,这些研究结果表明,商学院如果想要培养出越来越被需要的创业者,并不是一件容易的事。假定萨里大学的学生不属于典型的工商管理硕士的队伍,当然在英国,似乎工商管理硕士通常比负责教授和培训他们的人表现出更少或更弱的创业倾向。考虑到许多工商管理硕士在企业的职业生涯,他们的调节无疑是在教育经历和工作经历中完成的,或许这一点也是可以预料到的。然而,这也说明了英国商学院所面临的挑战确实是严峻的。然而工商管理硕士对成就的需求相对较高,这或许有点不出所料,因为他们强调对自主权的需求,相信自己能掌控自己的命运、创造力及充分的冒险准备。如果本章提出的论点被接受,那么就必须假定所有这些特征或特质都可以在其中得到发展,但是商学院不能通过采用传统教学方法来达到这一目标。可能还要加上一点,如果他们的"榜样"是一些不具创业精神并且不能采取正确创业教学方式的教师,他们是否能够被培养?

表3-3 工商管理硕士[1]、企业主/管理者及讲师/培训师的一般创业倾向对比[2](平均分)

分组 (最大值)	成就需求 (最高分 =12)	自主性 (最高分 =6)	创造性 (最高分 =12)	计划性冒险(最高分=12)	内心控制源(最高分=12)	总分(最高分=54)
商学院学生	9.00	3.4	8.2	8.3	8.5	37.6
企业主(管理人员)	9.98	4.1	8.7	8.7	9.5	41.0
讲师(培训师)	8.90	4.1	8.5	8.6	8.2	38.3

注释:
1. 资料来源:一般创业倾向测试(GET)。
2. 资料来源:凯尔德(Caird,1991)。

有趣的是,当他们接触这里提出的学习内容和学习过程时,创业倾向有所提升。在课程结束之后,学生重新接受测试,结果发现,在经过短短12周不同过程的学习后,并且在没有加强其他持续采用的、更传统的教学方法的同时,萨里大学76名工商管理硕士的一般创业倾向提高了10个百分点,尽管个体的分数高低各不相同。更重要的是,学生们谈到该项计划改变了他们的思维和行为方式。

结论

　　根据此项有限的实验,其结果似乎表明,通过采用本章提出的使学生接受创业教育的方式原则,无论群体还是个人,都可以提高他们的创业倾向。显然,很难对这种变化的持久性提出评论,也很难明确表示这是由引入的变化引起的。要做到这一点,不仅需要对更广泛的学生(包括本科生和研究生)进行纵向研究,而且需要对两个"相同"的群体进行对照实验,其中只有一个受到改变的教学法的影响。然而,如果创业教育系统是为了培养更多学生的创业态度和创业行为,那么就必须要有一个非常重要的转变,不仅教育内容要转变,教育方法也要转变。这种在课堂中培养创业者的方式也存在争议,这涉及改善创业环境和学习方法,只有在这之中创业者的才能和能力才得以发展,同时具备商业敏锐性和洞察力。正如奇雅(Chia,1996:426)所主张的那样:"大学商学院对创业界的独特贡献不是通过商业/管理教育课程的职业化,而是通过采取深思熟虑的教育策略,强化已经'弱化'的思想过程,从而鼓励和激发学生对于创业的想象力。"

　　与此同时,不能想当然地认为创业教育仅仅是鼓励"学生"建立和经营自己的企业。虽然有一些证据表明,小公司的经验有助于更有创业精神的个人发展(Kirby and Mullen,1990),但创业不应该仅仅与新创企业或小企业的管理等同起来。相反,正如高(Kao,1997:237-238)所认识的那样,这有关于"做出改变"及"甚至那些将创业与商业事业联系在一起的人都已注意到,只有那些将创新和发展并重的人才是创业者。"

　　创业者可能在各行各业中出现,现在公众的焦点不仅仅停留在商业创业者身上,也关注学术创业者、公民创业者、社会创业者和技术创业者等。因此,正如韦尔施和基库尔(Welsch and Kickul,2001)所说,创业教育不再单单是商学院的事情。这将成为一个趋势。然而,吉布(Gibb,2004b)指出,商学院若想保住自己的领袖位置,其教育工作者就要协同和推动这一新市场及其支持系统,同时对创业教育采取更具创新性和进取性的方式,而不是保留现存的教育方式。德蒂恩和钱德勒(DeTienne and Chandler,2004)、霍尼格(Honig,2004)和谢泼德(Shepherd,2004)在其研究成果中指出,有迹象表明这种情况发生。此外,本书及国际创业教育与培训大会(IntEnt)的年度出版物似乎都表明,现已涌现出大量的或许能够为创业教育提供初期理论框架支撑的知识,尽管如此,"对于创业教育者应具备的有效教学技术,我们仍知之甚少。"(Brockhaus et al.,2001:14)并且尽管全球范围内对商学院及大学中的创业方向的毕业生需求量仍在不断增长,但对于如何教授创业的相关研究和知识仍相对不足。本章的目的是提供一些关于教育过程可能需要如何改变和发展的见解,并作为研究的催化剂。这将推动这门学科的发展,并确保商学院在培养创业者方面保持首要地位。

参考文献

Allinson, C. W. , E. Chell, and J. Hayes (2000), 'Intuition and entrepreneurial behaviour', *European Journal of Work and Organisational Psychology*, 9 (1), 31-43.

Bartlett, A. F. (1988), *Profile of the Entrepreneur or Machiavellian Management*, Leatherhead: Ashford Press.

Birch, D. (1979), *The Job Generation Process*, Cambridge, MA: MIT Program on Neighbourhood and Regional Change.

Brockhaus, R. H. (2001), 'Foreword', in R. H. Brockhaus, G. E. Hills, H. Klandt and H. P. Welsch (eds), *Entrepreneurship Education: A Global View*, Aldershot: Ashgate.

Brockhaus, R. H. and P. S. Horwitz (1986), 'The psychology of the entrepreneur', in D. L. Sexton and R. W. Smilor (eds), *The Art and Science of Entrepreneurship*, Cambridge: Ballinger.

Brockhaus, R. H. and W. R. Nord (1979), 'An exploration of factors affecting the entrepreneurial decision: personal characteristics versus environmental conditions', *Proceedings of the Academy of Management*, 10, 509-520.

Brockhaus, R. H. , G. E. Hills, H. Klandt and H. P. Welsch (2001), *Entrepreneurship Education: A Global View*, Aldershot: Ashgate.

Busenitz, L. W. (1999), 'Entrepreneurial risk and strategic decision-making: it's a matter of perspective', *Journal of Applied Behavioural Science*, 35 (3), 325-340.

Bygrave, W. D. (1994), *The Portable MBA in Entrepreneurship*, Chichester: John Wiley.
Caird, S. (1991), 'The enterprising tendency of occupational groups', *International Small Business Journal*, 9 (4), 75-81.
Carland, J. W. (1982), 'Entrepreneurship in a small business setting: an exploratory study', unpublished doctoral dissertation, University of Georgia, Athens, GA.
Chell, E., J. Haworth and S. Brearley (1991), *The Entrepreneurial Personality: Concepts, Cases and Categories*, London: Routledge.
Chen, P. C., P. G. Greene and A. Crick (1998), 'Does entrepreneurial self efficacy distinguish entrepreneurs from managers?', *Journal of Business Venturing*, 13, 295-316.
Chia, R. (1996), 'Teaching paradigm shifting in management education: university business schools and the entrepreneurial imagination', *Journal of Management Studies*, 33 (4), 40.
Cromie, S. (1987), 'Motivations of aspiring male and female entrepreneurs', *Journal of Organisational Behaviour*, 8, 251-261.
Cromie, S. (2000), 'Assessing entrepreneurial implications: some approaches and empirical evidence', *European Journal of Work and Organisational Psychology*, 9 (1), 7-30.
Cromie, S. and S. Johns (1983), 'Irish entrepreneurs: some personal characteristics', *Journal of Organisational Behaviour*, 4, 317-324.
Cromie, S. and J. O'Donoghue (1992), 'Assessing entrepreneurial inclinations', *International Small Business Journal*, 10 (2), 66-73.
Cromie, S., I. Callaghan and M. Jansen (1992), 'The entrepreneurial tendencies of managers: a research note', *British Journal of Management*, 3, 1-5.
de Bono, E. (1970), *Lateral Thinking: Creativity Step-by-Step*, New York: Harper and Row.
DeTienne, D. R. and G. N. Chandler (2004), 'Opportunity identification and its role in the entrepreneurial classroom: a pedagogical approach and empirical test', *Academy of Management Learning and Education*, 3 (3), 242-257.
Drucker, P. F. (1989), *The New Realities*, London: Heinemann.
Gibb, A. A. (1987), 'Enterprise culture—its meaning and implications for education and training', *Journal of European Industrial Training*, 11 (2), 3-38.
Gibb, A. A. (1990), 'Entrepreneurship and intrapreneurship-exploring the differences', in R. Donckels and A. Miettinen (eds), *New Findings and Perspectives in Entrepreneurship*, Aldershot: Gower.
Gibb, A. A. (1996), 'Entrepreneurship and small business management: can we

afford to neglect them in the twenty-first century business school?', *British Journal of Management*, 7 (4), 309-324.

Gibb, A. A. (2004a), 'Creating conducive environments for learning and entrepreneurship', paper presented at the Internationalising Entrepreneurship Education and Training Conference (IntEnt 2004), Naples, July.

Gibb, A. A. (2004b), 'Creative destruction, new values, new ways of doing things and new combinations of knowledge', paper presented at the Internationalising Entrepreneurship Education and Training Conference (IntEnt 2004), Naples, July.

Handy, C. (1990), *The Age of Unreason*, London: Random Century.

Hay, D. B., F. Butt and D. A. Kirby (2003), 'Academics as entrepreneurs', in G. Williams (ed.), *The Enterprising University: Reform, Excellence and Equity*, Buckingham: Open University Press.

Hills, G. E. (1986), 'Entrepreneurship behavioural intentions and student independence, characteristics and experience', in R. Ronstadt, J. A. Hornaday, R. Peterson and K. H. Vesper (eds), *Frontiers of Entrepreneurship Research: Proceedings of the Sixth Annual Babson College Entrepreneurship Research Conference*, Babson Park, MA: Babson College, pp. 173-176.

Ho, T. S. and H. C. Koh (1992), 'Differences in psychological characteristics between entrepreneurially accounting graduates in Singapore', *Entrepreneurship, Innovation and Change*, 1, 243-254.

Honig, B. (2004), 'Entrepreneurship education: toward a model of contingency-based business planning', *Academy of Management Learning and Education*, 3 (3), 258-273.

Hornaday, J. A. (1982), 'Research about living entrepreneurs', in C. A. Kent, D. L. Sexton

and K. L. Vesper (eds), *Encyclopedia of Entrepreneurship*, Englewood Cliffs, NJ: Prentice Hall.

Hull, D. L., J. J. Bosley and G. G. Udell (1980), 'Renewing the hunt for the heffalump: identifying potential entrepreneurs by personality characteristics', *Journal of Small Business*, 18, 11-18.

Interman (1991), *Profiles of Entrepreneurship Development Programmes*, Geneva: International Labour Office.

Johannisson, B. (1991), 'University training for entrepreneurship: Swedish approaches', *Entrepreneurship and Regional Development*, 3 (1), 67-82.

Johnson, C. and S. Caird (1988), *The Measurement of General Enterprising Tendency*, Durham: Durham University Business School.

Kao, R. W. (1997), *An Entrepreneurial Approach to Corporate Management*,

London: Prentice Hall.
Kets de Vries, M. F. R. (1977), 'The entrepreneurial personality: a person at the crossroads', *Journal of Management Studies*, February, 34-57.
Kirby, D. A. (1992), 'Developing graduate entrepreneurs: the U. K. Graduate Enterprise Programme', *Entrepreneurship, Innovation and Change*, 1 (2), 165-175.
Kirby, D. A. (2003), *Entrepreneurship*, Maidenhead: McGraw-Hill.
Kirby, D. A. and D. Mullen (1990), 'Developing enterprising undergraduates', *Journal of European Industrial Training*, 14 (2), 27-32.
Kirby, D. A., P. Livett and J. Rindl (1991), *Innovations in Service*, Luton: Local Government Training Board.
Kirton, M. (1976), 'Adaptors and innovators: a description and measure', *Journal of Applied Psychology*, October, 622-629.
Koh, H. C. (1996), 'Testing hypotheses of entrepreneurial characteristics', *Journal of Managerial Psychology*, 11, 12-25.
Lessem, R. (1986), *Enterprise Development*, Aldershot: Gower.
Lewis, D. (1987), *Mind Skills: Giving Your Child a Brighter Future*, London: Souvenir Press.
McClelland, D. C. (1961), *The Achieving Society*, Princeton, NJ: Van Nostrand.
Miner, J. B. (1997), *A Psychological Typology of Successful Entrepreneurs*, London: Quorum Books.
Moss Kanter, R. (1984), *The Change Masters: Corporate Entrepreneurs at Work*, London: Unwin.
National Committee of Inquiry into Higher Education (1997), *Higher Education in the Learning Society: Report of the National Committee*, London: HMSO.
Nieuwenhuizen, C. and D. Groenwald (2004), 'Entrepreneurship training and education needs as determined by the brain preference profiles of successful, established entrepreneurs', paper presented at the Internationalising Entrepreneurship Education and Training Conference (IntEnt 2004), Naples, July.
Olsen, P. D. (1995), 'Entrepreneurship: process and abilities', *Entrepreneurship Theory and Practice*, 10 (1), 25-32.
Olsen, P. and D. Bosserman (1984), 'Attributes of the entrepreneurial type', *Business Horizons*, May-June, 53-56.
Ornstein, R. (1986), *The Psychology of Consciousness*, Harmondsworth: Penguin.
Peters, T. (1987), *Thriving on Chaos: Handbook for a Management Revolution*, London: Pan Books.
Ray, D. M. (1997), 'Teaching entrepreneurship in Asia: impact of a pedagogical

innovation', *Entrepreneurship, Innovation and Change*, 6 (3), 193-227.

Rotter, J. B. (1966), 'Generalised expectancies for internal versus external control of reinforcement', *Psychological Monographs*, 609 (80), 1.

Scott, M. G. and D. F. Twomey (1988), 'The long-term supply of entrepreneurs: students' career aspirations in relation to entrepreneurship', *Journal of Small Business Management*, 26 (4), 5-13.

Scottish Enterprise (1997), *Local Heroes*, Edinburgh: Insider Group.

Shepherd, D. A. (2004), 'Educating entrepreneurship students about emotion and learning.

from failure', *Academy of Management Learning and Education*, 3 (3), 274-287.

Small Business Research Trust (1988), *Entrepreneurship*, Milton Keynes: Open University.

Solomon, G. (1989), 'Youth: tomorrow's entrepreneurs', *ICSB Bulletin*, 26 (5), 1-2.

Solomon, G. T. and E. Winslow (1988), 'Towards a descriptive profile of the entrepreneur', *Journal of Creative Behaviour*, L22, 162-171.

Sperry, R. W. (1968), 'Hemisphere deconnection and unity in conscious awareness', *American Psychologist*, 23, 723-733.

Timmons, J. A. (1989), *The Entrepreneurial Mind*, Andover, MA: Brick House.

Timmons, J. A., L. E. Smollen and A. L. M. Dingee (1985), *New Venture Creation*, Homewood, IL: Irwin.

Universities UK (2000), *A Forward Look—Highlights of our Corporate Plan, 2001-2004*, London: Universities UK.

Utsch, A. and A. Rauch (2000), 'Innovativeness and initiative as mediators between achievement orientation and venture performance', *European Journal of Work and Organisational Psychology*, 9 (1), 45-62.

Vesper, K. and W. Gartner (1998), *University Entrepreneurship Programmes Worldwide*, Los Angeles, CA: University of South Carolina.

Welsch, H. P. and J. R. Kickul (2001), 'Training for successful entrepreneurship careers in the creative arts', in R. H. Brockhaus, G. E. Hills, H. Klandt and H. P. Welsch (eds), *Entrepreneurship Education: A Global View*, Aldershot: Ashgate.

Whiting, B. G. (1988), 'Creativity and entrepreneurship: how do they relate?', *Journal of Creative Behaviour*, 22 (3), 178-183.

第四章 支持新兴学术创业者:创业设计大赛的作用

洛雷拉·坎纳瓦乔洛[1]　吉多·卡帕尔多　詹卢卡·埃斯波西托
卢卡·安道利　马里奥·拉法

引言

除主流参考文献外,本章还建立在本章部分作者先前的实证研究基础之上(Capaldo,1997;Capaldo and Fontes,2001;Capaldo etc.,2002;Raffa and Zollo,2000)。需要特别指出的是,本章所汇报的研究按照以下三个不同的步骤进行:

1. 概述学术衍生(AS)的主要定义并分析其产生的阻碍(第二、三部分)。"阻碍"是指在学术衍生产生过程中,研究成果在转化成商机时所遇到的法律、组织、文化和资金障碍(BenDaniel and Szafara,1998)。

2. 概述支持学术衍生产生的最常用手段(第四、五部分)。先前的研究已经证实,如果大学能够利用的支持手段有限,那么学术衍生的产生就会受到限制。反之,学术衍生的产生可以从正式和非正式支持的有益组合中获得帮助(Capaldo and Fontes,2001)。

---

[1] 尽管本章是多位作者合著,但"抑制学术衍生产生的阻碍"部分的作者是卢卡·安道利(Luca Iandoli),"促进学术衍生形成的支持"部分的作者是洛雷拉·坎纳瓦乔洛,"促进创业行为形成的正式支持和非正式支持"部分的作者是吉多·卡帕尔多(Guido Capaldo),"大学对促进学术衍生形成的作用:以那不勒斯费德里克二世大学为例"部分的作者是詹卢卡·埃斯波西托(Gianluca Esposito),其余部分是由所有作者合著。

3. 分析学术衍生支持项目在促进大学和研究中心内新创业思想的产生和应用方面所发挥的作用。

学术衍生的不同定义

本段在分析学术衍生相关文献的基础上,旨在描述学术创业者的主要特征。为描述这些特征,有必要确定学术衍生的明确定义。在此方面,有大量文献提供了各种不同定义。本阶段的目的并不在于要确定最恰当的定义。相反,本段旨在表明:主流文献所提出的定义涉及许多不同的有关学术衍生的方面。吉布森和斯米勒(Gibson and Smilor,1991)认为,学术衍生的概念基础至少取决于以下条件之一:

1. 促进学术衍生产生的创业者必须是学术人员或基本完成学业的学生。
2. 新公司必须利用新创意或前沿技术,这两者都应从大学实验室中产生。

同样,斯坦凯维奇(Stankiewicz,1986)所给出的学术衍生定义涵盖了每个由基本完成学业的学生或大学工作人员创建的公司。此外,该定义包括供职于公立研究中心的人员所推广的公司。弗米加(Formica,1993)给出了一个更为一般的定义,他区分了学术衍生的三种不同类型:

- 大学研究人员、公立和私立研究中心推动的学术衍生
- 学生推动的学术衍生
- 由既不在大学也不在研究中心工作,却想利用学术相关环境里产生的创意的人推动的学术衍生

琼斯-埃文斯(Jones-Evans,1997)给出的定义主要关注推动学术衍

生的创业者的主要特征。具体地说，该作者区分了四种不同类型的创业者：

- 研究-技术型创业者，其特点是具有相关的科技能力，但是管理能力不足。
- 生产-技术型创业者，既有技术能力又有管理能力。
- 生产-运用型创业者，主要具有管理能力。
- 机会主义-技术型创业者，能够根据他人的能力，识别和利用各种各样的机会。

与琼斯-埃文斯相反，克拉丽丝等(Clarysse et al.，2000)所给出的学术衍生定义侧重学术衍生企业的主要特征。他们具体确定了三种不同类型的学术衍生企业：

1. 主要关注研发活动的中小型科技企业。这些公司尽管资金不足，但依赖于那些能够利用前沿技术学术背景的高素质人才。

2. "淘金"型中小型企业，主要着眼于寻找最终能够保证高增长率的产品或服务。这些企业通常由具有学术背景、社交能力出色的人创立。这些能力在寻求资金源时能够发挥重要作用。

3. 风险投资支持的中小型企业，能够利用风险投资者提供的资金来支持其活动。这类公司成立的第一步以所谓的"孵化阶段"为特征。该阶段在检验潜在学术衍生企业应对市场风险的能力方面至关重要。

本章采用的是学术衍生的广义概念。具体地说，我们认为建立学术衍生企业不一定需要涉及充分利用与研究相关的想法。因此，我们为学术衍生企业所下的定义包括所有以大学和研究中心工作人员（即本科生、研究生、博士生、教师和学校职员）推广的观点为基础的公司。所以，这类学术衍生企业的一个关键特征是与文化环境有关,而这种文化环境本质上并不偏向于创业。该定义涵盖了各类人士。尽管如此,借助以前的科学出版物能够确定学术创业者的一些关键特征(BenDaniel and Szafara,1998;Capaldo et al.,2002)。

基于能力的方法(Boyatzis,1982;Capaldo et al.,2002;Spencer and Spencer,1993)表明:能力方面,学术创业者通常缺乏与创业紧密相关的技能。本丹尼尔和萨法拉(BenDaniel and Szafara,1998)指出,创业者和学者之间的文化差异似乎起着重要作用。创业者全身心投入于商业,而学术界人士更加关注科研任务。因此,在认知方面,学术创业者持有一些特定的态度、价值观和信仰,这和一般创业者的认知特点截然不同。毋庸置疑,尽管学者们愿意在市场上推广自己的想法,但缺乏商业意识、投入程度不足、依赖于求知的动机驱动,以及组织、法律和资金等因素会严重阻碍其进展。

以上提及的主要特点大多与参与研究活动的人有关。不过,既厌恶风险又不具有创业倾向经常是用来描述大学和研究中心工作者的要素。

阻碍学术衍生企业创立的因素

本段旨在分析阻碍学术衍生企业创立的因素。本丹尼尔和萨法拉(BenDaniel and Szafara,1998)聚焦于"理工科教授"文化背景的关键特征。此外,他们还研究了两所研究型大学(麻省理工学院和康奈尔大学)的组织结构。为了找出影响学术衍生企业创立的因素,我们兼顾了这两个方面。具体地说,本章将这些因素分为四种不同的类型:

1. 态度。指"理工科教授"描述其工作的方式。这些教授认为,他们的主要任务是传播知识。这与创业者描述其工作方式形成鲜明对比。事实上,创业者主要关注如何利用知识而不是传播知识。

2. 组织方面。这是指大学特有的正式和非正式的规定。此外,该要素还包括对实施与研究相关的活动的人(即那些想要创业的人)

的组织支持。

3. 激励和阻碍。指能够鼓励或阻止实施研究相关活动的人成为创业者的因素。

4. 科学范式。一些作者认为(Brown, 1985; Etzkowitz, 1989; McMillan et al., 2000),所谓的科学范式专指知识积累的过程。从这方面讲,研究相关成果被视为"公共商品"(Bok, 1990; Callon, 1994; Etzkowitz, 1998; Geisler, 1993)。与此相反,对于创业者来说,这些研究成果不应被公开。

也许可以确定出抑制大学和研究中心的新创业理念出现和利用的诸多阻碍因素。这些阻碍因素可能源于文化、组织、资金和法律方面。如果大学和研究中心的员工想要进行创业活动,他们将不得不面对这些阻碍。然而,每种阻碍因素的影响会因创业过程中涉及的大学相关参与者的不同而有所不同。以下内容旨在分析四种不同类型的阻碍因素。

1. 文化阻碍。该阻碍对于教师来说尤为严重。这些教师根据其文化背景描述创业的初始阶段。更确切地说,他们描述了一种生产和传播知识的过程。因此,大多数教师将建立学术衍生企业视为其持久的主要任务,即传播知识并掌控他们的研究发现。更具体地说,当一名教师能够完美地解释一件事情,他会获得满足感,而创业者要在市场相关方面获得成功时才会感到满足。简而言之,教师喜欢传播他们的想法,而创业者更关注于对相关知识的保守。最后很重要的一点是,教师们主要着眼于长期,相反,创业者的活动则主要集中于短期。

2. 组织阻碍。该方面指对诸如专利申请、培育初创企业等创业导向活动缺乏结构和系统上的支持,对创业缺乏过程性支持。受这些阻碍影响,大学内的人(教师、博士生、大学职员等)难以实施创业活动。

3. 法律阻碍。这些阻碍对那些想要利用研究结果实施创业活动的人构成障碍。更具体地说,法律障碍是指一些政策,旨在规范从事创业活动的教授的活动。特别是这些阻碍包含了监管知识产权、专利权、利益冲突等方面的法律。

4. 资金阻碍。该方面涉及寻找和管理资金方面的困难。大学和研究中心工作的任何人,如果想要开展创业活动,将不得不面临这些阻碍。

如上所列,我们已确定了四种不同类型的阻碍,是它们遏制了新的创业理念的出现,并严重制约新的学术衍生企业的产生。因此,鉴于这些阻碍的存在,有必要为创造衍生提供支持。下一节旨在分析此类支持。

建立学术衍生企业的支持因素

我们可以将研究活动与创业活动区分开来。具体地说,前者可以被界定为探索过程,后者可被看作应用过程(Chiesa and Piccaluga,1996)。鉴于这种区分,研究成果转化为新公司的过程既复杂又耗时。实际上,即使动机强烈,但众多文化、组织、法律和资金方面的问题也阻碍着这一转化过程。对于参与研究相关活动的人员,以及任何大学和研究中心的工作人员来说,这些阻碍抑制着他们创立新企业。因此,他们需要有大量正式和非正式的支持来克服这些阻碍。这些支持激发着新的学术衍生企业的产生(Van Alstè and Van der Sijde,1998;Varaldo and Piccaluga,1994)。本节主要分析为产生学术衍生企业所提供的正式和非正式的支持。

首先,正式支持可被定义为为学术衍生提供设施、资源、文化、法律和组织等方面支持的制度手段(表4-1)。直接和间接(税费优惠、低息贷款等)的资金投入机制对鼓励资源有限的年轻人(即本科生、研究生、博士生)创业尤其重要。此外,有必要为学术创业者提供其他满足其需要的资金支持,比如风险基金。根据卡帕尔多和方特斯(Capaldo and Fontes,

2001)的观点,学术创业者并不认为资金支持以外的其他形式的支持是重要的。这是因为大多数情况下,正式支持并不适合于学术创业者所在的商业领域的需求。

表 4-1　公司所获正式支持的类型

正式支持的类型
对投资的资金补贴
对研发活动的资金支持
对经营成本的资金支持
优惠贷款
免税
关于商业计划书编写的培训课程
商业培训课程
管理咨询活动
数据库的使用
全新市场机遇的信息
技术机遇信息
辅助与其他公司建立商业联系
辅助维护设备

资料来源:卡帕尔多和方特斯(Capaldo and Fontes,2001)。

非正式支持可以被描述为每位创业者所依赖的不同关系组成的网络(表 4-2)。这种网络对创业者来说至关重要,它为创业者提供重要的信息和商机,学术创业者借此弥补自身弱点。有的困难正式支持难以解决,这时非正式支持便会发挥重要作用。

表 4-2　公司所获非正式支持的类型

非正式支持的类型
来自家庭的非正式支持
来自学者和研究人员的非正式支持
来自客户的非正式支持
来自咨询者的非正式支持

资料来源:卡帕尔多和方特斯(Capaldo and Fontes,2001)。

在这方面,亲朋的支持及与客户的非正式关系都能够促进学术创业者的初期活动。事实上,该支持网络是连通学术创业者和他们所在市场的重要纽带(Bellini etc.,1996;Capaldo et al.,1997;Johannisson,1998;Monsted,1998;Mustar,1994)。此外,该网络也为这些创业者提供了成功落实其商业理念的重要能力。因此,该网络的存在代表了一种学术创业者随时可用的支持。

正式支持与非正式支持是互补的,可以促进新的商业理念的产生,并为新企业的形成奠定基础。正式支持为新企业提供标准手段。具体地说,这些手段没有考虑到公司的具体特征。换言之,正式支持并不适合新企业的个体需求。因此,有必要把正式手段与非正式手段结合起来。后者为初创企业提供关系网络,既包含直接关系也包含间接关系,或多或少地涉及新企业的特定需求(即纵向市场;能力来源)。

总之,这两类支持对促进新企业的创立至关重要。一方面,正式支持有助于将创新理念转化为创建新企业奠定基础的商业理念;另一方面,非正式支持有助于拉近新企业与潜在市场相关人员(即客户、供应商等)之间的距离。表4-3列出了正式支持与非正式支持对阻碍学术衍生企业产生的因素的影响。

表4-3 针对建立学术衍生企业的阻碍因素提供不同支持而产生的影响

阻碍因素	支持	影响
文化方面	正式支持: — 商业计划书编写课程 — 商业培训课程 — 初期阶段和"商业培植"活动 非正式支持: — 参加创业相关会议及大学研讨班 — 有益创业的学术文化 — 与当地企业建立联系网络	在大学里发展创业文化; 支持科学话题从探索到应用的转化; 拓展可商业化的科研知识及成果

续表

阻碍因素	支　持	影　响
组织方面	正式支持： — 管理咨询活动 — 崭新市场机遇的信息 — 技术机遇信息 — 对与其他公司建立商业联系的支持对设备维护的支持 非正式支持： — 来自用户的非正式支持 — 来自顾问的非正式支持 — 来自家族的非正式支持	为新兴企业提供组织手段和管理支持
法务方面	正式支持： — 管理专利申请程序 — 处理大学活动与企业活动兼容性的法律问题	完善研究成果商业化的规章制度
资金方面	正式支持： — 对投资的资金补贴 — 对研发活动的资金支持 — 对运营成本的资金支持 — 优惠贷款 — 税收减免	为新兴企业提供资金支持

促进创业行为形成的正式支持和非正式支持

为充分利用这些支持，仅评估本章前面提到的阻碍因素的本质还不够。实施支持建立学术衍生企业产生的有效政策应该考虑学术创业者的关键特征。具体来说，新兴创业者有必要发展一些具有普遍特征的创业者的具体行为。

鉴于学术创业者的特点，拉近学术创业者与所在市场的距离意味着要利用三种不同的创业行为，而这些行为通常不会发生在大学相关工作人员身上。这些行为十分理性，同时又具有经验性和认知性（Marchini，

1995)。为达到预期结果,理性的创业者会分析大量信息,并全面考虑所有可能性。经验型创业者的行为一般基于以往的经验和惯例。最后很重要的一点是:认知型创业者会利用与大学和市场力量的优先联系,在信息和技术资源的基础上建立起新的知识。

首先,为了将创新理念转化为可行的商业理念,加强学术创业者的理性行为是必要的。通常,学术创业者并不缺乏收集与分析信息的技能。然而,为了使这样的技能满足商业群体的需求,还需要对其提供支持。在这一阶段,正式支持如创业计划等起着至关重要的作用。其次,需要培养学术创业者基于经验的经验型行为。毋庸置疑,学术创业者通常缺乏商业经验,并且正式支持在弥补这一缺陷方面无法像前面的例子那样有效。因此,有必要加强非正式的基于网络的支持,以便最终帮助学术创业者在隐性知识转化过程中形成并执行惯例。最后,学术创业者需要在加强他们的认知行为过程中勾勒出安全稳定的创业愿景。再次强调,良好的关系网起着至关重要的作用。

表 4-4 显示了不同创业风格和支持之间的关系,这种支持可以促进相关决策风格的发展。

表 4-4　创业行为与相关支持

	决策风格	支持手段
理性行为: 西蒙(Simon,1959); 马尔西(March and Simon, 1958)	借助理性假设决策; 收集和分析信息; 评估每种可能性; 基于信息的决策。	传统的正式训练有助于: • 策略性分析 • 成本/收益分析 • 创业计划的形成
基于经验的行为: 伯格和拉克曼 (Berger and Luckmann,1966); 科恩和马尔西 (Cohen and March,1974); 尼尔逊和温特 (Nelson and Winter,1982); 潘罗斯(Penrose,1959)	日常事务的安排与执行; 基于经验的决策。	正式和非正式支持手段有助于 • 在实践中学习 • 隐性知识的转换 • 最佳实践方案和个案研究的模仿与分析 • 先前的创业者传统 • 与特定区域环境相关的支持

续表

	决策风格	支持手段
认知行为： 阿吉里斯和肖恩 (Argyris and Schon,1978)； 弗兰斯曼(Fransman,1994)； 波罗科等(Porac et al.,1989)； 沙因(Schein,1978)； 沃尔什和尤克森 (Walsh and Ungson,1991)； 维克(Weick,1976)	基于期望和有远见的决策 执行合理行为； 详尽阐述创业愿景。	正式支持和非正式支持有助于： • 增加商业群体和研究群体成员数目 • 构建创业网络 • 传播研究成果与信息共享 • 合作

上述分析表明,利用足够的支持政策能够增加学术衍生企业的数量并提高其质量。具体地说,这种政策应该旨在克服阻碍学术衍生企业产生的文化、组织、法律和资金因素。从这方面看,大学似乎在应对文化阻碍方面起着重要作用。在这一过程中,大学应该考虑学术创业者的核心特征。因此,支持政策应该旨在为学术创业者提供他们通常缺乏的能力。此外,大学在加强知识生产中心及知识利用中心的联系方面起着关键作用。在这样的过程中,他们建立起一个网络,为学术创业者提供重要的非正式支持。

基于以上假设,下一节将侧重于概念框架的分析。该概念框架为那不勒斯费德里克二世大学(University of Naples Federico II)创建的新学术衍生推动项目奠定了基础。

大学对促进学术衍生企业发展的作用：以那不勒斯费德里克二世大学为例

近年来,欧洲项目在推动学术衍生方面的重要性显著增强。在这方面,大学在克服文化障碍和增强知识生产中心及知识利用中心的联系方面都发挥了重要作用。

关于第一方面，教师和研究者通常意识不到科学成果会为创业者提供极具价值的解决方案。而且大多数时候，他们并不急于利用研究成果去创建学术衍生企业。同样，创业者也没有意识到利用科学成果可帮助他们克服竞争弱势。

想要推动学术衍生企业的大学不能仅仅通过推动教师和研究人员创建新企业来有效运作。相反，有必要建立一种新的组织机构，以弥合大学和市场力量之间的文化鸿沟。该机构应当致力于在大学员工群体中播下创业文化的种子。在这样做的过程中，应当考虑到学术创业者的主要特点。

除正式支持外，本章还强调了非正式支持的重要性。非正式支持可被看作每个创业者依赖的各种关系所形成的网络。大学应该带头推广这种网络。更具体地说，在整个学术衍生推动项目的实施过程中，他们最终可以增强知识生产中心（大学、创新型大公司、研究中心等）和知识利用实体（初创公司、中小企业、地方性公共管理机构）的联系。意大利南部地区的商业圈和其他关键方面之间关系薄弱。对此类地区而言，这一点至关重要(Cappellin,1996)。具体来说就是意大利南部地区的知识生产中心和知识利用中心联系不够紧密(Corti,1997)。这些联系的匮乏极大地限制了创新型中小企业的发展。事实上，正如许多作者所指出的那样(Oakey,1984；OECD,1982；Raffa and Zollo,1994；Rothwell,1984)，这类公司的发展取决于能否利用当地知识生产中心的资源。

本章的其余部分重点分析那不勒斯费德里克二世大学(University of Naples Federico II)实行的学术衍生推动政策(费德里克二世创业杯)。该项政策主要侧重于克服文化障碍，并加强知识生产中心和知识利用中心的联系。

至于方法论方面，作者运用纵向案例研究，重点关注学术衍生企业产生过程的不同阶段：即相关商业理念的出现，理念转化为创业计划，利用创业计划创立新企业,以及新企业克服"孵化"阶段的能力。由于费德里克二世创业杯(Federico II Start Cup)是一项新实施的政策,因此,本文只侧重于前两个阶段。随后,通过仔细研究新的学术衍生企业的创立及实施此类政策的成本效益,完成本次案例研究。

费德里克二世创业杯为潜在"学术创业者"提供支持,旨在帮助其克服文化阻碍,也能够增强知识生产中心和知识利用中心之间的联系。这样就能为技术环境(Stauden-maier,1985)的形成打下基础。该环境对维持中小企业(Meyer and Roberts,1986;Raffa and Zollo,1994)可持续创新能力发挥着至关重要的作用。

首先,费德里克二世创业杯是一场涉及那不勒斯费德里克二世大学所有具有创新想法的员工的竞赛。费德里克二世创业杯为大学员工提供支持,旨在克服、抑制突破性思维向创业计划转化的文化阻碍。此后,那不勒斯费德里克二世大学率先缩小了与知识开发实体机构之间的差距,这些机构可能最终有兴趣将创业计划转变为学术衍生企业。

关于支持措施(表4-5),费德里克二世创业杯帮助参与者利用所谓的"基于信息的决策工具"(策略分析;成本效益分析;创业计划)形成自己的创新想法。在此过程中,参与者能提高自身理性行为,而理性行为(与经验行为及认知行为)是创业者的一个关键特征。此外,费德里克二世创业杯还为参与者提供了非正式支持。具体来说,该竞赛利用市场导师,帮助参与者奠定形成经验行为的基础。换言之,费德里克二世创业杯利用顾问经验,帮助潜在创业者加速制定和实施以企业为导向的组织日程(隐性知识的转化过程、模仿过程、边做边学过程等)。

表4-5 费德里克二世创业杯提供的正式与非正式支持

	创业构想的产生	创业计划书的编写	企业的初创
正式支持	初期咨询培训	创业计划书咨询培训	孵化器基础设施
非正式支持	建立关系网络指导	建立关系网络指导	建立关系网络指导

通过初步数据分析,我们概括出比赛参与者的一些主要特征:

1. 费德里克二世创业杯的参赛者来自那不勒斯大学(University of Naples)的各个岗位(表4-6)。

表4-6　2003年费德里克二世创业杯参赛者

类型	所占百分比
教师	11
博士研究生	12
硕士研究生	26
本科生	47
大学职工	4
总计	100

资料来源:那不勒斯费德里克二世大学。

2. 参赛者来自不同院系(图4-1)。

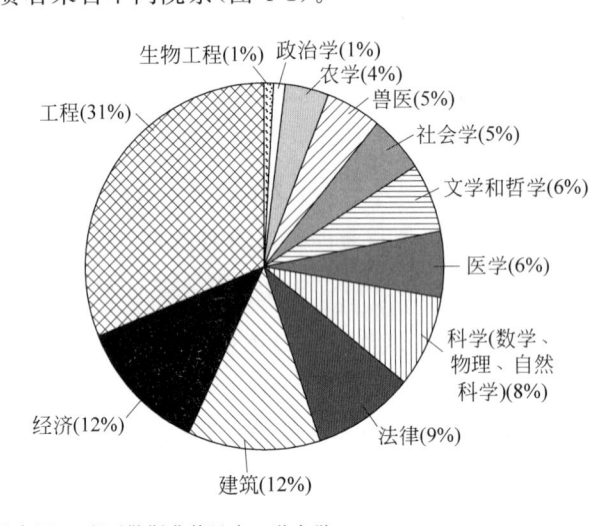

资料来源：那不勒斯费德里克二世大学。

图4-1　2003年费德里克二世创业杯参赛者所属院系

3. 参赛者已经在广泛的创业领域形成了商业理念(表4-7)。

表 4-7　参赛者商业构想的所属领域

商业构想所属领域
与工业活动相关的产品和服务
基于信息和通信技术的产品和服务
食品
有机产品
生物医疗产品
渔业和农业相关产品
为本行业游客和企业提供的服务
与环境相关的服务
与新闻媒体相关的服务
与能源领域相关的服务
为公司提供的顾问服务
非营利活动

此次比赛共有 93 组(300 人)参加,表明那不勒斯大学内的创业热情高于预期。另外,不仅是通常偏向创业的院系表现出了兴趣。事实上,数据显示,人文学科的学院也有很多人参加了此次比赛(图 4-1)。

最后同样重要的一点是,出现了截然不同的商业理念,表明形成新的学术衍生企业并不完全与开发科研成果有关(表 4-7)。

除了为潜在的"学术创业者"提供这种支持外,费德里克二世创业杯还致力于缩小与知识开发实体机构之间的差距,这些机构最终可能会想将创业计划转化为学术衍生企业。事实上,那些赢得比赛的人可以利用那不勒斯的雏形("科学城"推出的商业创新中心)奠定新公司的基础。除提供基础设施支持外,这样的环境增强了潜在创业者的认知技能。具体来说,大学职工可以利用围绕商业创新中心的商业社区优势,勾勒自己的创业蓝图。总之,在该过程结束时,大学职工的理性行为、经验行为和认知行为能够得以增强。这反过来又能削弱阻碍他们成为创业者的文化障碍。此外,对于那些有兴趣进一步推动将创新理念转变为创立新公司的人来说,费德里克二世创业杯基于"那不勒斯雏形"为其创造了一种可能。如此一来,该项目不仅能为潜在创业者提供基础设施,还增进了知识生产中心和知识利用中心之间的联系。因此，费德里克二世创业杯为技术环境的出现播下了种子。

结论

通过文献分析及对那不勒斯费德里克二世大学实施的学术衍生战略的早期成果总结，本章得出关于学术衍生支持项目的初步结论。最后，在制定促进学术衍生企业形成的有效手段时，可将这些结论纳入考虑范围。

首先，人们广泛认同大学在促进经济发展方面发挥的作用。然而，特别是在不擅长将研究成果转化为可行的商业想法方面的领域，这种作用不应该被过度解读。因此，至少在初期阶段，即使大学为了克服抑制商业理念产生的文化阻碍而限制自己的行为，它们也可以开展有效运作。这样，大学就为创业活动在不偏向创业环境中的实行奠定了基础。同时，大学可以结合正式支持和非正式支持，扩大其影响范围，为新企业的出现奠定基础。具体地说，这种结合可以有效地克服并抑制学术衍生企业产生的阻碍（即组织、资金和法律方面的阻碍）。其次，学术衍生支持项目不一定要局限于研究成果创造者（教师、博士生等）。这样的项目可以包含大学中各学科相关人员。这些项目借此可以表明，即使是不偏向创业活动的环境也可以是创业的"隐藏来源"。

本章所述只是另一个更大研究项目的第一步。未来进一步的研究旨在：

- 针对正式和非正式支持对扩大大学推动学术衍生企业产生的综合效果形成更深刻的理解。
- 参考新企业的创立及其获得市场份额的能力，完成纵向案例研究。

参考文献

Argyris,C. and D. A. Schon (1978),*Organizational Learning. A Theory of Action Perspective*,Reading,MA：Addison-Wesley.

Bellini,E. ,G. Capaldo,A. Coppola and G. Zollo (1996),'Problemi di acquisizione esviluppo delle competenze delle piccole e medie imprese operanti nel Mezzogiorno', *L'Industria*,4,749-766.

BenDaniel,D. J. and K. Szafara (1998),'What aspects of the culture of technical professors and the structure of research universities help or hinder the transfer of technology', report of the Centre for Entrepreneurial Leadership, Kauffman Foundation,Cornell University.

Berger,L. and T. Luckmann (1966), *The Social Construction of the Reality*, Harmondsworth：Penguin. Bok,D. (1990),Universities and the Future of America, Durham,NC：Duke UniversityPress.

Boyatzis,R. E. (1982),*The Competent Manager：A Model for Effective Performance*, New York：Wiley.

Brown,W. S. (1985),'A proposed mechanism for commercializing university technology', *Technovation*,3,19-25.

Callon,M. (1994),'Is science a public good?', *Science, Technology and Human Values*,19(4),395-424.

Capaldo,G. and M. Fontes (2001),'Support for graduate entrepreneurs in new technology-based frms：an exploratory study from Southern Europe', *Enterprise andInnovation Management Studies*,2(1),65-78.

Capaldo,G. ,E. Corti and O. Greco (1997),'A coordinated network of different actors to offer services for innovation to develop local SMEs inside areas with a delay ofdevelopment', paper presented at *37th European ERSA (European Science Association) Congress*,Rome,26-29 August.

Capaldo,G. ,L. Iandoli,M. Raffa and G. Zollo (2002),'The role of academic spin—offsin connecting local knowledge', in F. Belussi,G. Gottardi and E. Rullani (eds), *Knowledge Creation, Collective Learning and Variety of Institutional Arrangements*,Dordrecht：Kluwer.

Cappellin,R. (1996),'Una politica per il Mezzogiorno orientata al mercato e la propostadi un Progetto dalla Calabria',in D. Cersosimo (a cura di),*Una Politica Economicaper la Calabria*,Soneria Mannelli (Catanzaro)：Rubbettino Editore.

Chiesa,V. and A. Piccaluga (1996),'Le imprese Spin—off nella ricerca in Italia eall' estero',*Quaderni della fondazione Piaggio*,3,177-195.

Clarysse,B. ,J. Degroof and A. Heirman (2001),'Analysis of the typical growth pattern of technology—based companies in life sciences and information technology and the role of different source of innovation fnancing', report to European Commission,D. G. Enterprise,EIMS,September.

Cohen,M. D. and J. G. March (1974),*Leadership and Ambiguity*:*The American College President*,New York:McGraw-Hill.

Corti,E. (1997),'Il Parco Tecnologico come strumento per lo sviluppo delle economielocali', paper presented at 1997 TII Annual Conference,Napoli,28-29 Aprile.

Etzkowitz,H. (1989),'Entrepreneurial science in the academy: a case of the transformations of norms',*Social Problems*,36(1),14-27.

Etzkowitz,H. (1998),'The norms of entrepreneurial science: cognitive effects of thenew university-industry linkages',*Research Policy*,27(8),823-833.

Formica,P. (1993),'Gli spin-off aziendali',*Zenit*,3.

Fransman,M. (1994),'Information,knowledge,vision and theories of the firm', *Industrial and Corporate Change*,3(2),1-45.

Geisler, R. L. (1993), *Research and Relevant Knowledge*: *American Research Universitiessince World War II*,Oxford: Oxford University Press.

Gibson,D. and V. D. Smilor (1991),'Key variables in technology transfer: a feld studybased empirical analysis', *Journal of Engineering and Technology Management*, 8(3/4),287-312.

Johannisson,B. (1998),'Personal networks in emerging knowledge-based frms: spatialand functional patterns', *Entrepreneurship and Regional Development*, 10 (4), 297-312.

Jones-Evans,D. (1997),'Technical entrepreneurship,experience and the management of small technology—based frms',*Entrepreneurship and Regional Development*,9 (1),6=90.

March,J. G. and H. Simon (1958),*Organizations*,New York:Wiley.

Marchini,I. (1995),*Il governo della piccola impresa*,Voll. I e II,Urbino: Aspi/InsEdit.

McMillan,G. S. ,F. Narin and D. L. Dedes (2000),'An analysis of the critical role of public science in innovation: the case of biotechnology',*Research policy*,29(1), 1-8.

Meyer,M. H. and E. B. Roberts (1986),'New product strategy in small technology—based firms: a pilot study',*Management Science*,32(7),806-821.

Monsted,M. (1998),'Strategic alliances as an analytical perspective for innovative SMEs',in R. Oakey and W. During (eds),*New Technology—Based Firms in the 1990s*,London: Paul Chapman,pp. 99-111.

Mustar, P. (1994),'Organisations, Technologies et Marchés en Création: La Genese desPME High-Tech', *Revue d'Economie Industrielle*, 67, 156-174.

Nelson, R. R. and S. G. Winter (1982), *An Evolutionary Theory of Economic Change*, Cambridge, MA: Belknap Press.

Oakey, R. (1984), *High Technology Small Firms*, London: Frances Pinter.

Organisation for Economic Co-operation and Development (OECD) (1982), *Innovationin Small and Medium Firms*, Paris: OECD.

Penrose, E. T. (1959), *The Theory of the Growth of the Firm*, Oxford: Basil Blackwell.

Porac, J. F., T. Howard and C. Baden-Fuller (1989), 'Competitive groups as cognitivecommunities: the case of Scottish knitwear manufacturers', *Journal of Management Studies*, 26(4), 397-416.

Raffa, M. and G. Zollo (1994),'The role of professionals in small Italian software frms', *Journal of Systems Software*, 26(3), 19-30.

Raffa, M. and G. Zollo (2000), *Economia del Software*, Napoli: Edizioni Scientifche-Italiane.

Rothwell, R. (1984),'The role of small frms in the emergence of new technologies', *Omega*, 1(1), 19-29.

Schein, E. H. (1978), *Career Dynamics: Matching Individual and Organizational Needs*, Reading, MA: Addison-Wesley.

Simon, H. A (1959), 'Theories of decision making in economics and behavioral science', *American Economic Review*, 49, 253-283.

Spencer, L. M. and S. M. Spencer (1993), *Competence at Work. Models for SuperiorPerformance*, New York: Wiley.

Stankiewicz, R. (1986), *Academics and Entrepreneurs. Developing University-Industry Relations*, London: Frances Pinter.

Staudenmaier, J. M. (1985), *Technology's Storytellers: Reweaving the Human Fabric*, Cambridge: Society for the History of Technology and MIT Press.

Van Alstè, J. A. and P. C. Van der Sijde (eds) (1998), *The Role of the University in Regional Development*, Enschede: Twente University Press.

Varaldo, R. and A. Piccaluga (1994), 'Un ponte tra industria e università per rilanciarela ricerca', *L'impresa*, 9.

Walsh, J. P. and G. R. Ungson (1991), 'Organizational memory', *Academy of Management Review*, 16 (1), 57-91.

Weick, K. E. (1976), *The Social Psychology of Organization*, 2nd edn, Reading, MA: Addison-Wesley.

第五章　态度、意向和行为：评估创业教育的新方法

阿兰·法约尔　吉恩·米歇尔·德乔治

简介

　　近年来，创业教育在大多数国家稳步发展，但也呈现出不均衡态势。例如，美国一直担当着该领域的开路人和引领者，过去的十年被公认为是美国的一个重要阶段，因为在这一阶段学生的创业兴趣大幅提升(Fiet，2001a)，也有数据印证了这一点。1971 年，美国只有 16 所高等院校提供创业教育课程，而如今已经超过 800 所。越来越多的美国学生对于自主创业展现出浓厚的兴趣，并且认真考虑将创业作为职业选择，为此他们寻找并选择创业课程。例如，1996 年，美国西北大学管理课程中，近 45%[①]的大一学生表示想专修创业课程(Fiet，2001a)。同一时期，创业教师开始定期在会议上讨论最新的发展情况，并比较他们的教育实践和方法(Fiet，2001a)。在法国，创业教育在过去几年中已经相当普及，目前正处于结构化阶段(Fayolle，2000a；2003)。最近的两项举措清楚地说明了这一过程：一方面，1998 年创建了名为"创业学院"的法国协会，该协会由来自中等和高等教育水平的创业教师和培训师组成；另一方面，2001 年提出了"创业教育实践观察"的联合倡议，由三家政府部门组成，其首要任务是评估整个法国国内的创业教育和培训活动。

[①]　这一数据可以同其他数据进行对比：1995 年，30%；1994 年，12%；1993 年，7%。

尽管创业教育蓬勃发展，但仍有许多问题有待商榷，其中不乏重要议题，包括创业项目及培训的评估问题（Bechard，Toulouse，1998）。显然这一问题既困难又复杂。尽管创业项目或创业会议对学员、学生及其他参与者的影响可能是一项可接受的评估标准，但如何进行测量仍是一个问题。应使用哪些评估指标，如何确定测量标准？如何测量个人心态及行为变化？如何将时间因素的重要性考虑在内？如何将教育、教学和培训的相关因素与影响选择具体职业道路或行业的所有其他因素区分开来？

我们并不试图回答所有这些问题。但是，我们将尝试介绍计划行为理论在解决评估过程中遇到的复杂问题时发挥的潜在效用。本章的第二部分将具体确定影响创业教育项目评估的主要问题；第三部分将梳理关于创业项目评估和影响的前人研究；第四部分将介绍创业教育中应用的意向模型和计划行为理论；最后一部分将阐述研究方法，并提出一个叠加式的概念框架。

关于创业教育评估中的若干问题

维斯珀（Vesper）和加特纳（Gartner，1997）在近期发表的论文中列举了 18 项评估创业教育项目的标准，并按照专家反馈的重要性进行了排序。排名前五的标准是：

- 提供的课程数量
- 教师的出版物
- 对社区的影响
- 学生和年轻毕业生的创业活动
- 实现的创新

这里可以观察到两点。首先，上述分类是由学者提出，而不是由创业专业人士或经济、政治决策者提出的；其次，文章没有说明如何测量选定的指标，而这通常是非常困难的。在表 5-1 中，我们对布洛克和斯顿夫（Block and Stumpf，1992）的研究成果进行了总结，从中可以看出，指标往往会产生延滞效应。例如,无法在培训期间或培训刚结束的时候就对"创业"进行测量,因为创业的过程需要时间,有时甚至需要很长时间。而测量时间越是推后,越难将某一特定因素所造成的影响同其他变量对创业活动产生的潜在影响进行区分。

表 5-1 评估指标及测量时间

测量周期或时间	标准
课程进行中	招收学生人数 课程数量 对创业的普遍认识和(或)兴趣
课程结束不久	采取行动的意向 知识和技能的习得 创业自我诊断能力的发展
课程结束 0—5 年	创建的企业数量 并购数量 寻找并获得的创业岗位数量
课程结束 3—10 年	企业的可持续性和声誉 公司展现出的创新水平和变革的能力
课程结束 10 年以上	对社会和经济的贡献 经营绩效 职业满意度

资料来源:基于布洛克(Block)和斯顿夫(Stumpf,1992)的研究。

教育机构也提供涉猎广泛的创业教育和培训活动(Fayolle,2003;Gartner,Vesper,1994)。创业教育的目标并非让所有学习参与者都能够立即创办企业或让企业上市,所以最简单明显的评估标准通常不一定是最合适的。最坏的情况是通过计算所有学员创办的企业数量或产生的就业机会数量来评估课程。特别是如果考虑到创业过程中固有的风险和困难,将学员逼迫得太紧或采取激进的方法评估往往事倍功半。学生们都很年轻,易受影响,常常需要寻求模范榜样。因此,评估标准要根据教育水平、培训目标及目标对象进行实时调整(Bechard and Toulouse,1998)。约翰尼森(Johannisson,1991)用分类学的方法明确阐释了可能出现的学习情况,提出了5个学习层次,旨在培养创业所需的态度、技能、工具和知识。

那么,究竟应该评估什么呢?该何时进行评估?与所有教育项目一样,可以评估学生获得的知识并测量学生对关键技术和机制的理解程度,也可以测量学生的兴趣、意识和意向。出勤率、参与度和学生动机可以作为测量满意度的典型标准,而在培训期间及培训结束后不久进行的评估或测量也非常重要,因为这可以帮助识别绩效水平(项目管理、团队合作、创新能力等)的变化和发展。鉴于此次研究的目的,我们将分析周期及测量时间限制在表5-1的前两个类别中。

创业教育项目的效果及影响

在世界范围内,越来越多的学生乐于将创业作为一种职业选择(Brenner, 1991; Fleming, 1994; Hart and Harrison, 1992; Kolvereid, 1996a),然而对大型企业传统职业的兴趣却在逐渐降低(Kolvereid, 1996a)。学生和年轻毕业生的求职意向与行为受到各种个人因素及外在环境因素的影响(Lüthje and Kranke, 2003)。实证研究表明,创业教育项目的存在及大学生创业者的积极形象,都是激励学生选择创业生涯的影响因素。例如,约翰尼森(Johannisson, 1991)和奥蒂奥等人(Autio, 1997)强调了学生将创业看作一种职业选择的积极影响,以及大学环境中的可用资源和其他支持机制所发挥的作用。其他研究表明创业活动和情境的社会地位的重要性(Begley et al., 1997),以及创业意向和参加其他项目的学生管理课程数量之间的统计关系(Chen et al., 1998)。

创业教育和培训既影响当前的行为又影响未来的意向(Fayolle, 2002; Tkachev and Kolvereid, 1999; Kolvereid and Moen, 1997)。换言之,已经开始学习创业课程的学生和那些没有学习过的学生间存在着显著差异。但是,是否真的能详细解释教育变量(课程内容、教学方法、教师履历、资源和支持等)与直接的、有意的和(或)行为的先前变量(态度、价值观、知识等)之间的因果关系呢?一些研究人员尝试做这样的研究,其研究结果总结如下,但我们认为还需要进一步概念化和测试。

目前已经有人尝试对不同学生群体的意向和(或)行为进行比较。例如,瓦雷拉(Varela)和希门尼斯(Jimenez,2001)从哥伦比亚三所大学的五个项目中选出一批学生进行了纵向研究。他们发现,创业率最高的是那些为学生提供创业指导和培训最多的大学。

诺埃尔(Noel,2001)专门研究了创业培训对创业意向发展及自我效能感的影响。样本中的学生都参加了创业教育项目,并且是创业、管理或其他学科的毕业生。诺埃尔的研究结果至少部分证实了这一假设,即创业专业毕业生比其他两组的学生更有可能创办企业,其意向程度更高,自我效能感更强。

其他研究人员试图解释创业项目和人格特质之间的关系,如成就需求、内心控制源(Hansemark,1998)或自我效能感(Ehrlich et al.,2000)。他们发现创业教育产生的积极影响,可以在未来某个时候强化这些特质,提高行动的可能性。

然而,学界对教育变量的关注度较少。迪尔茨和福勒(Dilts and Fowler,1999)试图证明在为学生创业做准备的过程中,一些教学方法(即培训和实地学习)比其他方法更为成功。而吕捷和克兰克(Lüthje and Kranke,2003)强调了某些情境因素在阻碍或促进理工类学生在大学环境中学会创业行为方面的重要性。他们的研究结果证实了奥蒂奥(1997)及法约尔(Fayolle,1996)等人利用类似样本得到的结果。

计划行为理论及其在创业领域中的效用

计划行为理论基于理性行为理论(Ajzen and Fishbein,1980)。它由阿杰恩(Ajzen,1991)提出,最近又进行了一些调整(Ajzen,2002)。基本上,意向的概念在预测和解释完全由意志控制的有计划的人类行为方面起着核心和压倒性的作用,并且不依赖于有关人员无法控制的因素。这显然限制了理论的实用性,因为很少有情况满足所有这些的条件。该限制主要涉及意向和行为关系的必然性。虽然在某些情况下,意向是一个很好的预测行为的因素,但行为不一定会遵循意向,这一切取决于行为的类型。阿杰恩(Ajzen,1991)引用的实例大多是个人能够控制的行为,在这些例子中个人的意志起到了主要的作用——例如,决定戒烟、短期选择性偏好或选择怎样喂养婴儿(母乳或奶粉喂养)。虽然我们确信计划行为理论在创业领域受到的关注和效用,但我们也认为创业行为比上述实例更为复杂(因此,可能更不容易通过意向来预测)。

在计划行为理论中,由于三个主要因素的相对重要性取决于具体情况,因此意向的形成需要经过一段时间。第一个因素是对行为的态度,源于对行为后果及这些后果产生的价值的感知;第二个因素是对社会规范和压力的认识,它产生于对其他(重要的)人认为应该做什么的感知及提出期望的原因;第三个因素是行为控制的感知,首先这是由主体对实现行为所需机会和资源的认知所决定的,其次是相信它有可能获得这些资源。因此,意向的基础和行为的决定因素是认知,是从信念中逐渐发展而来的。

计划行为理论是"意向模型家族"的一个概念分支,主要是为了解释创业行为的出现而产生的。在许多作者看来(Autio et al.,1997;Bird,1989;Krueger,Carsrud,1993;Shapero,Sokol,1982;Tkachev and Kolvereid,1999),创业活动是有计划的,因此是一种有意向的行为。所以,同态度、信念及其他心理或社会学变量相比,意向似乎能够更好地预测行为(Krueger and Carsrud,1993)。

克鲁格和卡斯鲁德(Krueger and Carsrud,1993)率先将计划行为理论应用于创业领域,试图使阿杰恩(Ajzen,1991)的模型与其他理论框架相适应,尤其是夏皮罗和索科尔(Shapero and Sokol,1982)的理论框架,他们的最终模型(图5-1)就是通过这一方法产生的。

这个模型中影响意向的三个因素是:

1.创业行为的感知吸引力。这一因素与对行为的态度相对应,并且取决于与行为的积极或消极影响相关的信念。它包含(或缺乏)感知意向的概念,这也是夏皮罗和索科尔模型(Shapero 和 Sokol,

1982)的组成部分之一。

2. 与创业行为相关的感知社会规范。这一因素包括重要的人或群体(同辈压力、朋友期待、家人期待等)对目标行为的看法。这些看法受到规范信念的影响,与具有较强内心控制源的个体相关性较小(Ajzen,1987),而与行动导向强的人相关性较大(Bagozzi et al.,1992)。这一因素涵盖夏皮罗和索科尔模型中的必要性和可行性概念(Shapero and Sokol,1982)。

3. 创业行为的自我效能/控制感。这一因素同阿杰恩(Ajzen,1991)模型中的因素一样重要,它涉及对行为可行性的认知,这是行为的基本预测指标。个人通常选择朝着他们认为能够控制和掌握的行为努力。阿杰恩模型(1991)中的感知行为控制与班杜拉(Bandura,1986)建构的自我效能的概念非常相似。自我效能的概念已经被用于许多创业研究领域,但一些作者认为这还不够。"自我效能应成为研究者所掌握的工具中特别有效的工具,而寻求组织生成的心理学解释的创业研究者应该研究自我效能感的作用。"(Krueger and Carsrud,1993:325)

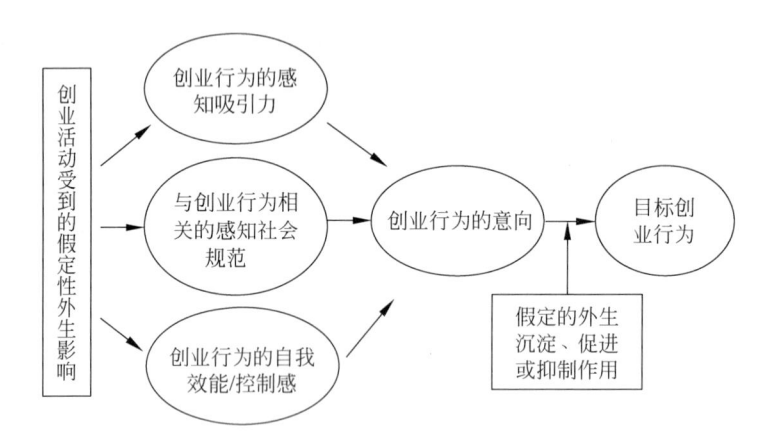

资料来源:克鲁格和卡斯鲁德(Krueger and Carsrud,1993:323)。

图 5-1 创业行为的意向:计划行为理论

他们的模型仍然受到外生变量的影响,这些外生变量可能会对信念和态度的发展产生一定作用。这一模型还使用夏皮罗和索科尔(Shapero and Sokol,1982)提出的包括"外部触发"在内的概念来解释从意向到行为的转变过程。

计划行为理论在创业领域的意义和应用是多种多样的,并且有良好前景,该理论的一些含义与教育和培训有关。自20世纪80年代初以来,研究人员已经能够确定教育和教学变量在发展创业行为的可取性和可行性的认识方面发挥的作用(Shapero and Sokol,1982)。换句话说,在计划行为理论中,培训项目可以对意向的前提变量产生影响(Krueger and Carsrud,1993)。例如,克鲁格和卡斯鲁德(Krueger and Carsrud,1993:326)指出,"创业行为的自我效能/控制感"与管理工具的获取有关,受创业环境的影响。他们还指出,"向人们讲授关于创业的现实可能会增加他们的创业自我效能感,但同时也会降低他们的创业意向。"(Krueger and Carsrud,1993:327)

总之,根据克鲁格和卡斯鲁德的观察,我们将提出一些关于把计划行为理论作为创业教育评估工具的建议。举例来说,教学方面,试图理解创业意向形成的过程,对意向的前提变量进行定位,并探索在不同创业情境下产生高涨稳定意向的结构都是有益的。教师还可以尝试使用该模型来提高他们对学生动机和意向的理解,然后相应地调整他们的计划。研究方面,计划行为理论可用于分析在教育课程内制订创业计划的准备过程,及其在何种条件下影响创业意向。

利用计划行为理论为创业教育计划提供评估框架

正如我们在第二节中所看到的那样,很难把创业行为作为评估创业教育计划的唯一标准。然而,使用与创业意向有关的标准或改变对创业行为的态度可能更容易也更合适。因此,尽管创业计划与实际做法有所不同,仍可以用参与创业行为的可能性或创业意向来衡量培训计划的影响。

这一节旨在构建一个动态的工具来评估创业领域中的意识活动、培训计划及创业课程。这一工具在一定程度上带我们深入创业教育的"黑匣子"中——换句话说,即在研究中了解特定的"教育"变量对态度转变和创业意向发展的影响。该工具直接受到计划行为理论的启发,并以图表的形式呈现在图 5-2 中。

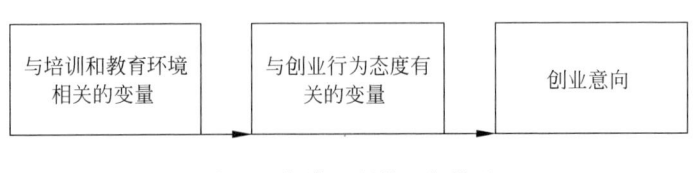

图 5-2 评估工具的一般模型

现在我们需要定义我们的概念、模型的变量和使用框架。我们的总体框架旨在为学生和其他类型学习者评估意识活动、培训计划和支持计划,它应能够转化为适合其使用情况的假设/演绎模型。正如我们前面提到的,意识活动和教育课程在其行动、教学策略及资源、持续时间和所涉及的人员类型方面都有所不同。在本章中,我们使用"创业教育计划"一词来指代所有创业领域的认识、教学、培训和支持活动,包括它们的环境、内容、教学方法、资源、教师和其他参与者。测量和分析周期要略早于计划开始之时,并在较短的时间内结束。然而,我们对意向的稳定性产生了浓厚的兴趣,并可能决定延长观察周期。在这种情况下,我们也会使用同样的指标。

模型的自变量

在我们的模型中,与培训和教育环境相关的变量是自变量,旨在解释因变量(对创业行为和创业意向的态度)。

在创业教育计划中,根据其类型和性质,学生和学习者必须应对一个或多个学习过程和制度环境,这个环境需要展示积极或消极的创业形象,并提供大量资源。乍一看,这三个变量(学习过程、制度环境和资源)似乎构成了令人满意的出发点。下面我们将分别对它们进行深入的研究。虽然后两个变量已被确定并纳入其他研究人员的工作中,但第一个变量似乎并没有被使用太多。

学习过程

学习过程可以分为教学目标、学生和学科类型、内容、持续时间、强度、频率、教学方法和手段,以及教师的数量和履历等方面。所有这些方面都可能是潜在的自变量,会对个人和集体的态度、意向产生影响。举例来说,法约尔的研究(Fayolle,2000b)揭示了创业教育计划中教学目标的重要性。关于内容,知识的均衡和跨度是这些课程的重要特征(Gasse,1992;Ghosh and Block,1993;Gibb,1988;Wyckham,1989)。约翰尼森(Johannisson,1991)确定了创业知识内容发展的五个层次:了解原因(态度、价值观、动机)、方法(能力)、对象(短期和长期的社交技能)、时点(直觉),以及内容(知识)。

教学手段和方法可以分为内容策略、关系策略和习得策略(Develay,1992),其中包含"边做边学"、结合现实生活、案例研究和创业者访谈,以及其他更多的传统教学方法。例如,与让学生进行案例研究或参加传统的课堂教学相比,要求学生根据自己的想法和(或)项目制订创业计划,能否对他们的态度和意向产生不同的影响?我们研究的目的是测试所有可能性,这个任务也涉及教育科学领域。

制度环境

并非所有的教育机构(大学、管理学院、商学院等)都提供同样的政治、社会和文化环境。法国的研究显示,课程或计划对学生的职业选择有着重要影响(Safavian-Martinon,1998)。一个接受和重视中小企业创业行为和就业的制度环境可能会影响学生的创业意向。通过政策、激励和行动,机构不仅能够鼓励学生主动参与创业,还能够传达将创业作为职业选择的积极形象(Autio et al.,1997)。

资源

实际上,资源可以是物质的、财力的、智力的,这方面的例子包括资助学生创业项目的资金、创业举措的支持网络(专业人士和企业)、创业中心、企业孵化器、大量的创业项目、创业机构及专业图书馆。

模型的因变量

在探讨因变量——态度和意向之前,我们首先讨论之前提到的"创业行为"的含义,以及我们如何在研究中使用这个概念。"创业行为"一词还要回归到创业本身的定义,然而对创业的定义至今还没有达成真正的共识。因此,我们建议以一系列适用于不同创业情况的更为精确的术语来取代这一略微通用的术语。这些术语中就包括"创办企业",尽管我们需要在此指定创业的类型(技术、创新、工艺、工业、第三产业、农业等)。问题公司的个别并购与公司创业的某些例子(大公司内的创新活动)也可以包括在内,但前提是要明确界定,以避免出现任何可能的模棱两可之处。

态度

各种类型的"创业"态度都直接来自适用于创业领域(Krueger and Carsrud,1993)的计划行为理论(Ajzen,1991)。科尔弗里德(Kolvereid,1996b)在后来的实证研究中提出了一系列旨在使态度变量(行为态度、主观规范、感知的行为控制)可操作化的指标。

意向

科尔弗里德(Kolvereid,1996b)使用了一个分三部分的指标来测量个人的创业意向。

采用李克特量表(Likert-type)测量态度和意向变量,而没有采用二元测量系统,这样就能通过程度高低对它们进行分级。

测量

所提出的评价工具是动态的。换句话说,最重要的因素是其随着时间推移而发展的,而不是给定时间内的给定变量的价值。评价的目标是把握态度及意向的变化,因此,在不同时点需要进行不同的测量,例如,对于长期课程,在课程开始和结束时需要一次或两次的中期测量。

对于自变量来说,在某些情况下,测量可以是二元的(例如,资源"存在"或"不存在"),或者可以估计对某种策略的兴趣或相关性,抑或是学习的进展。

鉴于我们关心的是意向而非行为本身,因此为了进行恰当的评估,我们可能需要随着时间的推移来尝试测量意向的稳定性,这可能还需要我们在课程结束后的一到两年中增加测量次数。

结论

目前,对创业教育计划的评估引起研究者的广泛兴趣。已经发起或者即将要发起的项目计划很多,对建立企业、岗位创造及广泛发展创业精神与创业行动的社会需求向来强劲。所有这些都引发了对评估的需要,因为提供资金的政府、地方社区和社会经济合作伙伴需要了解其资金产生的结果。它们所需要的信息基本上与创业、创造直接和间接就业机会有关,因此这些因素已经成为最重要的评估标准。这里最令人惊讶的一点是,关于创业教育的作用和问题这个特殊概念已被教育界普遍接受,教育界也渐渐开始使用创业和创造就业机会的指标来证明其教育课程的相关性、质量和有效性。由此引发了一个双重问题:首先,正如本章所示,特定的指标都会产生显著的延滞效应,因此,尽管不是不可能,但在可接受的时间范围内,要客观、准确地测量、评价它们也是很有困难的;其次,将重点放在这些特定指标,而排除其他指标,往往会将其他指标的存在和重要性降至最低。它将同样适用于研究教学标准,如获取知识和某一教学策略的相关性和有效性,更不用说诸如对经济或社会生活领域的认识或发展创业思维和创业意向等指标。

本研究的基本贡献是表明计划行为理论和意向模型是可以用来评估创业教育项目的。该方法的核心要素是创业意向的发展和变化。在计划行为理论中,意向是某种人类行为的较好预测指标。意向是作为过程的一部分而发展的,并且会随着态度的改变而改变。有三种类型的态度与创业行为相关,即对行为的态度、受社会压力和主观规范影响的态度,以及对行为的控制和掌握的态度。我们提出的评估框架中包含由若干自变量组成的通用模型,这些自变量与教育课程及其所处的环境相关,其中教育课程环境还会对因变量(上述三种态度和创业意向)产生影响。该框架开辟了一个广阔的研究领域,其中涵盖目标、假设、自变量。假设—演绎研究可用于测试多种变量和变量配置的影响,该框架的另一个特征与研究的类型有关。我们认为在培训过程中进行纵向研究,以及在课程进行中和结束后的不同时间内进行多次测量对于实验的结果和评价是非常重要的。

我们认为本研究有很多启示,主要是对研究人员的启示。该框架为今后的研究开拓了许多途径,以了解创业教育计划对学生态度、意向和思维的影响。最后,它将有助于拓展创业意向模型的相关知识,也会对教师、培训师,以及政治和经济决策者产生影响。例如,通过这项研究及未来对该研究的不断扩展和深入,教师和培训师最终可以通过重新制定并明确目标来调整他们的课程。就政治和经济决策者而言,他们可能会重新考虑他们对评估问题的看法,并相应地调整他们的政策和做法。

参考文献

Ajzen, I. (1991), 'The theory of planned behaviour', *Organizational Behavior and Human Decision Processes*, 50, 179-211.

Ajzen, I. (2002), 'Perceived behavioral control, self-efficacy, locus of control, and the theory of planned behavior', *Journal of Applied Social Psychology*, 32, 1-20.

Ajzen, I. and M. Fishbein (1980), *Understanding Attitudes and Predicting Social Behaviour*, Englewood Cliffs, NJ: Prentice Hall.

Autio, E., R. H. Keeley, M. Klofsten and T. Ulfstedt (1997), 'Entrepreneurial intent among students: testing an intent model in Asia, Scandinavia and USA', *Frontiers of Entrepreneurship Research*, Babson Conference Proceedings, www.babson.edu/entrep/fer.

Bagozzi, R., H. Baumgartner and Y. Yi (1992), 'State versus action orientation and the theory of reasoned action: an application to coupon usage', *Journal of Consumer Research*, 18, 505-518.

Bandura, A. (1986), *The Social Foundations of Thought and Action*, Englewood Cliffs, NJ: Prentice Hall.

Bechard, J. P. and J. M. Toulouse (1998), 'Validation of a didactic model for the analysis of training objectives in entrepreneurship', *Journal of Business Venturing*, 13 (4), 317-332.

Begley, T. M., W. L. Tan, A. B. Larasati, A. Rab, E. Zamora and G. Nanayakkara (1997), 'The relationship between socio-cultural dimensions and interest in starting a business: a multi-country study', *Frontiers of Entrepreneurship Research*, Babson Conference Proceedings, www.babson.edu/entrep/fer.

Bird, B. (1989), 'Implementing entrepreneurial ideas: the case for intentions', *Academy of Management Review*, 13, 442-454.

Block, Z. and S. A. Stumpf (1992), 'Entrepreneurship education research: experience and challenge', in D. L. Sexton and J. D. Kasarda (eds), *The State of the Art of Entrepreneurship*, Boston, MA: PWS-Kent, pp. 17-45.

Brenner, O. C., C. D. Pringle and J. H. Greenhaus (1991), 'Perceived fulfilment of organizational employment versus entrepreneurship: work values and career intentions of business college graduates', *Journal of Small Business Management*, 29 (3), 62-74.

Chen, C. C., P. G. Greene and A. Crick (1998), 'Does entrepreneurial self-efficacy distinguish entrepreneurs from managers?', *Journal of Business Venturing*, 13(4), 295-316.

Develay, M. (1992), *De l'apprentissage à l'enseignement*, Paris: ESF Editeur.

Dilts, J. C. and S. M. Fowler (1999), 'Internships: preparing students for an entrepreneurial career', *Journal of Business and Entrepreneurship*, 11(1), 51-63.

Ehrlich, S. B., A. F. De Noble, D. Jung and D. Pearson (2000), 'The impact of entrepreneurship training programs on an individual's entrepreneurial self-efficacy', *Frontiers of Entrepreneurship Research*, Babson Conference Proceedings, www.babson.edu/entrep/fer.

Fayolle, A. (1996), 'Contribution à l'étude des comportements entrepreneuriaux des ingénieurs françis', thèse de doctorat en sciences de gestion, université Jean

Moulin de Lyon.

Fayolle, A. (2000a), 'L'enseignement de l'entrepreneuriat dans le système éducatif supérieur: un regard sur la situation actuelle', *Revue Gestion 2000*, no. 3, 77-95.

Fayolle, A. (2000b), 'Exploratory study to assess the effects of entrepreneurship programs on student entrepreneurial behaviours', *Journal of Enterprising Culture*, 8(2), 169-184.

Fayolle, A. (2002), 'Les déterminants de l'acte entrepreneurial chez les étudiants et les jeunes diplôde l'enseignement supérieur françis', *Revue Gestion 2000*, no. 4, 61-77.

Fayolle, A. (2003), *Le métier de créateur d'entreprise*, Paris: Editions d'Organisation.

Fiet, J. O. (2001a), 'The pedagogical side of teaching entrepreneurship', *Journal of Business Venturing*, 16(2), 101-117.

Fiet, J. O. (2001b), 'The theoretical side of teaching entrepreneurship', *Journal of Business Venturing*, 16(1), 1-24.

Fleming, P. (1994), 'The role of structured interventions in shaping graduate entrepreneurship', *Irish Business and Administrative Research*, 15, 146-157.

Gartner, W. B. and K. H. Vesper (1994), 'Experiments in entrepreneurship education: successes and failures', *Journal of Business Venturing*, 9(2), 179-187.

Gasse, Y. (1992), 'Pour une éducation plus entrepreneuriale. Quelques voies et moyens', Colloque l'Education et l'Entrepreneuriat, Centre d'Entrepreneuriat du coeur du Québec, Trois-Rivières, mai.

Ghosh, A. and Z. Block (1993), 'Audiences for entrepreneurship education: characteristics and needs', paper presented at the Project for Excellence in Entrepreneurship Education, Baldwin Wallace College, Cleveland, Ohio.

Gibb, A. A. (1988), *Stimulating Entrepreneurship and New Business Development*, Geneva: International Labour Office, 73.

Hansemark, O. C. (1998), 'The effects of an entrepreneurship program on need for achievement and locus of control of reinforcement', *International Journal of Entrepreneurial Behaviour and Research*, 4(1), 28-50.

Hart, M. and R. Harrison (1992), 'Encouraging enterprise in Northern Ireland: constraints and opportunities', *Irish Business and Administrative Research*, 13, 104-116.

Johannisson, B. (1991), 'University training for entrepreneurship: a Swedish approach', *Entrepreneurship and Regional Development*, 3(1), 67-82.

Kolvereid, L. (1996a), 'Prediction of employment status choice intentions', *Entrepreneurship Theory and Practice*, 20(3), 45-57.

Kolvereid, L. (1996b), 'Organisational employment versus self-employment: reasons for career choice intentions', *Entrepreneurship Theory and Practice*, 20(3), 23-31.

Kolvereid L. and O. Moen (1997),'Entrepreneurship among business graduates: does a major in entrepreneurship make a difference?', *Journal of European Industrial Training*, 21(4), 154-160.

Krueger, N. F. and A. L. Carsrud (1993),'Entrepreneurial intentions: applying the theory of planned behaviour', *Entrepreneurship and Regional Development*, 5, 315-330.

Lüthje, C. and N. Kranke (2003),'The making of an entrepreneur: testing a model of entrepreneurial intent among engineering students at MIT', *R&D Management*, 33(2), 135-147.

Noel, T. W. (2001),'Effects of entrepreneurial education on intent to open a business', *Frontiers of Entrepreneurship Research*, Babson Conference Proceedings, www.babson.edu/entrep/fer.

Safavian-Martinon, M. (1998),'Le lien entre le diplôme et la logique d'acteur relativeà la carrière : une explication du rôle du diplôme dans la carrière des jeunes cadres issus des grandes écoles de gestion', thèse pour le doctorat en sciences de gestion, université Paris I.

Shapero, A. and L. Sokol (1982),'The social dimensions of entrepreneurship', in C. Kent, D. Sexton and K. Vesper (eds), *The Encyclopedia of Entrepreneurship*, Englewood Cliffs, NJ: Prentice Hall, pp. 72-90.

Tkachev, A. and L. Kolvereid (1999),'Self-employment intentions among Russian students', *Entrepreneurship and Regional Development*, 11(3), 269-280.

Varela R. and J. E. Jimenez (2001),'The effect of entrepreneurship education in the universities of Cali', *Frontiers of Entrepreneurship Research*, Babson Conference Proceedings, www.babson.edu/entrep/fer.

Vesper, K. H. and W. B. Gartner (1997),'Measuring progress in entrepreneurship education', *Journal of Business Venturing*, 12(4), 403-421.

Wyckham, R. G. (1989),'Measuring the effects of entrepreneurial education programs: Canada and Latin America', in G. Robert, W. Wyckham and C. Wedley (eds), *Educating the Entrepreneurs*, Colombie-Britannique: Faculté d'administration, université Simon Fraser, pp. 1-16.

第二部分

关于创业教学方法论的创新

第六章　欧洲大陆和英美创业教育方法的异同

保拉·基罗

20世纪末,有关创业与教育的讨论越来越多。但是关于创业学习进程的讨论仍处于非常初级的阶段。截至目前,焦点已经从生物遗传特质理论,即假设我们天生就是创业者,转变为相信我们可以通过学习成为创业者,并且可以学习如何像创业者一样行事。然而,这种教育导向的重点已经衍生出商业和工程领域的相关研究和课程,而没有吸引教育机构的研究人员和教育工作者。这项研究表明,这似乎是由于明显缺少创业教育的概念性讨论。此外,有人认为,有关创业教育及其相关概念的混淆不仅反映了目前的研究现状,也反映了教育学和教学法基本的教学理念的文化差异。为了支持创业教育在教育和创业研究之间相互作用这一概念辩论,本研究通过一种描述性解释概念的方法介绍了这种相互作用的概念基础和要素。

对创业教育概念理解的紧迫需求[①]

创业教育已有将近30年的科学发展史(Alberti,1999)。自从20世纪70年代以来,三项研究结果促进了它的发展。第一项发现是小企业和组织创造了新的工作岗位,而非大型公司和机构(Drucker,1986)。第二

---

① "创业"这个词在这篇文章中被当作类词使用,这点是有争议的。艾伯特(Alberti,1999)在探讨类似术语问题时,在对其下定义时运用了一个术语"e-EDU"。

项发现是创业不是遗传的而是可以后天教育的。第三项发现是小企业数量的增长和组织中的创业行为比我们之前认为的有着更深的文化根基（Fayolle et al.，2005）。

这些研究结果引发了创业研究，却没有吸引教育研究者的兴趣。教育研究领域的第一本学术期刊《创业教育杂志》仅于1997年出版了第一期。也许这是由于人们将创业当作是个人和商业性活动，而不是一种教育和社会现象（Grant，1998；Scott et al.，1998）。此外，关于创业教育的研究更侧重于课程和内容问题，而不是学习动力。直到最近，教育研究与创业过程相结合的需求才开始引起学者的关注（Gorman and Hanlon，1997；Grant，1998；Scott et al.，1998）。但问题是教育者在这其中的贡献并不大。斯科特等人（Scott et al.，1998）认为，到目前为止，我们只积累了一些案例分析的经验，但是现在需要关注的是基本维度和概念。第一篇达到博士水平或持有教师资格证的教师水准的关于创业教育的论文直到20世纪90年代末期才出现。在相关论文中，芬兰的贡献尤为突出（Erkkilä，2000；Kyrö，1997；Leskinen，1999；Nevanperä，2003；Pihkala，1998；Remes，2003；Soininen，2000）。但由于语言不通，芬兰的贡献并未在国际上产生很大影响。其他一些不太广为人知的语言可能也面临这种问题。

随着研究的发展，西方国家中提供创业教育课程的机构迅速增加（Menzies and Gasse，1999；Vesper and Gartner，1999）。一些国际研究报告称，大学水平的创业课程因此得以增加。例如，维斯珀和加特纳（Vesper and Gartner）1999年的研究发现，在美国提供创业课程的大学已经从20世纪70年代的85所，增加到20世纪90年代末的383所。加拿大和法国的研究也表明了相似趋势（Fayolle，2000；Menzies and Gasse，1999）。课程的内容包括如下主题：新型创业基础、创业计划、小型企业管理和项目管理。一项在芬兰大学开展的类似研究发现：从1996年到1997年，21所大学中有18所开设了创业课程，并将其作为管理学和工科的主要课程，或作为其他专业的辅修课程或独立课程，其教学内容与其他国家的创业教育课程相似。考虑到这种创业教育的供给，在研究中我们面临着同样的问题，那就是教育机构和课程内容的边际贡献问题。此外，最近公布的欧盟创业教育报告显示，创业教育主要应用于商业课程（欧盟委员会，European Commission，2002）。

报告还指出，不同国家的教育系统中创业教育的地位大不相同，最后建议在国家课程及各级教育系统的课程中确认创业教育的重要性（欧盟委员会，European Commission，2002）。报告也建议将此作为创业教育的重要定性指标之一。例如，在这方面，只有芬兰将创业教育广泛地纳入了中小学课程和初级职业培训中。然而，16个成员国中有10个国家都做出了促进创业教育的重要国家政策承诺。

关于创业教育的三种观点——课程数量和内容的发展、最近出现的教育研究和目前的教育制度状况——都反映了在提供创业教育方面的明显共识。然而一方面，创业教育的历史很短；另一方面，教育科学的边际贡献表明，我们不可能就其基本要素和概念达成共同的集体见解、理解和认识。欧盟委员会最近的报告也认为这对国际合作与比较来说是一个难点。报告的结论是，与创业教育有关的大部分教育实际上是在一些其他课程下进行的（欧盟委员会，European Commission，2002）。这种观点总结出目前对创业教育的争论主要集中在概念的混淆方面。

各种情况都促使我们在推进创业教育的教育辩论上提出建议，需要更多地关注其基本要素和它们之间的动态关系。因此，按照斯科特等人（Scott et al.，1998）的建议，本章的目的一方面是界定创业教育的基本概念要素，另一方面就是通过教育学和教学法这两个教育基本概念探讨它们的动态关系，并且假定这可以推动创业教育概念化的辩论并提出对未来发展的一些期望。

概念在理解创业教育方面所起的作用

要想理解和进一步反思创业教育中教育学和教学法的概念，我们应先了解这二者的历史和相互关系。正如理查兹（Richards，1995）在介绍

博姆(Böhm,1995)对"理论和实践"的广泛研究的核心内容时所说的:

> 教育概念做出了关于现实生活本质的预设,这一预设构成了合法的学术研究。理解不同文化中的教育概念需要的不仅仅是教育术语的注解,还需要参与国际性对话。为了检验教育基本概念之间的差别,我们要开始追问我们的观点中缺失了什么。

另外,大部分关于创业教育的国际性讨论是通过英语进行并发生在创业领域的,教育的大陆概念并没有在此次讨论中起很大作用。这也要求我们不仅要对这类概念持有开放态度,也要对教育领域中教育学和教学法的概念理解差异保持开放态度,并且将这些差异反映到创业教育思想中。这个出发点指导着创业教育研究的方法论选择。

方法论

从方法论方面来讲,这项研究属于解释性概念研究领域。具体地说,它运用了莱姆塞和塔卡拉(Lämsä and Takala,2001)所提出的描述性解释方法。概念方法论包括两个基本分支——分析型和解释型。语境特点和理论主题将解释型分支和分析型研究区分开来,并且将其作为人文科学中的一种可选择的方法论。解释型(方法)旨在找出概念中所包含的意义和它们的定义,进而加深对这些概念的理解。解释型(方法)与语境因素相关。这项研究中的语境特点可以分为两类:首先,创业因素以创业论辩为根基和指引。其次,教育学和教学法的概念以其文化和历史背景为根基。

描述性方法论可以分为四类:启发式、理论式、叙述式及批判式。描述性方法论旨在通过发现、描述、解释意义的本质来加深对概念的理解,在对概念有一个全面的了解之后可能会改变这个概念的意义(Lämsä and Takala,2001)。它强调进一步发展概念及其定义。莱姆塞和塔卡拉(Lämsä and Takala,2001)认为最好的描述性概念研究,可以"从一个全新的视角对概念进行详细的重新解读"。在这项研究中,重点是寻找一个创业教育概念化问题的新角度,而不是通过教育学和教学法形成一个全新的、截然不同的观点。

莱姆塞和塔卡拉(Lämsä and Takala,2001)认为,这种方法的有效性只是在某一特定时间有效,因为使用这种方法常常牵扯一系列科学哲学内容。它们的概念和意义一定是不断变化的动态过程,是模糊不清、持续变化的,并由社会和文化构建。因此,对这种概念的解释性研究本身符合最初的基本设想,并且总是在限定的框架下为我们提供信息。这是本研究的主要推论,表明创业教育的概念及教育学和教学法的概念是由文化构建的,并且是不断变化的现象。

因此,这项研究包括五个阶段。第一阶段确定创业研究中创业教育的要素;第二阶段描述其历史背景下教育学和教学法的概念;第三阶段总结其本质特征和差异;第四阶段将这些特征和差异与创业教育的要素进行比较;第五阶段将这些发现反映到研究目标及未来对创业和教学相互作用的研究上。

创业教育的要素

要找出创业教育的要素,首先要看使用的术语。1989年,在英国杜伦大学商学院所进行的一项研究发现,不同术语在美国、加拿大、英国及其他欧洲国家的意义不同。"创业教育"这个词在美国和加拿大类似,与英国不同。在英国,其关注点落在"创业者"身上。此外,埃尔基莱(Erkkilä)的论文《创业教育》研究了美国、英国、芬兰的这些概念,并揭示了它们的不同(Erkkilä,2000)。为了避免在概念上产生歧义,埃尔基莱(Erkkilä)认为我们应该使用统一的"创业教育"的概念。艾伦·吉布认为创业行为和积极进取的行为的相似程度很高。唯一明显的不同就是创业行为在传统意义上与商业活动相关(Gibb,1993)。在后来的著作中,吉布(Gibb,2001)开始将这些词作为同义词使用。

因此,为了区分这一现象的要素,我们必须尽可能了解关注"创业"

"事业""有事业心的""创业者的"和"创业者"等英美术语的含义。

从概念上说,这些术语不可比较,它们只是侧重于不同的创业要素而已,这点显而易见。这在教育领域产生了不同的问题。关于"谁应该去学习"这一问题,其答案是"创业者"。关于"我们学习的目标是什么",答案是"企业"或"创业"。关于"我们适用于哪种学习方式",答案是"进取型的"或"创业的"。因此,在对创业教育下定义时,我们必须在两个针对这两种现象的术语及两个针对这两种现象特质的术语中做出选择。所以,我们会问这样的问题:"这种现象是企业还是创业?"在这方面,我相信存在一个共识,那就是这一现象的术语是创业而不是企业(Gartner,1990)。因此,从教育的角度来看,这些问题实际上已经定义了基本要素和现象。详见图6-1。

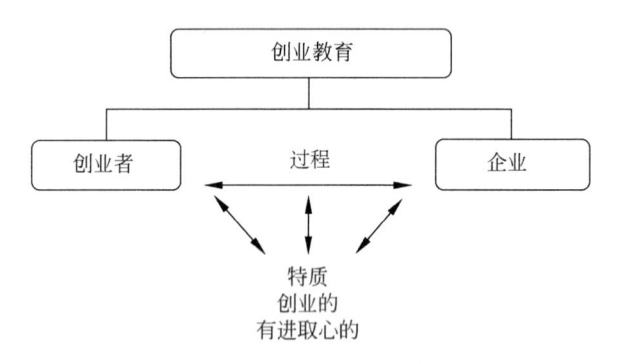

图6-1 创业教育的要素框架

因此,我们可以认为创业教育涉及创业者、创业的/进取的过程、各种背景或概念内容下的企业,以及它们之间的动态变化。因此,斯科特等人(Scott et al.,1998)建议应从教育的角度校正创业教育的术语,可以把重点放在其核心要素上,并确定其关键维度。以创业者为出发点时,关键维度涉及行为者、过程和结果之间的相互关系。当考虑创业教育的实质学习内容时,涉及整个现象或它的局部或方面,包括其过程本身。当考虑学习方式时,涉及行为者、创业者或其经历的行为层面,即行为者通过创业过程来学习创业。因此,我们也可以说,创业教育的关键维度是指学习内容、学习方式和学习过程三个要素的特质，这些要素关系到创业研究领域聚集的现象。对机会识别、创建新企业、风险和并购及资源配置等现象的重点关注，目的在于考察不同的背景、层次和角度（Brush,1992；Carland and Carland,1991；Davidsson et al.,2002；Venkataraman,1997）。

因此，我们可以从它们或它们的动态关系中探讨创业教育。然而，这并不意味着所有要素在教育中都起着相同或类似的作用。接下来，我们将简要阐述这些要素在教育中的角色，并将其反映在关于创业和创业教育的概念论辩中。

人类和行动在创业争论中的作用

我们可以说，教育和创业都属于人文科学或自然科学领域，因此，人类、创业者及其行为都是教育的出发点和核心。如果我们忘记这一点，我们就忽略了现象并使整个创业教育的论辩都变得毫无意义。不过，这在创业概念的争论中并不是很明显。

关于人的行为，我们可以在创业的当代概念论辩中发现两种不同的对话。一方面，以创业者为导向的个人讨论已超出生物学解释范畴，并通过行为理论开始深入教育作为支持创业行为的讨论（Gibb,1993）。然而，生物学解释的主要部分集中于讨论人的特质和资历。这表明，人的行为在这些对话中处于创业的核心位置。

另一方面，商业和创新之间的对话将创业定义为新经济活动的概念（Davidsson et al.,2002；Venkataraman,1997）。这个定义的出发点和侧重点是活动，而不是行为人。发展通常与对创新的论辩相结合，或将其作为衡量标准（Davidsson et al.,2002；Venkataraman,1997）。例如，戴维森等（Davidsson et al.,2002）提出了一个问题：创业是否就是发展，或者发展是否就是创业？他们得出了结论：虽然不是所有的发展都是创业性质的，但发展与创业有关。基本上，这次论辩的重点是创新、发展和商业之间的对话。识别新经济活动被强调，而较少关注创造新经济活动的人。但这种观点也受到了卡兰和卡兰（Carland and Carland,1991）的质疑。

他们认为：实际上，如果没有创业者就很难给创业下定义。

人类及其行为所发挥的作用也十分重要。巴雷托（Barreto,1989）对早期创业研究者的著作，通过历史研究对此进行了清晰的分析。巴雷托声称，创业应在创业研究和微观经济理论之间划清界限，在创业者角色消失后，创业也从微观经济理论中消失了。

对创业历史的文化研究法也揭示出人类的作用是至关重要的。在启蒙时期，对创业的科学描述出现在法国。在中世纪末的法国，封建制度和工艺制度走到了尽头。更广泛的科学方法可以追溯到18世纪的法国重农学派思想。他们反对重商主义、封建制度和工艺制度。他们将创业与农民及自耕农相挂钩（Hamilton,1999）。公民开始要求贸易和工业自由，而不是世袭制和特权阶层：一般来说，即决定如何谋生的自由（Dillard,1967；Lindeqvist,1905）。因此，创业的早期贡献者侧重于自由创造自己的幸福生活的权利和能力。这应该通过创造性的人类行动来实现，以一种新颖的方式将资源结合起来，应用新的知识，并在这一过程中承担风险。这常常被描述为同一实体中一种特殊的管理和所有权。其后，这些早期讨论在不同的背景下被提出。首先，它们与个人和社会之间的动态关系联系在一起，再到与小企业的动态关系，并最终与较大组织的动态关系联系起来（Kyrö,2000年）。因此，这些做法打破了旧的制度和等级制度，并创造了新的做法。运用这些早期讨论中的特质也已被用于当代对创业定义的探讨中。它们集中于诸如机会识别、创建新企业、发展、风险和并购及资源分配等方面（Brush,1992；Carland and Carland,1991；Davidsson et al.,2002；Venkataraman,1997）。因此，我们可以认为，在当前情境下，个人、企业和组织的创业有着不同形式和背景。我们可以将整个社会视为一个组织。因此，创业的个人、企业、小型组织或整个社会，其创业活动可以产生不同的结果，即企业。

这些概念化工作的差异似乎源于人的本质，即从教育的角度定义学习和教学的概念。然而，这种"鸡和蛋"的对话表明，讨论人类的本质和作用的问题是创业论辩的重要组成部分。另一方面，与创业教育三个要素有关的特质可能源自创业的历史基础。

尽管作为创业教育研究的一部分,但该过程在涉及行为及其性质和动态的过程中发挥的作用在研究之间的差异却很大。例如,吉布早期和晚期的文章是引导主题之一,而艾伯蒂(Alberti,1999)根据其研究重点将研究划分成三类:课程内容及其适当性;筛选可能的课程概念及其实用性;教学方法的效率和学习环境。斯科特等人(Scott et al.,1998)代表他们将创业教育研究分为三类:关于创业、通过创业进行的教育及为了创业的教育。本章研究创业教育成果后得出的结论是:动态学习过程可理解为不同的学习技巧和模式,而不是学习过程中各种要素的复杂动态(Kyrö,1999)。

这些对核心要素及其在创业精神和创业教育讨论中的作用的看法似乎表明,尽管这些要素是探讨的重要组成部分,但概念方法并没有作具体阐释。这将使它们能够推进关于这些要素的动态的讨论。因此,采用教育学和教学法的教育理念可能给这一问题带来新的视角。

两种不同的教育理念路径

早期的教育学和教学法没有区别,二者是与有机整体主义和自然哲学相联系的整体教育观。根据整体科学学派,人类必须接受教育,将自然视为一个完整、有目的系统,并将自己视为其不可分割的一部分。此外,这种非二元方法对身体和精神没有进行区分(Bowen,1981)。因此,考虑到创业的历史,我们可以看到,教育和创业都源于科学。

教学法的第一个含义与教学艺术相同。坎萨宁(Kansanen,1995)在17世纪初将沃尔夫冈·拉克特和约翰·阿摩司·柯米尼亚斯(Wolfgang Ratke and Johan Amos Comenius,1592-1670)确定为德国教学法的创始人。这个想法是开发一种相较于逻辑方法而言的通用教学方法,而逻辑方法当时被认为是展示教学内容以实现学习成果的最佳方式。教育学中教学法的地位,在接下来的几个世纪中不断变化。教学法更广泛地应用于教学理论中,但是它仅限于那些讲德语的国家,或者是与德语文化有关系的国家。

这些早期的发展成果在当代运用教育学和教学法的概念中是显而易见的。据坎萨宁(Kansanen)的观点,本质上看,教学法在德国一直是哲学思想、理论和理论模型的建构。教学法当下应用于中欧和北欧国家,但在英语或法语国家的教育领域几乎是不为人知的。

德国的一个著名案例显示,在教育常见的三个基本问题领域,即普通教育、心理教育和社会教育中,普通教育包括教育学和教学法,而后者通常被视为一个专注于教学问题的分支学科(Röhrs,1969)。在德国文献中,教学论和教育心理学显然代表不同的领域。而英国和美国的情况则恰恰相反(Kansanen,1995)。

在英国的教育文献中,教育作为学科或科学领域的标志,于1779年首先在哈雷大学(University of Halle)被设置为一门独立学科。第一位教育学教师是厄恩斯特·克里斯琴·特拉普(Ernst Christian Trapp, 1745-1818),他在《尝试教学》中认为教育不再以哲学和神学为基础,而是以人的本性及当代社会为基础。约100年之后,英格兰、苏格兰和美国才分别设立了教育学教授职位。美国教育研究曾与德国的研究有很多联系,但是在19世纪末,这些联系很快中断了。因此,产生了不同路径的概念化,导致人们对教育(Kansanen,1995)的基本概念有了完全不同的理解。

在解释和应用赫尔巴特思想的过程中,英美和欧洲大陆之间的方法差异变得十分明显。据鲍恩(Bowen,1981:66-74)的观点,19世纪末,查尔斯·德·加莫(Charles de Garmo)将德国教育思想带到美国,在麦克默里(McMurry)的作品中,这些思想通过一种新的形式被表达出来。当时,美国教育研究曾与德国研究有很多联系,但这些交流在20世纪初突然终止。鲍恩认为,人们可以识别出赫尔巴特思想及其美国适用版之间的两个根本性分歧。[1]然而,赫尔巴特的整体观思想认为"人是自然的

---

[1] 约翰·弗里德里希·赫尔巴特(Johann Friedrich Herbart,1776-1841)是德国哲学家和教育家,就职于哥廷根大学,被认为是现代科学教育学的奠基人。

一部分,并在有机的相互关系中学习",麦克默里则正与其相反,在没有经过批判性分析的情况下,就接受了人与自然、精神和身体是分离的思想。他还指出,"大自然的所有力量和赏赐都是为人类服务的。"这些想法成为了美国教育心理学实证主义传统研究的基石。教育被称为以教育学为技术的教学科学。它将赫尔巴特教育学缩小为从五项基本法推导出的五步教学模式。

这使得侧重于学习、基础和过程的概念变得不再必要。汉密尔顿(Hamilton,1999:135)在他的文章《教学悖论——为什么英国没有教学法?》中也得出了类似的结论。他声称,由于教学改革,教学重点转向教授而不是学习。因此,欧洲的教学论话语变得非常接近英美教育学的话语。另一方面,教育学有时被视为教育科学的同义词(Moss,2002)。

这种新的"科学"教学法也不是没有经过挑战就占据主导地位的。与此相反,在20世纪之初,欧洲和美国的进步运动试图找到悬而未决的二元论问题的解决方案。在欧洲,最突出的代表也许是玛丽亚·蒙台梭利(Maria Montessori),她受裴斯泰洛齐、福禄培尔和卢梭(Pestalozzi,Froebel and Rousseau)的影响,建立了符合欧洲文化传统的以儿童为中心的全面教学法,这种教学法认为所有教育程序的目标是培养有教养的成年人(Bowen,1995:397-407)。

在美国,实用主义在进步运动中表现突出,尤其是在查尔斯·S.皮尔斯(Charles S. Pierce,1839-1914)、威廉·詹姆斯(William James,1942-1910)和约翰·杜威(John Dewey,1859-1952)的著作中。他们的著作与欧洲同行相比有着本质的不同,主要在于两方面。首先,他们更多地受到英国经验主义和弗朗西斯·培根(Francis Bacon)的影响,而非欧洲大陆自然哲学家的影响;其次,他们反驳柏拉图对知识的定义,认为知识是一个充分合理的真实信念。他们假定真理是稳定的,独立于时间并基于经验主义或理性主义之上的。他们并没有将知识的主题、内容和对象定义为过程的要素,而是将重点放在过程本身。他们力图通过行动来理解现实。对于他们来说,真理是可以获得的品质。对于杜威(Dewey,1951)来说,真理是在验证想法的时候产生的,而对于詹姆斯(James,1913)来说,真理等同于验证过程。当时实用主义不仅没有获得在主导讨论中的立足点,而且还在两个方面受到了批评。一方面,实用主义被视为过于折中,另一方面,其"有用性是检验真理的标准"的想法受到了批评。

这些发展导致了美国传统教育中"教学法"一词的消失,坎萨宁(Kansanen,1995)指出:

> 在英国和美国,教育文献中对教学论的二级研究领域十分稀少。其许多内容属于教育心理学范畴。在美国的教学研究文献中,教学和学习的普遍问题通常在于没有建立任何理论模型。其侧重点放在方法论问题上,我们可以从中看出许多不同的背景原则……教学问题的主要方法是研究教师和教学效果。遵循这些方法,我们建立了一系列理论模型……这种想法的目的是要找到那些能够取得最佳效果的教师,并确定在教学过程的规划和行动中至关重要的因素。在理论层面,理论模型的发展主要集中于实证研究和实际情境测试(Kansanen,1995)。

这可能是案例法在创业教育研究中占主导地位的原因之一。博姆(Böhm,1995)认为,回归哲学可能是解决这个问题的方法。

就像鲍恩(Bowen,1981:529)描述的那样,科学实证主义时代引入了"教育就是投资与人力资本"的概念,这种思想在20世纪60年代早期开始兴起。随后还出现了这样的思想,如教育是促进经济增长的产业(Bowen,1981:530-531)。这个时代属于一个更大范畴的现代时期,当时创业并不受重视,其对社会成功的影响也是微不足道的(Kyrö,2002)。到了20世纪70年代,情况发生了某些变化。鲍恩(Bowen,1981:543)声称,出版于1971年伊利奇(Illich)的《去学校化的社会》,旨在使20世纪70年代的教育者更加关注他们对学校及其实践的看法,并做出改进。伊利奇对"去学校化"的论证被认为是西方教育思想中的重大创新,尽管我们仍然缺乏对其进行评估合理的历史观点。尽管如此,当我们经历了创业和创业教育新现象的重新涌现后,将去学校化社会和后现代转型结合起来是可能的。

教育与创业都在启蒙运动中发生了根本的变化,而二者在当前的后现代转型期间又发生了变化。在这些转型期间,英美与欧洲大陆就教育问题的辩论出现了分歧。因此,即使这些核心概念曾经密切相关,但在当前教育论辩中,这些核心概念有着不同的、与文化紧密相连的意义。

英美和欧洲大陆的概念化方式

将不同的教育概念路径与创业教育的论辩相结合,可以提供两种不同的方法。

探讨哲学基础的概念是本体论、价值论和认识论。从语源学上看,"理念"是指"解释"或"表达内在思想,或内在思想本身"(Audi,1995;McKechnie,1977)。在希腊哲学中,它具有"理性、宇宙的构成及控制原则的思想,并由言语表现出来"的意义(McKechnie,1977:1250)。后缀"-logy"在希腊语中是指一种特定的说话方式,如学说、科学和某种理论,前缀"onto-"在希腊语中是指存在或生存。本体论原指形而上学的分支,有关存在与现实的本质问题(McKechnie,1977)。简而言之,本体论是指我们的现实观念及其构成。

反过来,认识论关注于如何获取现实的知识。在希腊语中,"episteme"是指知识(McKechnie,1977)。认识论学者试图找出知识必要的、典型的组成部分(Audi,1995)。因此,这两者都为学习和教学提供了依据,并且他们也出现在学习理论中。反之亦然,我们通过学习和教学理解的内容引发了本体论和认识论的假设。

认识论有时在创业教育背景下讨论,但本体论作为一个概念尚不多见。例如,艾伯蒂(Alberti,1999)认为,知识创造是他的创业教育理念的核心。在希尔和赖特(Hill and Wright,2000)的文章《中小企业的定性研究纲要》中,我们可以在创业方法讨论中找到本体论及其与认识论相关的例子。

除本体论和认识论之外,还有第三个关于价值理论的价值论概念(Audi,1995:830-831)。它考虑到了与本体论和认识论相关的价值。在本体论的广义背景下,它探讨了诸如什么被认为是世界上有价值的东西和我们存在的价值等问题。此外,在认识论的背景下,它探讨了世界上什么是有价值的知识的问题,以及为了获得这些知识应重视什么样的手段的问题。因此,它将道德引入了科学论述。在创业教育的论辩中,还没有出现明确的价值讨论。教育论辩的情况却恰恰相反。例如,博姆(Böhm,1995)指出,无论是理论还是实践,道德问题是所有教育论述的基础。教育是表达观点的社会媒体(Bowen,1981)。教育体系采用的观点反映了对社会的成功和福利有价值的东西。

考虑到如何学习和学习什么这两个基本维度(见"创业教育的要素"小节),价值论及其与本体论和认识论之间的相互作用产生了第三个维度,其重点是为什么学习的问题。这也就引出了是否有可能推进概念论辩的问题,除非我们阐明我们隐含的创业教育要素背后的假设。为了理解这些概念和它们之间的差异,我们最终或明或隐地转向了本体论、价值论和认识论之间的相互作用。

对教育史的简要回顾显示,作为一门科学的欧洲大陆教育方式明确侧重于创业和教育之间相互作用的动态发展,并进一步阐述了教育学和教学法对学习和教学的贡献。另一方面,英美方式则以教育实践为出发点。正如坎萨宁(Kansanen,1995)所描述的那样,应在理论层面上侧重于模式的构建和有效的教学实践,并着重于实证研究和在实际情况下进行测试。因此,这些传统的出发点、重点和进行的方向是不同的。英美的做法更多地强调做什么和如何做,而欧洲大陆的方式则是以为什么做来推断并获得教育基础。这些认识和结论的总结详见图 6-2。

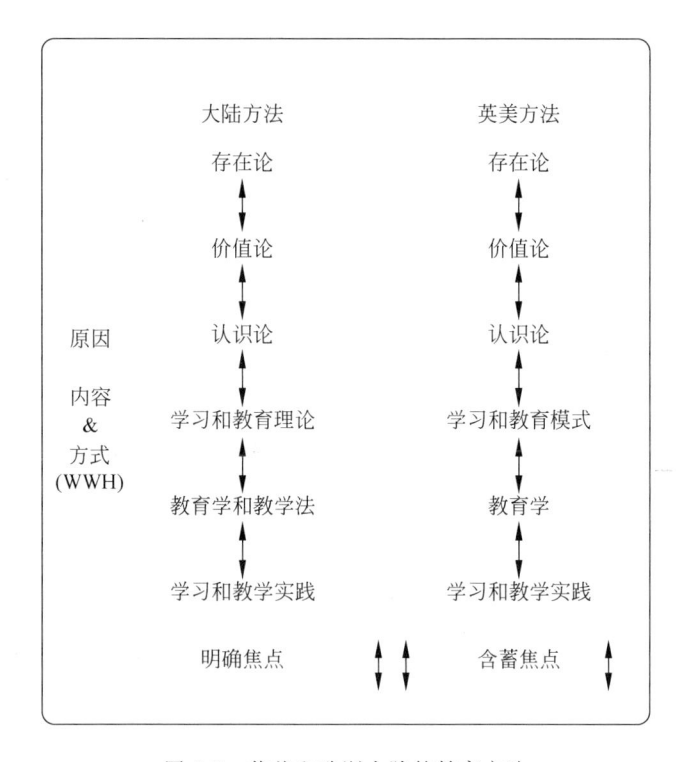

```
                大陆方法         英美方法
                 存在论           存在论
                  ↕               ↕
                 价值论           价值论
                  ↕               ↕
       原因      认识论           认识论
       内容       ↕               ↕
        &    学习和教育理论    学习和教育模式
       方式       ↕               ↕
      (WWH)  教育学和教学法       教育学
                  ↕               ↕
              学习和教学实践    学习和教学实践

              明确焦点  ↕ ↕  含蓄焦点  ↕
```

图 6-2 英美和欧洲大陆的教育方法

这些历史差异说明了"什么""如何"和"为什么"这三个问题的相互作用能够在校正创业教育的概念问题中给出建议的原因。这可能也会成为英美和欧洲大陆创业教育概念论辩统一的基础，也可能对两个科学领域——创业和教育做出贡献。

总结和结论

这项研究的目的，一方面是描绘创业教育的基本概念因子；另一方面是通过教育学和教学法的概念对它们之间的相互关系有所了解。我们认为这项研究促进了对创业教育概念化的教育论辩，提升了对未来发展的期望。

通过组织创业者、创业过程和企业的概念框架的术语，更确定了创业教育的三个基本要素,并进一步侧重于两个领域——学习什么和如何学习的研究。反映这些关于创业和创业教育论辩的研究结果表明,很难找到一种概念性的方法,来促进对这些要素动态的论述。

教育概念的使用揭示了英美和欧洲大陆论辩之间的文化差异,并且带来了创业教育第三维度的问题,即"为什么要学习"这个问题,这一问题对创业教育这一概念的调整也提出了一些新的想法。因此,创业和教育这两个科学领域的相互作用将会促进概念化发展的假设似乎是有根据的。

从方法论的角度评估此项研究结果时,我们可以发现,所采用的描述性、解释性概念方法也是有效的,因为其进一步发展概念的目的及其定义被证明是可行的。寻找创业教育概念化的新角度为创业教育概念化的进一步发展提供了见解。

尽管这项研究的基本任务已完成,但是这项研究尚不成熟并且在许多方面也存在争议,需要进一步探讨,这也给未来研究提出了期望。

简要的历史概述将太多的选择排除在外。在这方面,有必要对这一领域进行更深入的研究,以便真正地推进概念的论辩。另外,这些也可能揭示一些国家和文化之间有趣的差异。

对于创业的教育讨论,这里的略述显得过于简单和狭隘,需要在理论和实证方面做进一步的研究和反思。这需要在现有的关于创业和创业教育的文献中进行比本研究更仔细和更广泛的研究。

启示和展望

这项研究的概念发展能为未来带来何种展望,这个问题可以由理论和实践的意义来回答。

教育概念上的文化差异,促使我们研究在创业教育文献中是否也存在类似差异。这可能会对创业和教育这两个科学领域都有所帮助。假设学习实践中存在概念差异,这也将具有实际意义。

此外,将哲学基础与概念化相结合,也带来了一个问题,即除非我们阐明对概念的隐含假设,否则推进概念论辩是否存在可能性。但这可能会为统一英美和欧洲大陆教育概念论辩播下种子。

从实践的角度看,这也从哲学基础角度解释说明了我们所使用概念的重要性。

教育历史表明概念性的论辩是如何经历根本变化的,这一变化是实证主义、技术导向时代(这个时代名称是由鲍恩命名的)前后的一次进步。在向这个时代转变期间,欧洲大陆和英美的论辩从未分离过。

对于教育概念和创业教育之间的关系,我们注意到,目前我们正在经历一个新的转变,那就是试图将教育和创业论辩结合起来。

对未来最有前景的展望,就是不同科学领域之间的相互影响,这种影响不仅仅是通过书本传播的,更是通过人类和制度传播的。我们从历史中可以学到,当研究人员之间的联系断开后,科学讨论也会断裂。这种适度的概念研究表明,理查兹(Richards,1995)的言语远远超出了我们的需求。我们的确需要国际对话,通过研究我们基本概念之间的差异,就可以追问自己的观点中缺少了什么。

参考文献

Alberti, F. (1999), 'Entrepreneurship education: scope and theory', in *Entrepreneurial Knowledge and Learning: Conceptual Advances and Directions for Future Research*, JIBS Research report no. 1999-6, pp. 64-84, Jönköping.

Audi, R. (gen. ed.) (1995), *The Cambridge Dictionary of Philosophy*, Cambridge: Cambridge University Press.

Barreto, H. (1989), *The Entrepreneur in Microeconomic Theory: Disappearance and Explanation*, London and New York: Routledge.

Bowen, J. (1995), *A History of Western Education. The Modern West, Europe and the New World*, vol. 3, 1st edn 1981, London: Methuen.

Böhm, W. (1995), *Theory, Practice and the Education of the Person*, OEA/Coleccion, Washington, DC: Interramer.

Brush, C. G. (1992), 'Research on women business owners: past trends, a new perspective and future directions', *Entrepreneurship Theory and Practice*, 16(4), 5-30.

Carland, J. A. C. and J. W. Carland (1991), 'The empirical investigation into the distinc-tions between male and female entrepreneurs and managers', *International Small Business Journal*, 9(3), 62-72.

Davidsson, P., F. Delmar and J. Wiklund (2002), 'Entrepreneurship as growth: growth as entrepreneurship', in M. Hilt and D. Ireland (eds), *Strategic Entrepreneurship*, Oxford: Blackwell.

Dewey, J. (1951), *Experience and Education*, 13th edn, New York: Macmillan.

Dillard, D. (1967), *Economic Development of the North Atlantic Community: Historical Introduction to Modern Economics*, Englewood Cliffs, NJ: Prentice Hall.

Drucker, P. F. (1986), *Innovation and Entrepreneurship*, London: Heinemann.

Erkkilä, K. (2000), *Entrepreneurial Education*, New York: Carland.

European Commission (2002), *Final Report of the Expert Group 'Best Procedure' Projecton Education and Training for Entrepreneurship*, November, European Commission, Enterprise Directorate General.

Fayolle, A. (2000), 'Setting up a favourable environmental framework to promote and develop entrepreneurship education', paper presented at the ICSB World Conference, 7-10 June, Brisbane.

Fayolle, A., P. Kyrö and J. Uljin (eds) (2005), *Entrepreneurship Research in Europe: Perspectives and Outcomes*, Cheltenham: Edward Elgar.

Gartner, W. B. (1990), 'What are we talking about when we talk about entrepreneurship?', *Journal of Business Venturing*, 5, 15-28.

Gibb, A. (1993), 'The enterprise culture and education: understanding enterprise education and its links with small business, entrepreneurship and wider educational goals', *International Small Business Journal*, 11(3), 11-24.

Gibb, A. (2001), 'Creating conducive environments for learning and entrepreneurship: living with, dealing with, creating and enjoying uncertainty and complexity', paper presented at the First Conference of the Entrepreneurship Forum Entrepreneurship and Learning, Naples, 21-24 June.

Gorman, G. and D. Hanlon (1997), 'Some research perspectives on entrepreneurship education, enterprise education and education for small business management: a ten-year literature review', *International Small Business Journal*, 15/3, 56-77.

Grant, Alan (1998), 'Entrepreneurship—the major academic discipline for the business education curriculum for the 21st century', in M. G. Scott, P. Rosa and H. Klandt (eds), *Educating Entrepreneurs for Wealth Creation*, Lyme, USA: Ashgate, pp. 16-28.

Hamilton, D. (1999), 'The pedagogic paradox—why no didactics in England?', *Pedagogy, Culture and Society*, 7(1), 135-51, www.mtsu.edu~˜tvs2/quesnay.html, 24 March 1999.

Hill,J. and L. Wright (2000),'A qualitative research agenda for small to medium-sized enterprises',*Marketing Intelligence and Planning*,19 (6/7),432-443.

James,W. (1913),*Pragmatismi*,Helsinki: Otava.

Kansanen,P. (1995),*Discussion on Some Educational Issues*,research report 145, Department of Teacher Education,University of Helsinki,http://www.helsinki.fi/~pkansane/deutsche.html,22 February 2005.

Kyrö,P. (1997),*Yrittäjyyden muodot ja tehtävä ajan murroksissa*,Jyväskylä Studies in Computer Science and Economics and Statistics nr. 38,University of Jyväskylä.

Kyrö,P. (1999), 'Entrepreneurship and education search for each other in the postmodern transition', in Sigvart Tosse, Pia Falkencrone, Arja Puurula and Bosse Bergstedt (eds),*Challenges and Development: Adult Education Research in Nordic Countries*,Trondheim:Tapir Academic Press,pp. 69-98.

Kyrö,P. (2000),'Entrepreneurship in the post modern society',*Wirtschafts Politiche Blätter*,47,Jahrgang,Wien:Wirtschaftskammer Österreich.

Kyrö,Paula (2002),'The transitional development of entrepreneurship in Finland',in G. Braun and Chr. Diensberg (Hg),*Entrepreneurship im Ostseeraum. Unternehmertumals Motor von Wachstum und Integration*,Germany: Sigma 2002.

Lämsä A.-M. and T. Takala (2001),'Interpretative study of concepts', www.metodix.com,24 February 2001.

Leskinen,P.-L. (1999),'Yrittäjällä on koko elämä kiinni yrityksessä—Opiskelijoiden yrittäjyyskäsitykset ja niiden muutokset yritysprojektin aikana',Acta Wasaensia No 71,Liiketaloustiede 27,*Johtaminen ja organisaatio*,Vaasan yliopisto.

Lindeqvist,K. O. (1905),*Yleinen historia*,Porvoo: Uusi Aika,WSOY.

McKechnie,J. L. (ed.) (1977),*Dictionary of the English Language*,*Unabridged*. 2nd edn,Cleveland: Collins.

Menzies,T. and Y. Gasse (1999),'Entrepreneurship and the Canadian universities', report of a National Study of Entrepreneurship Education,Canada.

Moss,G. (2002),'Critical pedagogy: translation for education that is multicultural', in F. Schultz (ed.),*Annual Editions: Multicultural Education 03/04*,10th edn,Guilford,CT: McGraw-Hill/Dushkin,pp. 74-84.

Nevanperä,E. (2003),*Yrittäjyys Suupohjan opiskelijanuorten ajattelussa. TutkimusSuupohjan seudun nuorisoasteen opiskelijoiden yrittäjyysnäkemyksistä sekä yrittäjyysopetuksen opetussuunnitelman kehittämispyrkimyksissä*, published in series of Jyväskylä studies, Business and Economics no. 24, Jyväskylä: University of Jyväskylä.

Pihkala, J. (1998), *Yrittäjyyskasvatus koulussa-näkäkulmana Suomen ja Englannin koulujärjestelmien yrittäjyyshankkeet sekä suomalaisten opiskelijoiden* yrittjäorientaatio, Jyväskylä: University of Jyväskylä.

Remes, L. (2003), *Yrittäjyyskasvatuksen kolme diskurssia*. Studies in Education, Psychology and Social Research no. 213, Jyväskylä: University of Jyväskylä.

Richards, A. (1995), 'Introduction', in W. Böhm, *Theory, Practice and the Education of the Person*, OEA/Coleccion, Washington, DC: Interramer www.iacd.oas.org/Intera-mer/Interamerhtml/bohmhtml/

Bohm_Intro.htm, 22 February 2005.

Röhrs, H. (1969), *Allemaine Erziehungswissenshaft*, Bltz: Weinhamn.

Scott, M. G., P. Rosa and H. Klandt (1998), 'Educating entrepreneurs for wealth creation', in M. G. Scott, P. Rosa and H. Klandt (eds), *Educating Entrepreneurs for Wealth Creation*, Lyme, USA: Ashgate.

Soininen, L. (2000), Yrittäjyyskasvatuksen juurilla-yrittäjyyskasvatuksen kriittinen analyysi ammatillisen peruskoulutuksen näkäkulmasta, University of Jyväskylä, Faculty of Education.

Venkataraman, S. (1997), 'The instinctive domain of entrepreneurship research', in J. A. Katz (ed.), *Advances in Entrepreneurship, Firm Emergence and Growth*, vol. 3, Lon-don: JAI Press, pp. 119-38.

Vesper, K. H. and W. B. Gartner (1999), *University Entrepreneurship Programmes* 1999, Lloyd Greif Center for Entrepreneurial Studies, University of Southern California.

第七章 教育干预:针对创业者的辅导

阿斯科·耶蒂宁

简介

芬兰的创业者辅导项目可追溯至1993年。当时,该国正从20世纪90年代初的严重经济衰退中复苏。1992年,总理办公室发布了一篇由工作组起草的报告,该工作组成员包括在产业投资、发展及运营环境等方面知名的实业家。报告提出:"芬兰需要再工业化。"基于这项报告,芬兰开始推行辅导项目来指导那些有发展潜力的创业型企业(Järvinen,1998)。该项目在两个地区同时推行:大赫尔辛基地区,该地区重点扶植一些特定的小型高科技创业者,以使其适应全球迅速增长阶段;皮尔卡地区(位于赫尔辛基西北部约130千米处),该地区选择标准有着较少的排他性。本章主要讨论后者的辅导方案。

此外,还有由芬兰地方权力协会组织的第三类辅导项目。这项基于三方原则(市政府、企业和导师)的辅导计划于1996年启动,旨在促进当地社区的经济生活。导师(一般指在市区扎稳根基或者拥有一套夏季别墅的高级主管或退休主管)通常充当搭档、教练或顾问。导师们形成了一个为创业者提供多方面经验并从中获益的网络。该网络的目标之一是增进区域性产业合作,并主要扶植中小型企业。该项目向参与的学员企业免费提供服务,上文提到的另外两个辅导项目亦是如此(www.kuntaliitto.fi/yrityskummit,芬兰语网站)。

该项目于2001年成为一个名为"创业导师"的注册协会,以继续开展已经开始的活动。新协会有近 400 名导师，芬兰三分之一以上的市镇（共计 442 个）和一些机构是其成员。

除了上文中提到的三个项目，还存在着一些企业内部及由专业组织发起的辅导项目。其中一些项目专注于特定群体，例如女性管理者或女性创业者。这些项目中至少有一个是跨国性质的：北欧女性创业者已经为波罗的海国家（爱沙尼亚、拉脱维亚及立陶宛）的同事们展开了辅导项目。

辅导的多面性

辅导通常被定义为上下级或同辈间以发展为导向的关系，涉及咨询、树立模范、人脉共享及提供一般性支持。辅导关系一般源于学员的需求，旨在促进学员的发展（Greer，2001；Gómez-Mejía et al.，2001）。事实上，辅导起源于古希腊，苏格拉底和柏拉图就是一例（Lindgren，2000）；另一个例子是著名的神话导师——魔术师梅林和年轻的亚瑟王之间的辅导关系（Savidge，1993）。

欧盟（EU）提出的现代版学徒培训，同中世纪的师徒关系一脉相承。在公司内部，高级辅导项目正在支持高级管理人员找到有潜力的员工（以及女性和少部分处于管理及管理层级的少数民族雇员），然后尽全力扶植他们，使其取得事业进步和专业发展。辅导可以是自发的也可以是非自发的。尽管在某些情况下，正式的辅导可能是一个更好的选择，但是人们认为非正式辅导（接近于工作上非正式的给予和接受帮助）比正式责任辅导更有效（Gómez-Mejía et al.，2001）。

文施（Wunsch，1994）、凯里和谢尔顿·梅耶斯（Shaw，1995）曾提出，辅导被广泛应用于不同情境之中。然而，不论该术语被称为"辅导"（mentoring）还是"指导"（supervising），抑或是用于商业生活、学校、社会关怀及医疗保健之中，它们都存在着共同的要素。导师与学员的讨论是一种必要手段。辅导是一种灵活且具有目的性的学习过程，通常是双方的有益经验（Shaw，1995）。学员和导师都能从这种关系中获益，这一点至关重要。

同人们的一般预期相反是,创业面临压力的时候,如经济衰退或经济下行,辅导活动往往会增加。其原因在于,对于导师来说,辅导活动更能使其赢得尊重。而囿于晋升机会有限等情况,这种尊重可能无法通过其他途径获取(Kram and Hall,1989)。因此,应进一步探索使用辅导的情景决定因素。

辅导关系有增强学员和导师的专业发展和心理社会发展的潜力。通过创业职业功能,包括赞助、训练、保护、曝光度和知名度,及富有挑战性的商机,能够帮助创业者在竞争条件下学习商业运营。通过心理社会功能,包括树立模范、接纳和肯定以及咨询,支持创业者在其创业和管理角色中更好地提升能力、信心和效能感。

克拉姆(Kram,1983)以实验为依据构建了一个模型,说明辅导关系是如何经历启蒙、培养、分离及重塑这几个阶段的。尽管每个阶段并不是完全区分开的,但其特点是特定的情感体验、发展功能及由个人的需要和周围的组织环境所决定的互动模式。在启蒙阶段,辅导关系开始形成;在培养阶段,功能范围扩展到最大;在分离阶段,辅导关系的既定性质实质上随着企业内部或组织环境的改变而改变,和(或)随着辅导过程涉及的一方或双方的心理变化而变化。最后,同样重要的是,在重塑阶段,辅导关系演变成一个与从前大不相同的新形式,或者这种关系完全结束。

辅导关系中的初始组织类型分为承诺水平、关系强度水平、工作内容水平和需求满足水平(Kram and Isabella,1985)。在辅导关系的主要功能中,信息分享、与工作相关的反馈、情感支持,以及肯定等功能是很重要的。另一方面,辅导关系是一个动态的单向帮助过程。通常,在新企业发展的早期阶段,导师是最重要的。经过一段时间后,一些关系可能会增强,但是其他关系则可能弱化。

导师应能够发挥多种作用,例如:

- 催化剂
- 有远见的预见者

- 技术战略家
- 合同法专家
- 国际化经营专家
- 融资专家
- 营销专家
- 专利专家
- 组织及组织程序的制定者
- 管理开发者
- 人力资源管理专家
- 态度教育者
- 创意之源
- 人脉构建者
- 教练
- 顾问
- 其他作用

没有人能够承担以上所有角色,角色清晰度和角色共识也难以实现。导师及学员的关系也在变化,这就要求双方具有角色灵活性。拥有多名导师,或有机会在情况发生变化时更换新的导师,将提供更多的灵活性。

辅导作为一种干预手段

辅导是一种特殊的帮助关系。与过程咨询同理(Schein,1999),辅导的最终目的是建立有效的帮助关系。一般来说,咨询和帮助的过程可以通过分析他们对客户默认的假设、帮助的性质、顾问的作用及帮助关系的最终实际的性质进行区分。在辅导过程中,导师随时应该去选择扮演什么角色或应用什么样的帮助模式。

辅导工作通常是干预。干预是指以帮助为目的进入一个持续的关系或目标系统。该定义中有一个隐含的假设:系统独立于介入者而存在

(Argyris,1983)。考虑到现实情况和期望,导师所做的一切实际上都是干预。没有纯粹的诊断或业务分析,一旦诊断与客户系统相联系,介入过程实际上就已经开始了。因此,应该从诊断介入措施可能产生的后果来考虑如何进行诊断(Schein,1999)。

尽管导师和学员的互相依赖关系是公认的,但如何维护或者增强学员的决定自主权、如何划清客户系统同干预者之间的界限也需要重点关注。这一观点将客户系统看作一个不间断且自我负责的整体,他们有义务控制自己的命运。因此,干预者倾向于通过解决问题、决策制定及决策实施等方式帮助一个系统变得更加有效。通过这种方式,在上述活动中,该系统不但能够变得更加有效而且对干预者的需求也越来越少。

根据阿吉里斯(Argyris,1983)的观点,不管其中涉及的是哪些实质问题,但有一些基本或必要的过程是必须完成的。第一,有效信息的生成。没有有效信息,学员在学习过程中就会产生困难,而对于导师来说辅导也会变得困难起来。第二,干预活动的设计和执行应该能够维持客户系统的离散性和自主性。换言之,自由且知情的选择是有效介入活动中一个至关重要的过程。第三,客户对学习、选择及变革的承诺不应该是暂时的。无论想要达成的实质目标是什么,有效信息、自由选择及内部承诺是任意介入活动的通用部分。阿吉里斯称这些过程为"主要介入任务"。

除了这些主要干预任务外,还有干预程度的问题。这里的程度是指将变化目标定义为正式系统(例如目标、程序、结构、任务、规则及政策)、非正式系统还是自我意识的程度。在可及性与个体性的基础上,根据干预程度的差异存在一系列连续的干预。可及性是指数据公开、隐藏或保密的程度,也指学习干预技巧时的难易程度。个体性是指人们对自我的认识程度及介入对个人(而不是企业)的影响程度。从中我们能够得出,通过这些连续干预,人会更接近自我意识,内在过程与情感、价值及隐藏的事情间的联系也更紧密,他们在做好事或是坏事的时候也就变得更有能力。在决定这些干预是否合适且有意义时,人们需要经过仔细思考。如果它们不合适,则很可能是毁灭性的或至少是让客户难以接受的。

为了减少这类风险,哈里森(Harrison,1983)曾提出两种标准来确定介入的合适程度。第一,干预的程度不能超过为解决手头问题制定持久解决方案时所需的程度;第二,干预的程度不能超过客户能投入解决问题和改变中的精力及资源的程度。实际上,这些标准需要干预者的进度既不能快于或高于客户系统文化中的规定,同时也要保证他(她)停留在自觉的需求层次上。

皮尔卡马地区辅导项目的目的及原则

皮尔卡马地区辅导项目的主要目的是帮助特定的中小型企业通过辅导过程获得成长及发展(www.yrityskummit.net,仅为芬兰语)。项目中涉及的企业每年都会接受经验丰富的经理和专家5到10天的免费培训。参加项目的企业只需支付500欧元的小额年费,作为项目的管理费用。该项目起源于赫米亚科技中心(坦佩雷市的科技中心),后来演变成一个独立的注册协会。

该非营利项目的中心组织单元是通过执行筛选程序及监督导师工作等程序,为企业选择导师的委员会。该委员会目前总人数已达90——与参加辅导项目的活跃公司成员数相当。委员会的其他职能包括:为每一个参与该项目的公司选择导师,跟踪并评估导师工作,确保导师网络中展现出的知识和经验能够惠及每一位活跃的导师,向导师及参加该项目的公司传递信息,以及寻找新一批有能力的导师。

辅导项目的原则如下:
- 为寻求辅导的企业提供帮助。
- 项目提供一位有经验的"陪练"来探讨多种选择。
- 合作主要基于理性规划。
- 项目利用皮尔卡马地区的现有专业知识及经验。

道德原则如下:
- 导师要尽量做到客观,并试图利用自己全部的知识储备站在学员的立场上来表达自己的观点。
- 导师的工作从企业自身状况出发，且完全保密。
- 辅导与常规商业咨询之间有明确的区别。

公司参与项目的动机一般是，阐明它们的发展战略及经营理念、管理增长，以及走向国际。在某些情况下，辅导关系会演变为公司董事会成员的正式协议，而这就是另外一回事了。

辅导项目的运作

辅导项目从筛选阶段开始；表示有兴趣参加项目的潜在学员公司会联系项目的管理部门；然后辅导项目会组织一个叫作"创业诊所"的活动。在诊所里，共有3到5名经验丰富的导师，他们都是根据潜在学员的特点及背景挑选出来的。导师先听取候选者的陈述，然后再找其进行访谈。有时，候选企业的管理团队也会出席。诊断的过程一般需要两个小时，诊断结束后将由委员会做出决定。目前，大多数候选者都会被辅导项目所接纳，而一些候选者被拒绝的主要原因在于某些企业仍处于发展的初始阶段或该企业迄今为止只有一个商业计划，因此无法看到任何发展前景或发展潜力。

委员会还会决定导师的人选。这是一项重要的配对任务，有时还会由于多种原因无法完成。导师的背景、商业经验及个人特质等都是主要的选择标准。在合作前，学员会和导师进行会面。

每年，导师与学员会面次数为5到10次，会面场所一般选在学员的企业，会面一般持续2到3小时，学员会准备好报告、备忘录、议题和问题并提前发给导师。通常还有另一种间隔时间较长（六个月到一年）的方案，这种灵活的方式能够应对出乎意料的突发事件。两次会面之间，学员与导师一般通过电子邮件与电话联系。

只要双方都能从中获益，那么合作就会继续下去。有时双方见过几次面便会结束辅导关系，但有些长的辅导关系则会持续很多年。另一种发展走向是，在辅导期间，导师发展成为一名董事会成员（意味着关系发生转变）或公司的股东之一。成为董事会成员的情况更加普遍，大约10%的导师最后成为董事会成员。

辅导活动有两种基本形式：由一名导师单独进行辅导，或由多名导师组成一支专家团队进行辅导。在一些会议中，也可以邀请其他专家参与讨论具体的议题（例如专有技术、合同法或国际化问题）。

研究问题与研究方法

本章是在该项目十周年之际（1993—2003）对其结果的评价研究。在探究该项目优缺点的过程中应用了多种研究方法：对导师进行调查（2001）、对学员（被辅导企业中的经理）进行关键事件调查（2003），以及参与式观察（笔者是一名进行辅导活动的导师，也是委员会的一员）。

采集的样本相对较少（2001年对导师的函调中收到45封回信，2003年的研究中进行了20次私人面对面或电话访谈）。这限制了统计分析法的应用，故侧重对调查结果的定性描述。另外，上述样本是在两个不同时间采集的独立样本，遗憾的是，匹配导师和学员之间回复的工作无法完成。

在2001年的调查中，问卷只邮寄给了导师。调查的内容主要是导师的目的、导师获得的利益、可能遭受的损失、辅导方向、收获、将管理经验传授给学员企业的过程，以及总体满意度等。问卷送达78名导师手中，其中45人做出了回复（占问卷总数的58%）。受访者的年龄从45岁到70岁不等，平均年龄为60岁，其中22人已经退休，23人仍在岗。他们从事辅导活动的时间从两个月到七年不等，平均时间为三年。受访者中只有一名女性（Tuuri，2001）。

2003年进行的调查对委员会主席及协会执行董事挑选出的20家企业进行了调查。其中13家企业仍然参与辅导项目，7家企业已经不再参与项目。在四次访谈中，采用了一种半结构化的访谈问卷（其中有许多开放性问题）形式，包含30道小题，并且定稿后的问卷都提前发给了学员们（Maunula，2003）。

所有接受访谈的创业者都代表中小型企业出席。有四家信息和通信技术公司,一家来自运输业,一家来自环境保护行业,样本中的其余公司则来自以下行业:化学工业、机械设备业、食品业、机电设备业、金属工业、家具制造业,以及其他生产行业。公司雇员人数从1到60不等,平均人数为14人;年营业额从0到410万欧元不等,平均年营业额为140万欧元(Maunula,2003)。

样本中许多企业经营的时间只有短短几年(见表7-1)。然而,参加辅导项目的时间却从1年到10年左右不等,平均参加年限为5.4年(Maunula,2003)。

表7-1　2003年样本中的企业年限

企业年限	数量	百分比(%)
0—4年	6	30
5—9年	4	20
10—14年	6	30
15＋年	4	20
总计	20	100

调查结果

2001年调查(导师)

调查问卷的第一个问题有关加入皮尔卡马辅导项目(Pirkanmaa Mentor Programme)的动机。根据这个开放性问题的回答,样本分为六组:

- 受邀请参加(数量＝25;45.5%)
- 对辅导有兴趣(14;25.5%)
- 想帮忙(7;12.7%)
- 想传授个人经验(4;7.3%)

- 想学习新东西(4;7.3%)
- 之前参加过皮尔卡马辅导项目(1;1.7%)

招聘新导师传递出的信息很明显：导师在商界的人脉及其个人对辅导活动的兴趣占了七成以上的比例。这对于辅导项目的延续来说十分重要，因为半数导师都已经退休了，而且大概几年内不想再继续辅导活动了。对于大多数资深导师来说，这也很可能意味着将同商业界失去密切的联系。

问卷提供了三个选项，以调查受访者对于辅导活动及其作用的态度（我不需要培训；培训很有用；对于我来说培训可能有用）。受访者中60%的人认为他们不需要培训，这可能源于他们对自己在担任管理角色中所取得的长期经验的自信；22%的人认为这种培训很有用；其余18%的人认为培训可能有用。就未来方向所需要的内容来说，导师的作用和工作被提到的次数最多（52.6%），随之被提到的是想要认识其他导师(21%)、中小企业的问题（16%）及坦佩雷市的赫米亚科技中心是如何运作的（辅导项目的起源与这个科技中心有关）。

导师在辅导活动中取得了多方面的个人收获。对于这个问题最普遍的答案就是：收获新知识和新观点（25%）；同商业界保持联系（22%）；同项目中其他导师建立联系（17%）；能够从提供帮助的过程中获得快乐（15%）；提供了一个展现了个人重要性及其充沛精力的机会；提供一个同他人分享经历的机会。在从管理层的生活转变为退休状态的过程中，辅导项目为高级主管提供了一个为社会所接受且赞赏的"沉淀"的机会。这似乎也是一个双赢的机会，因为从本章后面即将提到的2003年的调查结果中可以明确看出，项目中涉及的企业也从合作中获益良多。但有两个仍在工作的导师曾认为成为导师没有意义。

另一方面，尽管有62%的人没有因担任导师而受到任何伤害或不利影响，但仍有一些导师认为出现了一些负面影响：在时间管理方面出现了问题（8个回复）、间接的收入损失（3个回复）、处于被动地位及对于企业某些方面缺乏认同(2个回复)、不满足感(1个回复),以及利益冲突(1个回复)。如上文所说,辅导是一种特殊的帮助关系。差不多有三分之一的人在辅导活动中遇到过一些出乎意料或者令人不安的事件,这可能需要导师在开始辅导前参与培训或与其他导师交流经验。有趣的是,遇到上述事件的导师比例等同于曾经受益或认为可以从有组织的辅导活动中受益的人的比例。

问卷上的下一个问题调查了多导师辅导的实践意义——是会有所帮助且能够从中得到回报还是会造成多种问题。大约五分之一的人没有回答这个问题,有两个人回复说不喜欢这种方法,他们认为这种方法会造成时间紧张且会在维系学员企业的信任方面引发问题。不过,大部分人的回复都是积极的,例如能够拓宽视野(10个回复)、为企业谋福利(6个回复)、得到帮助公司的机会(6个回复)、得到挑战(4个回复)、同其他导师建立联系(3个回复),以及与商业界保持联系(2个回复)。

辅导被认为是一种将潜在经验从导师转移到学员企业的过程。17名受访者不想回答这个问题,因为他们成为导师的时间很短;4位导师认为最好让学员回答这个问题。不过,超过三分之一的受访者(35.6%)认为经验转移过程很成功;15.6%的人对该过程表示满意;8.9%的人认为过程是不断变化的;另外11.1%的人表示在这个过程中遇到了困难。

许多导师认为评估他们在辅导过程中的收获是很困难的。有2个人说他们什么都没学到,还有8个人不愿意进行评估,主要是因为他们作为导师进行辅导活动的时间较短,而剩余的35名受访者给出了五类答案,具体如下:

- 从行业及产品中学习(23个回复)
- 在互动中学习(8个回复)
- 人脉(4个回复)
- 对"旧经验"的有效性进行认识(3个回复)
- 新的运营方式及新视角(3个回复)

另外一个总结性的问题就是对于辅导项目的总体满意度。对这个问题评价的分数是从 1 到 10(1 表示"我非常不满意",10 表示"我非常满意")。41 名受访者的平均得分 8.1 分,最低得分为 1 分,最高分为 10 分,众数为 8(17 个回复)。

2003 年调查(学员)

访谈最开始的几个问题调查学员加入项目的目的及他们对辅导项目的预期。表 7-2 显示了主要的参与目的。答案分别由两组学员给出,一组是仍参加项目的学员(数量=13),一组是已经退出项目的学员(数量=7)。每种回答都列在表中,而且还计算出每组中每个答案占答案总数的百分比。因为这些数据都是研究者通过半结构式访谈整理出来的(Maunula,2003),所以表 7-2 至 7-4 中的数据数量有所不同。

表 7-2 加入辅导项目的目的

加入辅导项目的目的	参加项目的学员;回答数	退出项目的学员;回答数
利用经验	7(31.8%)	1(12.5%)
需要外部顾问	5(22.7%)	—
认为想法有趣	3(13.6%)	1(12.5%)
在企业并购过程中给予帮助与建议	3(13.6%)	—
获得客户和合作伙伴	—	2(15%)
战略规划指导	2(9.1%)	—
需要外部董事会	1(4.6%)	—
需要"陪练"	1(4.6%)	—
缺乏商业知识	—	1(12.5%)
其他人的积极经历	—	1(12.5%)
下一代需要"陪练"	—	1(12.5%)
导师的要求	—	1(12.5%)
总数	22(100%)	8(100%)

由于调查数据过少,对两个子样本的比较结果仅供参考。调查结果多种多样,在对仍参加项目的学员意见的调查中,唯一可能体现出的信息就是,目的具有较高的一般性或者说是较低的特殊性(例如,"开放心态"与营销帮助)。同样的信息("没有明确的预期")也出现在表 7-3 中。

表 7-3　学员对辅导项目的预期

预　期	参加项目的学员;回答数	退出项目的学员;回答数
讨论伙伴	5(20.8%)	—
没有明确的预期	5(20.8%)	—
得到有经验者的意见	3(12.5%)	1(10%)
从指导者网络中获得新客户和新伙伴	—	4(40%)
在做出重要决定时提供帮助和支持	2(8.3%)	1(10%)
拓宽个人视野	2(8.3%)	—
获得一个来自外部的可靠董事会成员	2(8.3%)	—
市场及销售信息	—	2(20%)
外部人员对下一代的评价	—	1(10%)
弄清战略	1(4.2%)	1(10%)
关于综合管理的建议	1(4.2%)	—
"陪练"	1(4.2%)	—
帮助产生灵感	1(4.2%)	—
解决股东冲突	1(4.2%)	—
总数	24(100%)	10(100%)

运用四个选项来调查学员预期的实现情况:好、满意、不好、不确定。有 62% 的人选择了第一个选项;15% 的人表示满意;只有少部分人(8%)回答说不好;还有另外 15% 的人表示"不确定"。因此,大约 80% 的学员对于同导师的合作情况表示满意。不过,那些仍参加项目者与已经退出项目者意见的差异十分显著(表 7-4)。

表 7-4 预期的实现情况

	参加的学员	退出项目的学员
好	8(61.5%)	—
满意	2(15.4%)	1(14.3%)
不好	1(7.7%)	6(85.7%)
不确定	2(15.4%)	—
合计	13(100%)	7(100%)

其结果之一是,想要更换导师似乎很难,并且人们也很难去承认与别人合作显然会更好。双方对这件事情持相同态度,这说明双方对于这件事情都很敏感并认为这样做会很丢脸。项目管理实际上可以增加更换导师的机会,并将其作为该项目中的一种正常运营实践,强调更换导师并不意味着失败。

下面介绍一个引起学员不满的典型案例:

> 我们虽然有一名"陪练",但他却无法给出任何具体的专业知识或意见。最重要的是导师中并没有 IT 专家,而且导师能够给予公司的帮助很有限。导师缺乏一般的商业知识,但是掌握本行业的相关知识本应是一项硬性要求。如果导师不具备这种专业知识,那就没得谈了。辅导活动应该建立在个人丰富经验的基础上,如果没有这种经验,那么合作无法继续下去。

值得一提的是,在皮尔卡马地区,信息技术是一个快速发展的领域,同时也是一个全新的行业——大多数资深导师对于该领域缺乏了解。根据学员的描述,曾经出现过一种极其恶劣的情况,他们的导师只试图从学员企业中谋取私利,于是两者间的合作很快便走到了尽头。

下一个问题与之前的问题有部分重叠,即学员在同导师的合作中得到了何种收获。总结起来,80%(16 名)的学员认为从合作中得到了帮助,而剩下 20%(4 名)的学员则持相反意见。在 4 位认为没有任何收获的学员中,3位退出了项目,而另一位则刚刚开始一段有发展前景的辅导关系。具体地说,从得到的积极回复中列出的收获如下表7-5所示。

表7-5 学员的收获

收获	回答数	%
资深指导者的意见和建议	5	22.8
新人脉	4	18.3
精神支持	3	13.7
决策支持	3	13.7
改进董事会会议	1	4.5
生产管理的计算机化	1	4.5
成功实现迭代更新	1	4.5
战略明确	1	4.5
完成组织结构的调整	1	4.5
改进财务报告	1	4.5
创办新企业	1	4.5
合计	22	100.0

根据访谈结果来看,谈及最多的主题就是战略,大约半数的受访者都提到了这个主题。其他的主题涉及综合管理、组织设计、市场营销及销售。国际化、财务、培训及教育、生产管理、研发及董事会方面的问题较少谈及,均只谈到过一次。

大部分(80%)接受采访的创业者将辅导项目推荐给了同类型的企业,调查情况如下表7-6所示。辅导项目在企业起步及后续阶段起着非常重要的作用。回答"可能不会"以及"绝对不会"的学员企业都已经退出了项目。

表7-6 你会向同类型的企业推荐辅导项目吗?

	回答数	%
当然会	13	65
也许会	3	15
不好说	2	10
可能不会	1	5
绝对不会	1	5
合计	20	100

以下是一些具有典型性的意见:

　　如果企业找到正确的渠道与合适的人,那么辅导项目就会卓有成效。能够利用并分享他人的专业知识真是太棒了。资深导师拥有大型的数据库,通过这个数据库学员获益良多。像芬兰这样的小国无力支持过多的活跃资深导师,辅导项目也为导师提供了一个一直保持活跃的机会。有能力的资深导师总有事可做,因为他们就是闲不下来。

　　创业者能够从辅导活动中受益多少,相当程度上取决于创业者自身所具备的专业技能。导师不能使企业朝着不好的方向发展,只会让其朝着更好的方向发展。辅导活动能够提供许多机会,因此从创业者的利益出发,导师和学员间应该保持和谐的关系。

创业者被要求描述他们心目中的好导师应具备的特质。这一方法的局限性在过去几十年来对领导力的研究中已经有所显现,但还是得到了一些描述性的信息。一般来说,好的导师应该是可靠的、积极的并且对辅导活动有兴趣的。他(她)只有具备丰富的综合管理知识,才能在多方面为创业者提供帮助。经调查发现,早期的中小型创业者都是有潜力的优秀导师的人选。某一领域的专家应该投身于创业诊断活动及多名导师共同辅导的活动,以便就自己专攻领域的单一问题为其他导师提供支持。一些接受访谈的创业者表示,如果导师已经退休,那么这对于他们来说是一笔可贵的财富,因为这样导师就有时间专心进行辅导活动;其他人则认为导师最好仍在工作,这样他们才会拥有最新的信息和最先进的知识。另外一个争议的焦点则是,导师应该是一个懂行的人还是一个门外汉。创业者还提到导师应具备优秀的社交技巧及足够的积极性。

项目的主要管理者分别于 1998 年(数量 = 43)及 1999 年(数量 = 57)对辅导活动的总体满意度进行了调查,评价分数从 1(非常不满意)到 10(非常满意),调查对象只包括仍参加项目的学员。1998 年和 1999 年的平均分分别为8.4和8.5。为了得到进一步的比较数据,项目对参加2003年调查的学员也进行了相同的提问,仍参加项目的学员给出的平均分是8.3分,但是那些已经退出项目的学员给出的平均分只有6.1分。在2001年的调查中,导师也被问及相同的问题,他们给出的平均分是8.1分(数量＝41)(Tuuri,2001)。从这些数据中可以看出,仍继续参加项目的学员及项目导师的总体满意度都维持在一个相对较高的水平。

至于2003年访谈调查中的其他问题,普遍都认为其与辅导项目相关的信息不足,但仍然具有继续完善的意义。2003年年中,该项目在网上发布了一份目录,列出了导师及他们的履历和专业知识。考虑到时间和出行费用,导师的住所与学员企业所在地的距离成为一个关键因素。调查指出,虽然最好在一定区域内进行辅导活动,但是其辅导的思想应该扩展到全国范围。在大赫尔辛基地区与知名高科技辅导项目开展合作活动被视为非常有价值的想法。一些学员企业还做出了大胆承诺:他们愿意在当地大学举办讲座,分享自己的经历。

讨论

在前十年中,辅导项目经历了从创立到发展成为一个机构的过程。正式的培训和教育包括教育机构提供的结构化、有组织的学习。那些由自己或他人提供且不以获得正式学历为目的的学习活动属于非正式培训和教育:它们之间并没有明确的界限,因为非正式培训和教育既包括非正式学习活动的要素,也包括正式学习活动的要素。非正式学习是指那些在日常情况下,例如在个人的工作中发生的学习活动;这是一种没有经过系统安排或组织的培训。

非正式学习并不是正式培训和教育的补偿而是补充。从一个创业者的角度来看,问题在于大多数的正式学习是不充分的,其原因在于这种学习主要是建立在一般性的、广泛的应用之上,而"想"往往在这些应用中占据主导地位,超过了"做"。但创业工作却主要以行动为导向,并受到严格限制,这使得参加正式培训和教育的机会很有限。与正式培训和教育不同,创业者自己的活动环境决定其学习需求,这通常跟非正式学习有关,而不是依赖正式培训。创业者遇到的问题大部分需要立刻解决。因此,他们没有时间等上完一门课或者接受其他的正式培训后才找到解决问题的方法。

在创业者的培训和教育中,学习和工作处于持续的相互作用中。在岗学习以学习者与其周围环境之间的相互作用为基础。即便是"有益"的错误也是一种学习资源。在创业过程中,强烈的自我保护态度及不去尝试的态度是不可取的。埃尔斯特罗姆(Ellström,1996)曾将"任务的学习潜力"作为一个概念来描述以任务促学习的性质。

辅导活动显然应该归类为"非正式培训和教育",即提供非正式的而不是正式的学习。非正式学习实际上是行动学习的一种变体,学习者从他们所经历的一切事情中寻求意义。创业者大部分时间都花在了"非正式活动"上。

沃特金斯和马席克(Watkins and Marsick,1992)根据行动导向和反思提出了一种学习的分类方法(图7-1)。

	包含反思	不包含反思
包含行动	非正式学习	偶尔学习
不包含行动	正式学习	非学习

图7-1 不同学习形式

偶尔学习完全是计划外的非主动学习,而且同其他活动一起发生。偶尔学习活动的发生是不自觉的,有时是以"机缘巧合"的形式发生的。相比模型中正式-非正式的方面,评估反思的作用要更加困难一些。只有一个人在反思经历的时候,才有可能意识到他学会了什么;只有将概念应用于实践,反思才会变得更有效。格伯等(Gerber et al.,1995)强调在找出辅导一个人行为的隐藏标准、价值以及设想的过程中,批判性的反思是必不可少的,尤其在偏离常规的时候,这种需要就更加迫切。

然而，传统意义上对严谨的专业知识的普遍观点是基于技术理性的（Schön,1991）。技术理性认为，从业者是重要的问题解决者，他们为特定的目的选择最适合的技术手段。就大多数导师在大公司中的管理经验来说，他们都具备这种背景。访谈实际上只呈现了一小部分开放的、主动的反思，这可能是因为一部分访谈是通过电话而不是面对面进行的。

另一方面，基于对经历过的辅导活动的参与及观察，笔者认为，辅导活动中显示出的反思要比从访谈结果显示出的更多。这项观察挑战着导师的教育意识，这种意识强调将主观经历作为学习的基础。为了将经验转换为学习，"纯粹"的经历就需要进行反思。反思实际上是指，在实际环境下将意识的焦点放在一个人自身的联想和思考上。因此，导师的主要任务就是支持并敦促学员去反思并探究他/她赋予不同事件的意义。杜威（Dewey,1951）曾用"寻找""询问""搜索"及"搜集素材"对反思进行了描述。反思同传统观念中内省的概念接近一致。"关心"则可以作为一个附加项，对导师-学员的关系进行进一步描述。另外一个值得进一步深入调查研究的概念就是将辅导过程看作"质量控制"（Obholzer and Roberts,1994）。

根据一个人的学科背景、组织角色、过往历史、兴趣及政治/经济观点，问题情境通过不同的方式构成。另外，问题情境本身都是独特的。尽管存在解决问题的一般规则，但创业者容易认为他们的问题是独一无二的。一些问题情境是在不同价值观发生冲突时产生的，正如一些报告中指出，导师和学员间缺少共识。导师也面临且经历着在特定情境下不知所措所产生的紧张感，这是因为创业及管理决策的真正本质是，大多数决定是在不确定的环境下做出的。

辅导中最常见的主题就是战略，其次是市场营销、综合管理及组织设计问题。人们在印象这一点上争议较少，但这在某种程度上都是指个人印象。就导师介入的程度来说，尽管有时很难对两者的界限进行划分，但他们往往倾向于更有组织且更正式的介入，而不是非正式的教育性介入，这可能是由于导师一般都缺乏教学技能，相比之下他们还是对管理角色更加熟悉。然而,大多数导师都同意这样的原则,即在长期学习的理念中,强调学员的自主性和自我导向是一条比增加对导师的依赖更好的发展道路。

如前所述,我们无法将数据收集阶段与介入阶段完全分开。它们是同时发生的:收集数据是如何构成介入的,反过来我们选择的介入类型将会显示出从对介入活动的反映中产生的新数据。一般来说,导师运用三种介入措施:对当前数据的反馈、议程设置介入(例如议程回顾及检验程序,概念输入)及个人辅导或咨询。

另一个有趣的问题就是干预的时机问题,这被视为"进入组织"的挑战。一般来说,合作是由学员发起的。辅导项目的一般指导方针(也已传达给项目的潜在参与者)指出,辅导的重点要放在有发展意愿的相对小型且刚起步的公司,以及虽更成熟但却面临着重大问题的中小型企业。辅导项目不对大型公司开放,因为它们一般都有资源来寻求其他的专业帮助。学员认为,公司发展的初期阶段为辅导提供了一个天然的舞台。发展阶段所处的情境自然决定了辅导活动的重点所在。

就像企业有发展阶段一样,辅导关系也存在着发展阶段。在克拉姆(Kram,1983)以经验构建的模型中,辅导关系的发展要经历启蒙、培养、分离及再定义的几个阶段。为导师及学员进行恰当的搭配是一个良好的开端。启蒙阶段是一个脆弱的阶段,双方很可能在充满激情的第一次见面后便大失所望,尤其当学员具有一个非常确切的"功用性"或特定的行业预期时,这种失望更加明显。另一个问题发生在分离阶段:导师如何确定何时能将自己所拥有的知识都传授给学员,以及何时终止这段关系。经常出现的一个情况就是,辅导关系持续的时间过长,这使得双方更换导师变得十分困难。虽然双方的相互依赖关系在辅导阶段看似得到加强,但是由于在商业问题上没有新的突破,结束这段关系就变得更加困难了。另一方面,如果分离阶段顺利度过,这可能会成为再定义阶段的坚实基础,以及今后将形成的新关系的开始。与辅导过程刚开始时相比,两者间的关系更加独立了。

结束语

任何一个刚刚起步的创业者都可能面对各种各样的发展任务,包括对于企业运营的担心,或者对于自我和家庭的担心。辅导关系能够通过协助完成这些任务,从而大幅度地促进创业者在不同生命周期阶段的发展。导师能够发挥多种作用,包括对创业者提供支持、辅导及建议。

从本章的实证部分可以看出,导师及学员中的大部分人(约 80%)认为辅导关系很有帮助,而且已经准备将其推荐给其他创业者,他们还认为辅导项目应当在全国范围内推广。辅导被定义为一种非正式的培训及教育,它以在工作环境中学习为基础,是正式教育的一种补充。辅导活动需要信任及有建设性的意见反馈。大多数学员发现同经验丰富的辅导者合作获益匪浅,而且导师也认为尽管辅导活动是免费的,但仍能够从中获得回报。不过,仍存在一些失败的案例,最终都因为多种原因导致了辅导关系的终结。

由于两项调查(2001 年和 2003 年)中的样本数量相对较少,主要是一些描述性分析加上对于访谈及所应用的参与观察法的一些见解。辅导活动也被看作是一种介入活动,它需要产生有效的信息、自由的知情选择,以及内部承诺才能够取得成功。作为一种特殊的帮助关系,辅导关系的性质值得进一步研究。例如,通过多个定性案例研究,勾勒出个体在发展任务、自我概念和对亲密和权威的态度及其他个人属性方面的差异,是如何塑造需要和维持的指导关系的性质的,这将是很有趣的研究。这其中的辅导关系是指有需求的且需要保持的辅导关系。纵向研究也是不可或缺的。

致谢

在此,笔者要向皮尔乔·图里(Pirjo Tuuri)女士(芬兰坦佩雷大学)以及马里·毛努拉(Mari Maunula)女士(坦佩雷理工大学)所做的贡献表示衷心的感谢,感谢她们分别在 2001 年及 2003 年所做的实地调查研究。

参考文献

Argyris, C. (1983), 'Intervention theory and method', in W. L. French, C. H. Bell, jr and R. A. Zawacki (eds), *Organization Development: Theory, Practice, Research*, Plano, TX: Business Publications, Inc., pp. 86-89.

Dewey, J. (1951), *Experience and Education*, New York: Macmillan.

Ellström, P.-E. (1996), 'Rutin och reflektion. Förutsättningar och hinder för lärande I dagligt arbete' (in Swedish), in P.-E. Ellström, B. Gustavsson and S. Larsson (eds), *Livslångt lärande*, Lund: Studentlitteratur, pp. 142-179.

Gerber, R., C. Lankshear, S. Larsson and L. Svensson (1995), 'Self-directed learning in work context', *Education + Training*, 37 (8), 26-32.

Gómez-Mejía, L. R., D. B. Balkin and R. L. Cardy (2001), *Managing Human Resources*, 3rd edn, Upper Saddle River, NJ: Prentice Hall.

Greer, C. R. (2001), *Strategic Human Resource Management: A General Managerial Approach*, Upper Saddle River, NJ: Prentice Hall.

Harrison, Roger (1983), 'Choosing the depth of the organizational intervention', in W. L. French, C. H. Bell, jr and R. A. Zawacki (eds), *Organization Development: Theory, Practice, Research*, Plano, TX: Business Publications, Inc., pp. 412-421.

Jävinen, S. (1998), 'Benefits of mentoring in the international growth of new, technology-based companies: case companies from the National Technology Mentor Programme', unpublished master's thesis, Helsinki School of Economics and Business Administration.

Kerry, T. and A. Shelton Mayes (1995), *Issues in Mentoring*, London: Routledge and Open University.

Kram, K. E. (1983), 'Phases of the mentor relationship', *Academy of Management Journal*, 26 (4), 608-625.

Kram, K. E. and D. T. Hall (1989), 'Mentoring as an antidote to stress during corporate trauma', *Human Resource Management*, 28 (4), 493-510.

Kram, K. E. and L. A. Isabella (1985), 'Mentoring alternatives: the role of peer relationships in career development', *Academy of Management Journal*, 28 (1), 110-132.

Lindgren, Ulla (2000), *En empirisk studie av mentorskapinom höre utbildning i Sverige. Inneböd, utformning och effecter* (in Swedish), Åbo Akademis förlag, Turku: Åo Akademis Tryckeri.

Maunula, Mari (2003), 'Tutkimus asiakasyritysten kokemuksista Pirkanmaan yrityskummitoiminnas-ta' (in Finnish), unpublished report, Tampere University

of Technology, Department of Industrial Engineering and Management.
Obholzer, A. and V. Z. Roberts (eds) (1994), *The Unconscious at Work: Individual and Organizational Stress in the Human Services*, New York: Routledge.
Savidge, J. (1993), *The Pathmaster Guidebook: New Resources for Mentors, Coaches, Gurus and Angels*, Jyväkylä: Gummerus and the Finnish Academies of Technology.
Schein, E. H. (1999), *Process Consultation Revisited: Building the Helping Relationship*, Boston, MA: Addison-Wesley.
Schö, D. A. (1991), *Educating the Reflective Practitioner*, San Francisco, CA: Jossey-Bass.
Shaw, R. (1995), 'Mentoring', in T. Kerry and A. S. Mayes (eds), *Issues in Mentoring*, London: Routledge and Open University, pp. 260-267.
Tuuri, P. (2001), 'Kun antaa niin saa itsekin. Tutkimus mentoreiden kokemuksista Pirkanmaan yrityskummitoiminnasta' (in Finnish), unpublished seminar paper, University of Tampere.
Watkins, K. E. and V. J. Marsick (1992), 'Towards a theory of informal and incidental learning in organizations', *International Journal of Lifelong Education*, 11(4), 287-300.
Wunsch, M. A. (1994), 'Developing mentoring programs: major themes and issues', in M. A. Wunsch (ed.), *Mentoring Revisited: Making an Impact on Individuals and Institutions*, New Directions for Teaching and Learning, no. 57, San Francisco, CA: Jossey-Bass, pp. 27-34.

第八章　可以教授创业者撰写创业计划吗？创业计划大赛的实证评估

贝努瓦·盖利

前言：创业计划大赛的相关性

各式私营组织和公共组织已准备好帮助潜在创业者设计并创办新企业。其中，创业计划大赛着重关注的是对有创业计划前景的企业进行奖励，通过评估其初步创业计划，并提供专家咨询和培训服务来教授他们如何完成或改进这些计划。然而，创业计划大赛所带来的影响似乎只是有限的实证经验。

因此，本章基于对自2000年以来在4个欧洲国家组织的年度创业计划大赛"123Go"[①]的实证分析，旨在讨论创业计划大赛作为一种教授创业者撰写创业计划的方式所具备的效率（它们是否帮对了企业）和效力（它们是否提供了相关支持）的实证经验。我们将特别讨论一项创业计划大赛的两个方面（根据初始创业计划选择企业，并教他们如何改进创业计划）是否可以从实证经验角度证明其合理性，即"可以教授创业者撰写创业计划吗？"和"创业计划有助于创业成功吗？"

本章将首先从理论角度详细介绍新企业的评估问题、创业初期的受众问题及如何界定这些企业是否成功。其次，我们将介绍一些假设和方法，最后讨论结果及其对实践者和研究人员的影响。

[①] 笔者要感谢本次竞赛的组织者"创业计划"帮助、支持和协助其获得原始数据。

新企业评估

从理论视角来看,自创业出现在相关研究领域以来(Bull and Willard,1993),对于新企业的出现及其带来的创业教育项目的鉴定已经成为创业相关研究领域的一种新潮流。其中,许多研究人员已经着眼于研究一些关键问题,如创业者的性格特点、创业团队的背景、经验及构成等。经研究分析总结出的各类特征包括:创业者的心理和个性(Begley and Boyd,1987;Hornaday and Wheattley,1971;Kets de Vries,1977;Sexton and Bowman,1986)、创业动机(Dubini,1989;Durand and Shea,1974;Smith and Miner,1984)、创业者的冒险精神(Brockhaus,1980)、创造力(Bruyat,1994;Filion,1991)、创业培训和专业经验(Hebbar,2001;Fayolle,1994;Julien and Marchesnay,1996;Schefczyk and Gerpott,2000)和创业者的个人能力(Freeman et al.,1983;Timmons,1999),特别是与其所处环境相关的个人能力(Aldrich,1990;Guth,1991;Van de Ven,1984)。

另一方面,一部分研究者对投资人、天使投资人和/或风险投资人用来筛选和/或评估潜在投资的标准进行了研究分析(Hall and Hofer,1993;Macmillan et al.,1985;Tyebjee and Bruno,1984)。这些研究人员强调,虽然早期投资者已将创业者及其团队特点考虑在内,但其他因素也起到重要作用。在这些投资者看来,潜在的新创企业的成功看起来并不仅仅受创业者及(或)其团队特征的推动,还受到包括管理、策略和行业背景在内的与感知机会相关的多个因素的推动(Gartner,1985)。例如一个创业计划中所述,对机遇的感知程度会受到创业计划大赛的影响,还与未来可能取得的成功相关联。

考虑到创业团队——特别是在其筹备和初始阶段——在其创业计划中对商机的识别程度,以及创业企业的成功与可用于证明商机特性之间的关联性的证据十分有限。对于那些更成熟的企业(不再是初始阶段),一些研究通过调查问卷对其进行了定量和定性研究。加特纳等(Gartner et al.,1999)经过分析发现,一家新企业的质量能否与主流媒体的描述相一致,是一种能很好地预测其能否成功的迹象。科文和斯莱文(Covin and Slevin,1990)发现新兴行业在业绩与战略态势(保守还是进取)和结构形态(有机与还是机械)之间存在联系。杜切尼奥和加特纳(Duchesneau and Gartner,1990)更充分地阐述了范德·文(Van de Ven,1884)、巴泽尔和盖尔(Buzzel and Gale,1987)、桑德伯格和霍弗(Sandberg and Hofer,1987),以及蒂蒙斯(Timmons,1999)论文最初的观点,审视了全美26家鲜榨果汁公司的案例。他们确定了判别创业企业是否成功的因素,即清晰的创业思路、长远的创业计划(尽管大多数公司没有正式的创业计划),以及对外部帮助和建议的采纳情况。这些因素在创业的初始阶段产生了广泛影响,相关文献参见杜切尼奥和加特纳(Duchesneau and Gartner,1990)。

如上所述,关于创业计划质量的评估标准,一些研究人员着眼于投资人、天使投资人和/或风险投资人对潜在投资的筛选和/或评估的决策标准。这些决策标准可以分为以下几类(Muzyka et al.,1996):

1. 财务情况(预期收益、偿付能力、盈亏平衡、退出期权)。
2. 产品市场定位(市场增长和市场吸引力、产品独特性和市场迎合度)。
3. 战略和竞争力问题(准入壁垒、竞争程度)。
4. 投资资金和交易要求(资金限制、战略、位置、交易阶段和结构)。
5. 管理团队的技巧和能力(构成、领导力、行业专长和业绩情况、运作能力)。

在早期创业计划大赛中,与其相关性最大的决策标准是标准2,即产品市场定位和标准3,即战略和竞争力问题。实际上,第4类(投资资金和交易要求)关乎投资者策略和定位,并不直接涉及企业特征。而且第5类与管理团队自身有关,主要是通过访谈来评估,并且在大多创业计划大赛中并未直接将其考虑在内。最后,关于第 1 类标准(财务情况),在初始阶段,那些参考标准通常十分有限。实际上,在创业的萌芽或初始阶段,企业倾向于有限地发布正式的报告(如果有),或者通常非常不情愿地提供"实打实"的运营情况数据(Fiorito and LaForge,1986)。此外,小公司的"实打实"数据往往难以解读(Cooper,1979)。

关于成功概念如何适用于初创企业,在这项研究中我们将"成功"定义为在不久的将来创建可行的商业活动,而不考虑其实际的企业绩效。从潜在投资者的角度看,这显然不是成功的充分条件。投资者只有在企业的财务回报满足其风险预测,并提供有吸引力的退出机制时,才会将企业认定为成功。然而,对有志于指导创业活动的组织而言,这种对"成功"的定义仍然可以视为是令人信服的评价,至少是投资成功的必要条件。

至于在创业计划竞争背景下考虑的新创企业,可以将初始阶段视为开发和检验原始机遇时的独特阶段(Carrier,2000;Fonrouge,1999;Jeng and Wells,2000)。处于初始阶段的企业并无有序组织也没有"生意"(Bachher and Guild,1996),它们需要通过融资来评估商机。例如,将一个概念付诸实践,或开发一种商业原型。此后,对于投资人来说,主要的问题在于,创业企业处于初始阶段,缺乏业绩记录和历史财务状况,投资人需要对提请融资的企业特征进行分析,以便找出方法来预测该企业是否值得支持和/或投资。

假设和研究方法

确定本研究的目标和理论背景之后,我们以创业计划大赛的效率和效力来确定研究假设,探讨如何从实验角度验证这些假设。

假设 1

依照产品市场定位和战略与竞争力两点准则,对初创企业的创业计划的评估,与该企业未来的成功有关。

产品市场定位、战略和竞争力是我们在文献综述中已经确定的标准。

创业计划大赛的效率意味着用于竞争的评估标准和其目标间的联系，即支持开创可行业务。这种假设检验所使用的评估标准是否与发掘商机的评估结果以及与企业的后验相关联。从实用角度来看，这种准则检验创业计划大赛是否"正确地选择了有潜力的企业"。

由于创业计划大赛提供的帮助集中在提高创业者提交的创业计划上，我们的第二个假设的重点是"更好的"创业计划能否真正使创业企业更加成功。

假设 2

衡量企业的产品市场定位及其战略、竞争力，是评估初创企业所具有的商机质量的重要指标。这意味着，这些指标可以用来显著提升筛选有发展前景的创业企业的可能性。

假设 2 是对假设 1 进行改进后而得，旨在检验对初始阶段创业计划的评估是否可以用来预测某企业创业成功的可能性。如果是这样，那么按照上述评估标准来提高创业计划的质量——作为创业计划大赛的目标之一——可以提高初创企业创业成功的可能性。

我们已经确定假设 1 和假设 2 关于商机评价标准和成功可能性之间的联系，此后我们可以介绍在该研究背景下收集和使用的实证数据样本、评估过程以及对于成功的衡量。我们随后介绍检验这些假设的统计方法。

我们采用"123Go"，即自 2000 年以来在法国、比利时、德国和卢森堡大公国组织的创业计划大赛收集的 119 个样本。样本涵盖 2000 至 2001 年度创业计划大赛中所有由参与者自愿提交的创业计划。赛事主办方接收创业计划的标准如下：

- 创业项目必须源于本地区（包括卢森堡大公国及其邻近地区，即法国北部、比利时南部及德国西南地区）。
- 创业计划必须具有创新性（即，在本地区内没有类似的创业活动）。

第八章　可以教授创业者撰写创业计划吗？创业计划大赛的实证评估　143

- 该项目必须尚未接受风险投资。
- 该项目必须具有经济可行性(应有既存潜在市场)。

主办方首先通过粗略的评估来排除那些不切实际的创业项目。提交的创业计划描述了在上述四个国家中发掘的商机,并且这些创业计划广泛地涉及诸多行业或领域(见表8-1)。我们发现样本在行业、国家、评估(后文详细说明)或企业的成功上均未出现系统性偏差。

表 8-1　提交的创业计划数量

行业	比利时	法国	德国	卢森堡	合计
生物技术	1	1			2
建筑	1		2	1	4
环境	6	3	2	1	12
金融		1	1	2	4
食品	2			1	3
医疗保健	3	1	1	1	6
信息技术	6	3	4	5	18
制造	1	6	3	2	12
材料科学	1	1			2
媒体	1	3	1	1	6
服务	12	7	5	11	35
电信	1		1		2
其他	6	5	1	1	13
合计	41	31	21	26	119

收集的创业计划是5—25页不等的文本文件,组织者要求参赛者在文本中描述他们的商业模式、对目标顾客的价值、差异化竞争力与现状的比较、目标市场和潜在竞争对手。创业计划中不应涉及任何团队成员的个人信息。

主办方将参赛者提交的每一份创业计划都邮寄给相关评审专家,由专家进行双盲评估及反馈。评估结束后,参赛者会收到评估的结果,并且还需要提交经过改进的创业计划,以便进行进一步的评估,并请他们提交改进过的创业计划以待再次评估。整个评估过程从 2000 年 9 月持续到 2001 年 6 月,63 位参赛者根据收到的反馈提交一份"修订版"创业计划,之后按照同样的过程进行评估。因此用于本研究的样本包括 119 份"原始"创业计划和 63 份"修订"创业计划。

关于评估过程,创业计划大赛的组织者汇集了 250 位专家、顾问、银行家、管理者或学者,他们自愿评估与其专业领域相关的创业计划。根据企业所在行业,每一份计划书都会由组织者以电子文档的形式发送给两个(初评阶段)到三个("修订"版本)评估者。参赛的创业者与评委均不知道对方的具体身份。要求每一名评估者以电子方式填写一份包括七项标准的评估表格,并对每项标准提供一份从 0(最差)到 10(最佳)不等的 11 点里克特量表(Likert)评分,并为评判过的创业计划提供一份简短的书面评论。为了避免由于评委严格程度的不同所导致的评分偏差过大,赛事组织者向评委提供了参考评分标准。组织者用来评估创业计划的七个标准是:

　　1. 令人兴奋的概念:创业计划向潜在投资者介绍了一个令人兴奋的概念吗?
　　2. 关键问题的探讨:创业计划是否探讨了企业的所有关键问题?
　　3. 对顾客的价值:是否体现如何满足目标顾客的价值利益?
　　4. 有竞争力的差异化:拟提供的价值与其他企业提供的价值是否有显著的差异化特征?
　　5. 有吸引力的市场:目标市场在规模和/或预期增长方面有吸引力吗?
　　6. 竞争强度:在目标市场中,当前和预期的竞争水平如何?
　　7. 总体质量:这份创业计划从总体上看质量如何?

尽管组织者是基于他们自身经验事先确定了评价标准,但我们仍可以注意到标准 3 到标准 6 相当于我们在文献综述中谈到的"商机"标准。

尤其是标准3和标准4相当于企业产品市场定位相关标准的范畴,标准5和标准6相当于策略和竞争力相关标准的范畴。在创业计划初版样本和修订版样本的评估过程中,汇总的数据及两类样本之间的绝对和相对差异见表8-2。

表8-2 评估数据

标准	初版样本得分（0—10分制）平均值	标准差	修订版样本得分（0—10分制）平均值	标准差	差异 绝对值	偏移量
1.令人兴奋的概念	5.04	1.73	6.26	1.39	1.22	24%
2.关键问题的探讨	4.51	1.85	5.82	1.49	1.31	29%
3.对顾客的价值	4.88	2.11	6.50	1.39	1.62	33%
4.有竞争力的差异化	3.45	2.18	5.71	1.63	2.26	65%
5.有吸引力的市场	5.61	1.88	6.63	1.21	1.02	18%
6.竞争强度	4.25	1.88	5.26	1.44	1.01	24%
7.总体情况	4.85	2.07	6.21	1.44	1.35	28%

最后,本研究对创业成功的另一个定义是开展实际的创业活动。在所有创业计划中描述的"潜力股"企业中,"成功"的企业通常定义为在进行本研究分析的时间段内开展过创造性的创业活动,即在提交创业计划初稿的30个月内开展过商业活动的企业。因此那些"失败"的企业就是在规定时间内未进行任何实际商业活动的企业。按照这个标准,119个创业计划初稿样本中有20个成功企业(17%),69个修订版的创业计划样本中有18个成功企业(29%)。

对假设的验证

为验证假设1,我们采用判别式单变量分析,将评估标准的平均值与成功和失败企业的两个样本进行比较(Duchesneau and Gartner, 1990; Van de Ven, 1984)。我们用SPSS(Solutions Statistical Package for the Social Sciences)"统计产品与服务解决方案"统计软件包计算出成功企业和失败企业在每一个标准上的平均值差异为95%的置信区间。若置信区间排除平均值为零的情况,就视给定标准是相关的(假设1按照这个标准得以验证)。

为确定结果,我们还计算了二进制"成功"变量(0代表失败企业,1代表成功企业)与根据每个评估标准获得的分数之间的相关性。若相关性显著($p < 0.05$),则视给定标准为相关。实际上,一个"不相关"的评估标准会使成功企业与失败企业的平均值无明显差异,与二进制"成功"变量也没有显著的相关性。

为验证假设2,我们计算了二进制逻辑回归,将相关企业预计成功的概率与专家评估获得的分数联系起来。鉴于样本规模的局限性和异质性,我们采用"自我验证"[①]的方法,使用分类表来验证研究发现的可靠性,而不是使用将初始样本分为"预估"和"验证"样本的方法。在检查每个可变的相关性和可靠性效应之后,我们建立了一个"首选"子集,其中估算成功概率高于削减值的企业。在检查每个相关变量和可靠性影响后,我们为预计成功概率高于边界值的企业建立"首选"子集。边界值的选择要同样本的平均成功概率即17%相同。若"首选"子集中成功企业的比例明显大于全部样本的平均值,那么评估就是"有价值"(因此假设2得以验证)。实际上,在"首选"子集的成功企业中有较大的比例说明,评估者认为更好的企业更有可能成功。

我们基于创业计划初稿和创业计划修订稿样本验证了假设1和假设2的有效性,从而衡量评估效果,支持创业计划大赛。

创业计划大赛的分析结论

对于创业计划初稿和指导创业团队对初稿进行修改后重新递交的创业计划修改稿,假设1和假设2的验证结果如下。请注意除了为进行本研究所分析的标准外,竞赛组织者还使用了作为补充信息的其他标准(标准1、标准2和标准7)。

---

① 意思是在相同的样本上估计和检验回归公式。

验证初稿样本的假设 1

关于初稿样本中假设 1 的验证,表 8-3 表明在最初递交的创业计划和研究的 7 个评估标准中,失败企业和成功企业两个子集的平均分不同("平均差")。研究结果表明,除涉及平均数的置信区间值为零的两个标准外,所有评估标准均显示出相关性。标准 5 和标准 6 分别涉及目标市场的吸引力和竞争强度。换言之,这两个评价标准在最初专家评估"成功"企业和"失败"企业时并无明显差异。

表 8-3 均值比较——初稿样本

标准	平均差	假设变量相等	标准误差差异	差异的 95% 置信区间 低	差异的 95% 置信区间 高
1	−0.94	是	0.42	−1.77	−0.12
		否	0.37	−1.70	−0.18
2	−1.16	是	0.44	−2.03	−0.28
		否	0.40	−1.98	−0.33
3	−1.61	是	0.50	−2.60	−0.63
		否	0.40	−2.43	−0.80
4	−1.95	是	0.51	−2.95	−0.95
		否	0.51	−2.99	−0.91
5	−0.77	是	0.46	−1.67	0.13
		否	0.40	−1.58	0.03
6	−0.42	是	0.46	−1.34	0.49
		否	0.52	−1.49	0.64
7	−1.53	是	0.49	−2.50	−0.56
		否	0.46	−2.47	−0.59

表 8-4 所示为创业计划初稿样本分析的相关性结果。对于每一个标准,成功变量和评估分数之间的相关性及显著性水平均得以呈现。在该表中若显著性水平很小($p < 0.05$)则说明变量之间显著相关。相关性分析验证了均值比较结果,即除标准 5 和标准 6 以外的所有标准之间相互关联并与成功变量显著相关。换言之,对于标准 5 和标准 6 而言,成功

与评估分数偏高无关。因此假设 1 中初稿样本四个研究标准中的两个得到验证。按照"对顾客的价值"(标准 3)和"有竞争性的价值提供"(标准 4),"成功"企业获得的评估分数明显高于"失败"企业。

表 8-4　相关性——初稿样本

标准	1	2	3	4	5	6	7
相关性	0.21	0.24	0.29	0.34	0.15	0.09	0.28
显著性	0.03	0.01	0.00	0.00	0.09	0.36	0.00

修订版样本中假设 1 的验证

对于修订版样本中假设 1 的验证,表 8-5 除研究对象为"修订"的创业计划外,同表 8-3 呈现出同样的信息。研究结果表明,平均差的置信区间包括平均差值为零的情况,在这种情况下,成功企业和失败企业平均分相等。因此,教授创业者如何更好地撰写创业计划后,将重新提交的修订版样本同原样本进行对比,按照任何一项评估标准,成功企业所得分数并未明显高于失败企业分数。换言之,在创业计划大赛帮助的所有企业中,尽管他们认为创业计划的质量确实得到提高(见表 8-2),但这与创业将来能否成功没有任何联系。

表 8-5　均值比较——修订后的样本

标准	平均差	假设变量相等	标准误差差异	差异的 95% 置信区间 低	差异的 95% 置信区间 高
1	−0.53	是	0.38	−1.30	0.24
		否	0.41	−1.38	0.32
2	−0.54	是	0.41	−1.36	0.29
		否	0.45	−1.45	0.38
3	−0.35	是	0.39	−1.13	0.43
		否	0.41	−1.20	0.50
4	−0.54	是	0.45	−1.44	0.36
		否	0.43	−1.42	0.34

续表

标准	平均差	假设变量相等	标准误差差异	差异的95%置信区间 低	高
5	−0.49	是	0.33	−1.16	0.18
		否	0.33	−1.15	0.17
6	−0.68	是	0.39	−1.47	0.11
		否	0.39	−1.48	0.12
7	−0.71	是	0.39	−1.50	0.08
		否	0.37	−1.46	0.04

表8-6所示为修订后的创业计划相关性分析结果。相关性分析确认了均值比较结果,即任何评价标准与成功变量之间无明显相关性。因为研究中无任何评价标准与修订的样本相关,因此假设1中该样本不能得以验证。下面我们将更为详细地探讨此研究结果的影响。

表8-6 相关性——修订后的样本

标准	1	2	3	4	5	6	7
相关性	0.17	0.16	0.12	0.15	0.18	0.22	0.23
显著性	0.18	0.20	0.37	0.24	0.15	0.09	0.08

验证假设2

因为假设1不适用于修订后的样本,假设2是对假设1的改进,所以我们只对原样本进行了假设2的验证,验证了假设2中的初始样本。表8-7显示了逻辑回归的第一个循环结果。鉴于原样本假设1的验证结果证明只有标准1、标准2、标准3、标准4和标准7有可能相关,我们仅用对应这五个标准的变量来计算逻辑回归。表8-7还包括每一个标准和常数参数、逻辑回归的相应系数值("系数")、指数("指数")、系数的标准误差和沃尔德统计量[①]。此次回归分析中,Cox和Snell的R^2值和Nagelkerke的R^2值(代

---

① 沃尔德统计量是系数与标准误差的平方比值;用来衡量系数的有效性。

表线性回归分析中采用的 R^2 单位制)分别为 12.4% 和 20.8%。

表 8-7　第一次逻辑回归分析(标准 1、标准 2、标准 3、标准 4 和标准 7)

标准	系数	指数	标准误差	沃尔德统计量
1	-0.04	0.96	0.27	0.02
2	-0.04	0.96	0.27	0.02
3	0.31	1.37	0.24	1.73
4	0.40	1.49	0.22	3.47
7	-0.11	0.89	0.31	0.13
常量	-3.96	0.02	1.03	14.84

第一次回归分析结果重点说明与标准 3 和标准 4 对应的变量超出那些关联性最大的标准变量 9 倍多。因此我们用标准 3 和标准 4 的变量来进行第二次回归分析。第二次逻辑回归分析结果见表 8-8。第二次逻辑回归分析中 Cox 和 Snell 的 R^2 值和 Nagelkerke 的 R^2 值分别为 12.2% 和 20.4%。两次回归分析中的两个统计数值之间的微小变化表明,如果在回归分析中去掉对应标准 1、标准 2 和标准 7 的变量,有限信息便不存在了。

表 8-8　第二次逻辑回归分析(标准 3 和标准 4)

标准	系数	指数	标准误差	沃尔德统计量
3	0.22	1.25	0.17	1.66
4	0.33	1.39	0.16	4.42
常量	-4.18	0.02	0.94	19.78

回归分析结果表明,我们可以通过专家根据标准 3 和标准 4 做出的评估结果来计算预期"成功"的概率。之后,我们通过运用这个回归公式就可计算出所有项目的预测成功率,得出将全部样本的平均成功概率(17%)作为边界值的分类表。研究结果见表 8-9。该表表明了根据专家评估结果进行计算的预测成功概率来选择有潜力企业的过程将在 119 个可选企业中选出 46 个企业,其中 14% 或 30% 的企业将实际开展业务。这样做的成功率几乎是在初始样本中随机选择成功率(17%)的两倍。因此,创业计划专家按照标准 3 和标准 4 的评估结果选择企业的过程将显著提高挑选出成功企业的概率。

表 8-9　分类表(边界值为 17%)

观察结果	预测情况		
	失败	成功	总计
失败	67	32	99
成功	6	14	20
总计	73	46	119

研究结果说明

我们的分析结果表明,在创业计划初稿样本的子集中,评委对创业计划初稿的评估与对成功的衡量标准呈显著的正相关关系。尤其是在使用的 7 个评估标准中,有 5 个(令人兴奋的概念、关键问题的探讨、对顾客的价值、有竞争力的差异化和总体情况)明显与成功变量相关,其余两个(有吸引力的市场和竞争强度)与成功变量正相关,但相关性并不显著。

有关此"理念"标准的相关性,即"令人兴奋的概念""关键问题的探讨"和"总体情况",证实了专家在某领域内能够相应地辨别一个观点是否"合理"。的确,我们要记住对于每一个企业来说,所选出的评估者都是所在领域内专家。这印证了早期风险投资商和天使投资人投资特定部门(Murray and Marriott,1998)或按地理区域而不是全盘投资(Gorman and Sahlman,1989)的行业惯例。他们可以在那些领域或地区开发市场专长(Bygrave and Timmons,1992),使他们降低信息不对称成本和信息化监控成本(Amit et al.,1998;Lerner,1995)。这一研究结果与企业内部组织的创业计划大赛也尤其相关,各个项目和评估者通常来自同一个部门。

关于"产品"问题及其相关性,即对顾客的价值和有竞争力的差异化,证实了成功的创业者必须首先了解其顾客和竞争者的这一早期研究结果(Gartner et al.,1999)。同时也证实了另一个早期研究结果,即早期投资者常常比晚期投资者更重视产品独特性(Elango et al.,1995)。它也强调基本管理规则的重要性:新的创业灵感并不一定要多么别出心裁,而是要满足(或形成)市场需求。

最后，关于"市场问题"这一衡量标准，即有吸引力的市场和竞争强度并无明显相关性这一事实似乎有悖于行业惯例，因为以前的研究结果表明高增长的市场是投资者早期阶段一个关键的决策标准(Elango et al.，1995)。一个可能的解释就是大多数创业团队在早期阶段未能进行重要的市场调查研究，这就意味着他们只能提供有限的潜在目标市场的相关信息。因此，评估人根据有限信息无法判断企业拥有小市场、大市场还是高增长性市场。相比之下，创业计划中对其他产品和与竞争者相关的特征有更好的描述，因而可能使评估人更易于对其进行评估。

总体而言，研究结果为创业计划大赛的实践，即通过评估参赛企业的创业计划而从中挑选出有发展前景的企业提供了实证基础。因此，我们得出的初步结论是，从创业计划大赛有助于筛选有潜力的企业并协助其挑选正确的业务且予以支持的意义上看，创业计划大赛仅仅根据创业计划(与创业者谈话除外)选择有前景的企业，这种方式显得十分高效。而且它可以表明教授创业者如何按照规定的评估标准完善创业计划可以增加其成功的概率。

我们对修订样本的分析论述了这一点。它强调了创业计划大赛提供的支持对参赛者产生的影响。从企业未来成功的角度来看，据评估标准(见表 8-2)来改善创业计划的总体情况的同时，这种支持实际上产生了一些不相关的评估。评估人无法从失败企业中辨别出成功企业。换句话说，创业计划看起来变得"更好"(根据评价标准)，但是有着"更好的企划书"的企业却不见得会真的获得成功。这似乎表明，如果企业团队知道所采用的评估标准，比如在创业计划大赛的案例中，支持就会产生不利的影响。参赛的创业团队可能会为了与评估标准更贴近而改进创业计划，但这样做并不一定会提高企业成功的概率。

因此，我们的研究结果表明，在没有显著提高企业的成功概率的意义上来说，创业计划大赛帮助指导创业者写出更好的创业计划(专家帮助和培训)看起来并无效果。换言之，许多经过培训的人可能会写出更可靠的创业计划，但(显然)只有少数人会真正开创自己的生意。正如我们在文

第八章 可以教授创业者撰写创业计划吗？创业计划大赛的实证评估　　153

献综述中提到的,这一结果也证实了早期投资者在其特有的严格调查过程中,对管理团队的评价标准显然优于对创业计划的评价标准。正如业内人士所说,"我宁愿投资一个想法普通的绝佳团队,也不愿投资一个想法绝佳的普通团队。"教授创业者撰写创业计划的潜在不利影响也证实了一个行业惯例,即风险投资人会着重支持被投资创业者曾经发起的生意(Barney et al.,1996;Gorman and Sahlman,1989)而不是前期就对企业进行深入细致的评估和规划。这些投资者尤其支持企业获得战略网络和发展管理团队(Davila et al.,2000;Elango et al.,1995;Gulati et al.,2000;Sapienza and Timmons,1989)而不是微调其创业计划。

最后,关于商机与"成功"的联系,我们的分析尤其表明至少在第一组"创业计划初稿"中,对商机的评估可以用来估算一个企业的成功概率,也有助于挑选出先期成功企业(假设 2)。更确切地说,评估可以使人们从一组类似的潜在投资中挑选出"成功"开办的企业的概率几乎翻倍。然而,研究结果也表明创业计划评估的预测能力仍相对较弱,样本中约32%(119 个中有 32+6 个)的企业被"错误分类"(见表 8-9)。而且,在现实生活中,人们只会根据那些有可比性的企业的历史经营数据,先入为主地估算该企业获得成功的可能性与其创业计划评价得分之间的关系。这会进一步降低创业计划的预测能力(在我们的案例中回归为后验计算)。因此,如同人们预料的,创业计划可以作为企业成功的预测方式,但是这种方式的预测效果非常有限。这一点,连同上文强调过的"创业计划指导"所带来的不利影响也印证了我们所观察到的行业惯例,即对初创企业的创业计划的评估仅仅是对其发展过程评估的极小一部分。它必须配合其他因素来完成,例如管理团队评估、产品质量检测和/或拟采用的技术检测(Gorman and Sahlman,1989)。

局限和启示

本章中,我们讨论了创业计划大赛效率和效力的实证数据。我们考虑了专家按照诸如产品市场定位及战略和竞争问题等创业计划相关标准，对早期创业计划两个子集进行了评估。我们分析了那些评估标准和企业的后验成功是否有明显联系，后验成功是指在递交原始计划书后30个月内存在实际的商业活动。

创业计划初稿的第一个子集包括对119个感知商机的描述，这些机会是由独立专家在双盲的基础上自愿提交和评估的。一些提交创业计划的团队得到了反馈和指导，选择递交修订的、更完整的创业计划版本。第二次，由63份"修订版"创业计划构成第二个子集，专家再次对它们进行评估，用相似的方法对评估分数进行分析。

创业计划初稿样本中，四个创业计划评估标准中的两个与"成功"明显相关，并用逻辑回归来计算预计的成功概率。对潜在企业相似样本进行预测的选择过程可以使选择先验"成功"企业的可能性变为以前的两倍。这表明创业计划大赛根据创业计划初稿评估来选择企业是一个相对高效的过程。

然而，对于修订后的创业计划样本来说，由于创业者得到创业计划大赛的帮助，学习到如何更好地编制创业计划，我们发现研究结果不尽相同。尽管创业计划总体上获得了不错的评价，但企业成功与评估结果全无关系。一个可能的解释是，创业团队确实更好地学会如何按照评估标准使其创业计划更加贴合，而不是提高其自身的经营质量。结果，评估分数较高的创业计划与创业成功之间并无显著的关联。

我们应考虑到研究固有的局限性，尤其是其涉及样本和评估过程的时候。关于创业计划样本，我们无法验证它们是否可以看作是全国或世界范围内早期企业的代表。实际上，我们的样本规模较大，包括广泛的行业和四个不同的国家，但未必能直接推广到任何一种早期企业，反而可能存在反应偏差的问题，这一问题因为无法获得未参赛企业特征的数据而难以得到验证。而且，我们样本的成功率(17%)要明显高于提交给风险投资人的具体项目的成功率，他们仅投资所有提交项目的1%(Gifford，1997)。但是，我们要对这种比较持谨慎态度。实际上，本研究对"成功"的衡量标准指的是，30个月内，初始创业计划促使其产生实际业务——

要比早期投资者采用的成功标准宽松得多,因而样本应该会有更高的成功率。显然早期投资者不仅期望他们投资的企业"出现并发展",而且期望自己的投资通过退出机制获得较高的收益率(Mason and Harrison,2002)。

评估过程可能会出现偏差,这是因为评估的特殊环境,即区域性创业计划大赛,不同于创业教育项目环境下的尽职调查过程。虽然评估人尚未发现任何系统性偏差(每一份创业计划由两到三个评估人进行评估,每一个评估人评估不超过三份创业计划)。但是由于评估的自愿维度,可能会存在给出过高评价的整体偏差。这将随机影响成功企业和失败企业,并不影响我们的结论。此外,由于评估者与教师或培训者的背景不同,对项目也会产生不同的影响。显然,他们的观点也不尽相同。

我们仍然相信,尽管那些局限性非常显著且无法消除,但是本研究也表明了创业计划大赛的效率和效力,尤其是创业计划教育项目的设计。这些研究结果因而对创业支持项目、种子投资者和研究者都有一定的启示。

对于诸如创业计划大赛的创业支持项目的赞助商或培养中心来说,研究结果有以下几点启示。首先,它们验证了在初始创业计划评价的基础上选择将从他们的支持中受益企业的共同做法,因为这一分析证实了这类评价与该企业后验"成功"之间的重要关系。这一方法因而看起来很高效。但是,这也表明向早期企业提供支持也会有负面影响,尤其体现在细化创业计划上。我们的研究表明在提高计划书外在质量的同时,给企业提供的指导实际上不起任何作用。

虽然这并不是本研究的重点,但我们在研究过程中从参赛者当中收集的大量轶事证据表明,创业计划大赛在交流联络方面,尤其在与参赛过程中其他潜在创业者和专家的联系上,会对创业者提供有效的帮助。这开拓了未来旨在支持创业者的教育项目设计、作用和有效性等研究问题的思路。

研究结果对投资者也有一些启示。首先,结果证实了将创业计划评估作为早期企业严格评估过程中的一部分——但仅为一小部分的行业惯例。另外,就其对成功率的贡献来看,它提供了从这些评估中所获信息的相对价值,因此有助于平衡尽职调查的机会成本和投资者可以提供现有投资的"有限注意"之间的固有问题(Gifford,1997),有助于考量由该有效信息引起自负的风险(Zacharakis and Shepherd,2001)。

结论

本研究的主要贡献在于通过对自 2000 年以来在欧洲四国组织的竞赛案例的研究,提供一些创业计划大赛效率和效力的实证证据。尽管竞赛中使用的那些创业计划评估标准看起来与我们熟知的种子投资者考虑的类似,但是它们的实证经验有限,尤其是与已得到全面分析的管理团队的相关标准相比时更是如此。

本研究的三个局限性是所分析的企业样本相对早期企业的数量可能产生的偏差,使用的(存续)成功标准和所采用的尽职调查过程(地区性创业计划大赛)。在此概述的使研究结果一般化的进一步研究,支持创业项目的创业计划方法不仅可以得到验证,还有可能得到改善。在其他研究方法中,如通过自助法模式的多变量方法来发掘关于评估创业计划的有用数据,面对类似早期企业类型的中介机构可以将此作为一个辅助决策(Shepherd and Zacharakis,2002)。

然而要我们完全了解从机会感知到早期企业创立的过程,了解如何给企业提供最好的支持,我们仍有很长的路要走。作者希望这里的探讨能够抛砖引玉,引导正确的研究方向。

参考文献

Aldrich, H. E. (1990), 'Using an ecological perspective to study organizational founding rates', *Entrepreneurship Theory and Practice*, 14(3), 7-24.

Amit, R., J. Brander and C. Zott (1998), 'Why do venture capital firms exist? Theory and Canadian evidence', *Journal of Business Venturing*, 13, 441-466.

Bachher, J. and P. Guild (1996), 'Financing early-stage technology based companies:

investment criteria used by investors', *Frontiers of Entrepreneurship Research 1996*, Wellesley, MA: Babson College.

Barney, J. B., L. W. Busenitz, J. O. Fiet and D. D. Moesel (1996), 'New venture teams' assessment of learning assistance from venture capital firms', *Journal of Business Venturing*, 11 (4), 257-272.

Begley, T. M. and D. P. Boyd (1987), 'Psychological characteristics associated with performance in entrepreneurial firms and smaller businesses', *Journal of Business Venturing*, 2 (1), 79-93.

Brockhaus, R. H. (1980), 'Risk taking propensity of entrepreneurs', *Academy of Management Journal*, 23, 509-520.

Bruyat, C. (1994), 'Contribution épistémiologiques au domaine de l'entrepreneuriat', Revue Française de Gestion, Novembre-décembre, 101, 87-99 (法语版).

Bull, I. and G. Willard (1993), 'Towards a theory of entrepreneurship', *Journal of Business Venturing*, 8, 183-195.

Buzzel, R. D. and B. T. Gale (1987), *The PIMS Principles*, New York: Free Press.

Bygrave, W. D. and J. A. Timmons (1992), *Venture Capital at the Crossroads*, Boston, MA: Harvard Business School Press.

Carrier, 'L'exploration d'une idée d'affaires: première stratégie à maîtriser par le futur entrepreneur', IX Conférence Internationale de Management Stratégique, Montpellier (in French), 24-26 May.

Cooper, A. C. (1979), 'Strategic management: new ventures and small businesses', in D. E. Schendel and C. W. Hofer (eds), *Strategic Management: A New View of Business Policy Planning*, Boston, MA: Little, Brown and Company.

Covin, J. and D. Slevin (1990), 'New venture strategic posture, structure and performance: an industry life cycle analysis', *Journal of Business Venturing*, 5, 123-135.

Davila, A., G. Foster, and M. Gupta (2000), 'Venture-capital financing and the growth of startup firms', *Stanford University working papers*, 43.

Dubini, P. (1989), 'The influence of motivations and environment on business start-ups: some hints for public policies', *Journal of Business Venturing*, 4, 11-26.

Duchesneau, D. and W. Gartner (1990), 'A profile of new venture success and failure in an emerging industry', *Journal of Business Venturing*, 5, 297-312.

Durand, D. and D. Shea (1974), 'Entrepreneurial activity as a function of achievement motivation and reinforcement control', *Journal of Psychology*, 88, 57-63.

Elango, B., V. H. Fried, R. D. Hisrich and A. Polonchek (1995), 'How venture capital firms differ', *Journal of Business Venturing*, 10 (2), 157-179.

Fayolle, A. (1994), 'La trajectoire de l'ingénieur entrepreneur', Revue Française de

Gestion, Novembre-décembre, 101, 113-125（法语版）.

Filion, L. -J. (1991), Vision et relations: clefs du succès de l'entrepreneur, Montréal: Les éditions de l'entrepreneur（法语版）.

Fiorito, S. S. and R. W. LaForge (1986), 'A marketing strategy analysis of small retailers', *American Journal of Small Businesses*, 10, 7-17.

Fonrouge, C. (1999), 'La question de l'étendue et de la nature des choix stratégiques d'entrée: le cas des entreprises nouvellement créées', VIIIème Congrès de l'Association Intenationale de Management Stratégique, Paris (in French), 26-28 May.

Freeman, J., G. R. Carroll and M. T. Hannan (1983), 'The liabilities of newness: age dependence in organization death rates', *American Sociological Review*, 48, 692-710.

Gartner, W. B. (1985), 'A conceptual framework for describing the phenomenon of new creation', *Academy of Management Review*, 10 (4), 696-706.

Gartner, W. B., J. A. Starr and S. Bhat (1999), 'Predicting new venture survival: an analysis of "anatomy of a start-up" cases from Inc. Magazine', *Journal of Business Venturing*, 14 (2), 215-232.

Gifford, S. (1997), 'Limited attention and the role of the venture capitalists', *Journal of Business Venturing*, 12 (6), 459-482.

Gorman, M. and W. A. Sahlman (1989), 'What do venture capitalists do?', *Journal of Business Venturing*, 4 (4), 231-248.

Gulati, R., N. Nohria and A. Zaheer (2000), 'Strategic networks', *Strategic Management Journal*, 21 (3), 203-216.

Guth, W. D. (1991), 'Cognition, enactment and learning in the entrepreneurial process', *Frontiers of Entrepreneurship Research 1991*, Wellesley, MA: Babson College.

Hall, J. and C. W. Hofer (1993), 'Venture capitalists' decision criteria in new venture evaluation', *Journal of Business Venturing*, 8 (1), 25-42.

Hebbar, K. (2001), 'Les compétences clés de l'entrepreneur innovateur: l'influence de l'expérience pré-entrepreneuriale', Xième Conférence de l'Association Internationale de Management Stratégique, Québec (in French), 13-15 June.

Hornaday, R. W. and W. J. Wheattley (1971), 'Characteristics of successful entrepreneurs', *Personnel Psychology*, 24 (2), 141-153.

Jeng, L. and P. Wells (2000), 'The determinants of venture capital funding: evidence across countries', *Journal of Corporate Finance*, 6, 241-289.

Julien, P. A. and M. Marchesnay (1996), *L'entrepreneuriat*, Economica, Paris（法语版）.

Kets de Vries, M. F. R. (1977),'The entrepreneurial personality: a person at the crossroads', *Journal of Management Studies*, 14 (1),34-57.

Lerner, J. (1995),'Venture capitalists and the oversight of private firms', *Journal of Finance*, 50,301-318.

Macmillan, I., R. Siegel and P. N. Subba Narasimha (1985), 'Criteria used by venture capitalists to evaluate new venture proposals', *Journal of Business Venturing*, 1,119-128.

Mason, C. M. and R. T. Harrison (2002),'Is it worth it? The rates of return from informal venture capital investments', *Journal of Business Venturing*, 17 (3), 211-236.

Murray, G. and R. Marriott (1998), 'Why has the investment performance of technologyspecialist, European venture capital funds been so poor', *Research Policy*, 27,947-976.

Muzyka, D., S. Birley and B. Leleux (1996),'Trade-offs in the investment decisions of European venture capitalists', *Journal of Business Venturing*, 11 (4), 273-287.

Sandberg, W. and C. Hofer (1987),'Improving new venture performance: The role of strategy, industry structure and the entrepreneur', *Journal of Business Venturing*, 2,5-28.

Sapienza, H. J. and J. A. Timmons (1989),'The role of the venture capitalist in new ventures: what determines their importance?', *Academy of Management Best Paper Proceedings*, Pace University, NY,74-78.

Schefczyk, M. and T. Gerpott (2000),'Qualification and turnover of managers and venture-capital-financed firm performance: an empirical study of German VC investments', *Journal of Business Venturing*, 16,145-163.

Sexton, D. L. and N. B. Bowman (1986),'Validation of a personality index', *Frontiers of Entrepreneurship Research 1986*, Wellesley, MA: Babson College.

Shepherd, D. A. and A. Zacharakis (2002),'Venture capitalists' expertise: a call for research into decision aids and cognitive feedback', *Journal of Business Venturing*, 17(1),1-20.

Smith, N. R. and J. B. Miner (1984),'Motivational considerations in the success of technologically innovative entrepreneurs', Wellesley, MA: *Frontiers of Entrepreneurship Research 1984*.

Timmons, J. A. (1999), *New Venture Creation*, McGraw-Hill: Boston.

Tyebjee, T. T. and A. V. Bruno (1984),'A model for venture capitalist investment activity', *Management Science*, 30 (9),1051-1066.

Van de Ven, A. H. (1984),'Designing new business startups: entrepreneurial, organizational, and ecological considerations', *Journal of Management Studies*, 10 (1), 87-107.

Zacharakis, A. L. and D. A. Shepherd (2001), 'The nature of information and overconfidence on venture capitalists' decision-making', *Journal of Business Venturing*, 16 (4), 311-332.

第九章 技能示范:职业教育国际化与工作生活建立有效合作的可能性

赛亚·马拉玛基-库尔塔宁

引言

芬兰的三届政府——利波宁政府、杰玛泰政府及万哈宁政府,均决定在进行项目试点并仔细检查制度可行性之后,在初级职业技术教育中实施国家技能示范项目。基于对主体性原则的共识,59项发展计划得以实施,其中第一项计划始于2000年。在芬兰国家教育委员会的管理下,职业机构、教师教育学院、工会和教育当局合作编制了技能示范的国家材料。这些机构均得到了欧洲社会基金及芬兰教育部的资助。许多关于该项目与各种计划的信息都可以在国家教育委员会的网页上找到(Ammatilliset ESR项目,Näytöt,2005)。

教育行政主管部门和政界人士就"技能示范法"达成了一致意见,主要是因为在分担责任和资助该系统方面存在不同意见。通过各项目试点得出的丰富经验,我们发现:学生、企业主、劳动力市场与教育界的其他代表们认为该体系不仅非常有用而且要求很高(Nyyssölä,2002,2003)。本章以发展项目的中期报告和一个案例为基础,对技能示范进行了测试,并依据国家目的完善了相关资料。关于该计划的三份报告都已发表(Nyyssölä,2002,2003;Suursalmi,2003)。该作者目前负责2004年的技能示范计划的第四份及第五份报告;哈卡拉(Hakala)与娜依左拉(Nyyssölä)负责的报告仍在进行中。娜依左拉负责的报告分析了实验项目的结果,哈卡拉负责的报告分析了技能示范是如何改变职业院校的学习方法与教学方法的。

这些经历与范例都在阐明中小型创业企业与教育机构建立合作方式的问题上提出了希望,尽管其观点之间存在着显著差异。若将该体系置于现实中,则显示出材料开发的过程与经验,以及在一个相当新的创业领域(家政学)中关于创业文化的见解和说明。

为什么要进行技能示范?

"技能示范"已经被采纳为芬兰语"näyttö"的官方翻译。评估的重点在于那些工作生活和企业主所需的实际技能。这一新概念旨在区别成人教育(基于职业胜任力透明度的评估)与青年教育(技能示范)。在技能示范中,重点在于对过程和学习结果二者的评估,而基于能力的评估更重视对学习结果的评估。

新问责制的目标——技能示范,是基于欧洲各国的职业教育与培训部部长达成的哥本哈根会议宣言。该宣言呼吁职业教育体现更多欧洲元素,提高职业胜任力透明度、可比性、对能力和/或资格的识别度,以及保证更高的教育质量(Copenhagen Declaration,2002)。在获得职业院校毕业证之前,在工作生活中展示职业技能,可被视为近来流行趋势的一种自然而然的拓展——即在职场中学习、与中小型创业企业进行常规合作。在芬兰,职业教育基本上已经完成制度化,它包含几个星期的在职培训,这项制度的实现是一个极大挑战。这项挑战无论在什么环境下都绝非易事。在尝试对比英国与荷兰的体制之后,范德·斯泰厄(Van de Stege,2003)提出英国有着相当复杂的资格认证体系、相关认证方式、评估及验证方法,对于外国人来说很难理解。若没有一个透明的、共同的能力体系,员工的灵活性便很难得到提升。玛雅与欧洲的同伴正在寻求一个连贯的分析系统,从而对欧洲的莱昂纳多·达·芬奇计划(Leonardo da Vinci project)中的学习成果、在职学习质量进行评估(试验实践,QUAL PRAXIS,2005)。

美国与澳大利亚的职业教育均已出现更多的问责制。比如,一个美国的学区建立了一套体系,若员工的表现不符合职业证书中技能考核的要求,创业者便可以在不承担任何额外成本的情况下,将该员工送回职业学校继续学习(Husain,1998)。

不同的利益必将在职业教育中碰撞

一个国家的教育核心价值观反映其人文精神。每一个有自身明确需求的人都有机会接受中等职业教育并得到必要的支持。不同学习风格的学生和有特殊需求的学生都被考虑在内。同时,职业学位应为独立企业提供相应的前提条件(Vocational Education Act and Decree 630/98,1998)。全国教育委员会为技能示范制定的发展原则规定,学生的技能必须在现实工作环境中通过完整的工作流程来进行展示,而不能以单独形式展示。每一名学生在获得学位证书前还必须展示创业教育的必备技能。需要展示的技能应只包含关键的技能领域,这些领域应该并且已经由工作生活的代表来定义(Ammatilliset ESR 项目,Näytöt,2005)。对于职业学校和教师个体而言,技能展示是一项挑战,因为他们要让该体系迎合所有这些特殊的要求并仍为创业者发声。

该试验项目发现,在职业学校和全国教育机构中,创业者、学生、教师和管理人员持有截然不同的观点,并且这种现象会持续下去(Nyyssölä,2002,2003)。即使是创业者也不会总是持有相同的观点。各商业部门之间也存在着分歧,在关于学生与职业教育方面,创业者们的态度和观点从未达成一致(Mahlamäki-Kultanen,2005)。

评估应由员工、雇主和职业教育机构三方合作进行(图 9-1),学生也应参与到评估过程中,开展自我评估。

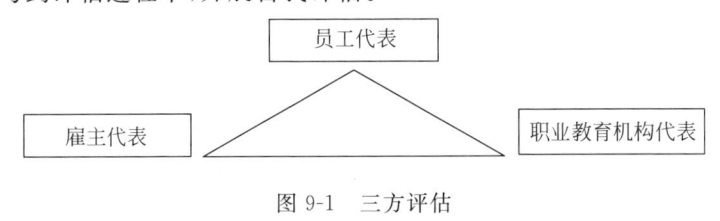

图 9-1 三方评估

人们认为职业教育中三方评估的主导性原则只有部分得到了实现（Suursalmi,2003）。在学生进行学习与技能示范的环境中，当谈及芬兰传统的创业者或是小企业主作为其合伙人和参与者时，他们的真实情况有时会与教育计划大相径庭。一个典型情况是创业者是唯一的忙碌者，既是雇主也是员工，他们试图在一个声誉与利润皆低的行业中寻找市场盈利点。这就是在实际生活中创业者经常既是学生的指导教师，又是能力的评估者的原因。学生有责任成为自身能力的评估者，在一定程度上弥补了第三方伙伴的缺失，尤其是在亟须自我支持、自我批评的领域。毕竟在一家小型企业中并没有客观的评估委员会存在的空间。

360度评估带来了不同的视角

由于创业者、领域开拓者、教育者、权威人士与高职学生之间在某种程度上拥有不同的视角，于是我们的发展实验采用了360度评估法，本章将简要介绍这个应用实验案例。360度评估法是基于差异性观点，为未来的发展提供强有力的支撑。360度评估法已经应用于商业领域，特别应用于员工的业绩评定和发展评价方面（Wilson,1997）。在技能示范的过程中，我们建议使用360度评估法来加强评估的客观性，并借此促进学生的职业发展与个人成长，引导学生们取得进步（Armstrong et al.,2000；Brown,1997；Fletcher,1997；Funderburg and Levy,1997）。

360度评估法的优势在于它可以运用多种目标、标准和评估者来评估一个人或是一个过程，以此来提升评估的可靠性（Wilson,1997）。想要确定自身的能力高低和发展需求，了解他人对自己的看法和建议也十分重要（Milliman and Zawacki,1994；Ward,1995）。因此，在课堂上有必要指导学生主动去征求反馈意见并充分利用得到的建议与意见（Funderburg and Levy,1997）。职业学位也十分重视这一领域的能力发展（Opetushallitus,2000）。在客户和服务部门，评价和理念总具有高度个性化特点。360度评估法使抽象的个人评估问题变得更加清晰明了（Antonioni,1996）。而且它具有提醒评估者批评性反馈的重要性，避免其被忽视

(Goodge,2000：2)。在检验材料时,工作场所的指导教师们对于那些蹩脚表演的现成口头表达感到很满意,觉得这使得他们的工作变得更容易了。

创业精神概念的科学内涵很难用日常用语表达出来,也很难确定不同能力水平的评价标准。但是若要保证评估的有效性,合理数量的评估者、清晰的角色分工、透明化的概念和标准确立都是很必要的(Milliman and Zawacki,1994)。这种格式紧凑、文本简短并配以简要说明,以简要描述和证明数值评分的机会,受到接受本项目采访的创业者明德和扎瓦克的赞赏。

家庭与消费者服务领域的技能示范

我在一项实际案例中展示了一些例子,它们来自为"家庭和消费者服务职业资格"而制定的全国技能示范的相关材料;该资格证书是属于家政服务创业者的。家政领域内的创业是当前一个很新的创业形式。它是从工作忙碌的现代人而产生的家政服务需求,与过去主要的公共福利服务,相结合而产生的。该领域在芬兰及欧洲其他地区正在飞速发展,其市场划分存在着多种可能性。在芬兰,这种创业形式得到了国家的支持,购买此类服务的消费者们在一定条件下可享受多项优先权利和税收减免政策。

该领域内的创业者们还未组建自己的常设联盟,尽管在他们中间已形成了互助互帮、相互激励的创业者网络。2000年,全国性的核心课程发布(教育委员会,Opetushallitus,2000)。第一批学生在2003年春季收到了自己的资格证书。家政服务创业者证书表明这类毕业生具备市场营销、策划、提供家政服务的能力。消费者顾问证书表明这类毕业生有能力根据公司的商业计划为消费者组织信息并举行展示活动来介绍、销售商品。这项学习计划是共90学分的职业研究,其中包含20学分的在职学习,20学分的核心课程,以及10学分的选修课程。高等、中等职业资格属于欧盟委员会等级划分的第三级。

根据一些早期研究,家政创业者们一般不具备共同的价值观,因为他们中的一些人将效率和经济作为第一要务,还有许多人对创业的态度过于谦逊。对于创业文化的研究表明,创业文化的转型仍在继续,在创业者中也存在着明显的意见差异。对于青年职业院校学生来说,如何在这一领域具备成为创业者的能力,人们有着各种各样的看法,也有很多质疑,人们期望他们能够更有效率地获取实践技能(Mahlamäki-Kultanen,2005)。

材料的编制

按照全国教育委员会的要求,所有学科领域内的项目,以及获得"家庭与消费者服务职业资格证书"的任务都已开始推动,这些材料基于共同的发展原则和通用结构(Ammatilliset ESR 项目,Näytöt,2005)。技能示范评估的对象在每个学位中都是相同的,包括:

1. 掌握工作方法、手段和资源。
2. 掌握工作流程(包括计划、实施、评估和发展该项工作)。
3. 掌握工作的基础知识。
4. 职业安全。
5. 核心能力(下列中的一项或多项,取决于项目的模块,包括:学习能力、解决问题的能力、沟通交流能力、合作能力、伦理、美学和情感控制能力)。
6. 常见的重点(下列中的一项或多项,取决于项目的模块,包括:国际性、促进可持续发展、应用科技与信息科技、创业精神、高品质和以顾客为中心的活动、消费能力、职业健康与安全管理)。

这些目标必须在与员工代表和创业者协商和谈判之后,以特定背景和具体主题的方式加以界定和论证。

第九章　技能示范:职业教育国际化与工作生活建立有效合作的可能性　*167*

材料的编制过程将在图 9-2 中进行展示,并在下一章节中进一步阐释。

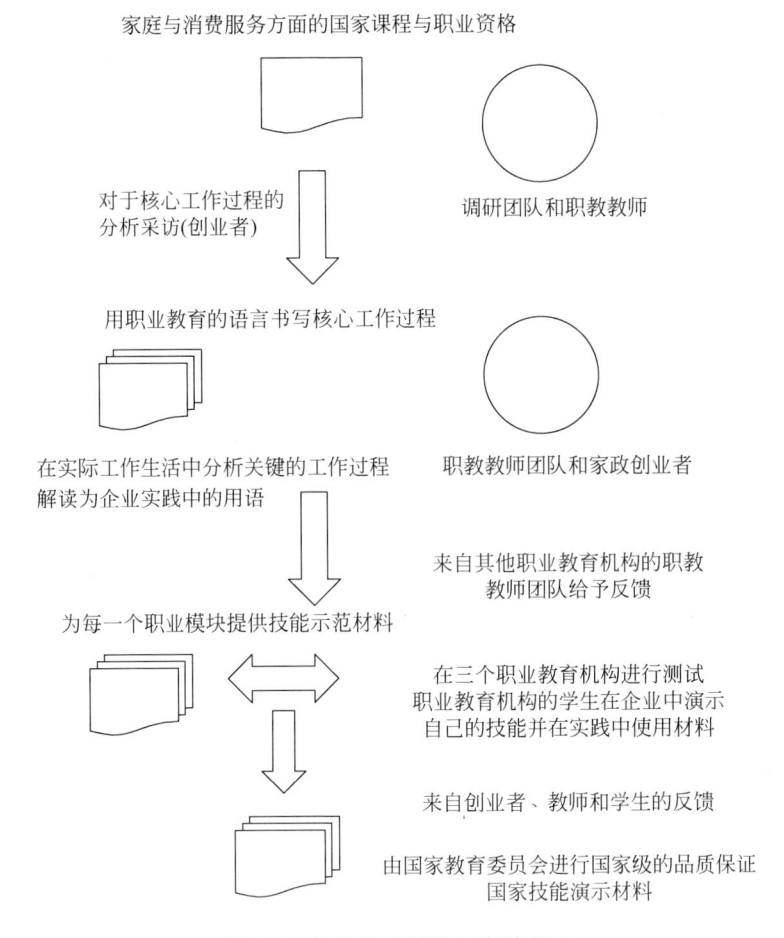

图 9-2　技能示范材料的编制流程

允许个人项目按照自己的意愿组织工作,但所有情况下都要求职业胜任力具有透明度、质量体系、两所独立职业院校的检验材料以及必备的项目内外部评估。所有的计划、对创业者进行的采访、全国课程的模块分析、每个阶段的手稿、会议与研讨会备忘录、产生和测试过程中完成的问卷调研和其他反馈信息都必须记录在案。内部审计与外部审计已曝光两次材料编制过程的数据。海门技术学院的职业教师教育学院负责审计。材料的所有部分都由三所职业机构内的三组学生来进行检测。其中两所学院是独立的。职场导师、创业者及师生们已接到通知提供反馈意见。不考虑材料本身,其中最大的挑战便是语言,也就是如何写出易于理解、学术上又论述精准,可以满足所有人需求的文本。

我们曾与忙碌的创业者们有过接触,得知这个项目的意义在于帮助他们最大程度地节约时间和精力,从而把更多时间和精力放在解决最重要的问题上。该项目共有四组,每组有2到3名教师和2到4名咨询师,共同负责各自的职业领域课题。该作者与项目参与者共同协调工作、编辑文本、撰写总体指导方针,力争实现共同原则。

在编制材料的初期,三名教师用一种相当开放的定性方法采访9名创业者,以明确他们对于员工能力的需求,他们的企业文化以及对未来的发展期望。他们也会向创业者展示全国职业课程,并征求他们对于核心工作与创业流程的意见。结果会提交给来自28所职业院校的教师们。创业者会在这些院校中学习家政,他们还会对数据是如何体现技能示范中的材料产生过程提出自己的意见。

然后再次分析职业课程的工作流程。这些工作流程会提交给选定的创业者,没有任何评定和资质分级。目的就是要求他们将晦涩的工作流程用实践中的工作语言来解读并用于现实中的企业。会议之后,教师们的备忘录会被编辑成为技能示范材料的初稿。这份初稿包括对工作环境、技能示范实际过程及职业课程模块的安排、目标、评估标准等具体描述。该材料也会在企业及其他职场环境的技能示范中得以检验。检验前后,也会征求学生、教师和创业者们对于这些材料的意见。该材料通过来自所有利益相关者,包括教育机构的反馈逐步修正、逐步完善。材料会通过互联网免费提供给其他职业学校(Ammatilliset ESR 项目,Näytöt,2005)。

技能示范材料范例

为体现创业者、同事、教师和学生的不同观点,我们采用360度全面评估法,并在所有技能示范中对其进行检验。图9-3所示即一例。

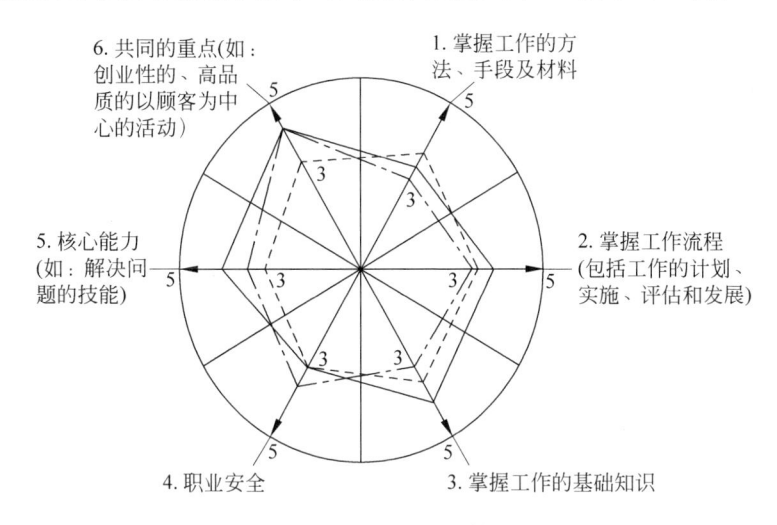

图9-3　360度评估体系

为使评估具有可行性和360度评估过程更为直观,所有的技能示范均使用同样的视觉模型。这种评估主要是通过每个评估人员在各个维度上标记相关的分数,并根据需要绘制一条线将标记分数的点连接起来。每一位评估者打出的分数差异应该作为进一步研讨的基础,而不仅仅关注平均值的问题。由于该模型十分清晰且易于使用,它得到了来自职场导师、创业者及师生的一致好评。

采用一套新的评估系统面临着巨大的挑战,全国技能示范就是要教育创业者们,使其了解并解决分担责任的问题。表9-1中列出了本项目中测试的职业院校教师和职业导师的分工情况。通与双方代表协商,使职业机构和创业者的需求与现实相符合。这种分工背后的原则是客观、具体对待每个学生,以及满足每家企业的需求和实现多种可能性。

表 9-1　对技能示范负责的教师的职责与职场导师的职责

职教教师的职责	企业中职场导师的职责
每组学生都要掌握由三方委员会正式认可的技能示范计划	向工作单位中其他人（员工、顾客）传达技能演示过程中的必要信息
根据全国性材料对个人技能示范工作进行规划	掌握个人技能示范材料,针对每种能力等级标记出最终评估结果、给予反馈和评估标准
在进行技能示范前使学生初步了解,在其之后进行辅导	针对每项技能示范为学生提供相关的任务
支持每名学生的个人技能示范计划,决定学生是否有足够能力在该过程中进一步发展,并在职场中应用该计划	保证个人工作场合的职业健康问题
为企业或职业院校中（在一些相关情况下）的每一名学生安排技能示范的环境	支持每名学生的最终技能示范计划,检查该计划是否适合其工作单位的条件,是否具有现实性,并且若有必要,须指导学生完成该计划
掌握职业安全问题与安排	记录并评估每名学生的技能示范过程
必要时组织经过调整的技能示范	在技能示范课程中跟随学生,如有必要指导学生并记录所给予的指导
使职场导师对于自身职责和工作产生初步了解	当职场中的学生、顾客或员工的安全无法得到保障时,或在学生明显不能够进行技能示范时,如有必要可干预该过程
基于全国性材料为技能示范过程中的文件撰写草稿	技能示范之后,在学生、负责教师和职场指导者进行的评估讨论中为每名学生打分、写评价及给予口头反馈。
安排评估作为学生、职场导师与教师间的合作过程	
收集并分析来自学生、职场导师、其他教师及三方委员会的反馈	
发展技能演示、总课程,在分析反馈信息的基础上进行教学	
为学生的技能示范学位证书撰写草稿	

结语

　　由于政治局势有些复杂,我们无法提出这套新体系的结果和最终定论,可以讨论的范围也要小得多。因此,所提供的所有材料都是初步的,反映了迄今为止各项目的部分经验和实验结果。

虽然我们还在等待见证它未来的发展,期盼技能测试得到真正的实施,但已经明确的是,技能示范不会仅仅是一套评估体系。它们也会为实践工作与职业教育之间的合作带来显著的文化变迁。它们会使这种合作更加富有意义,增添在职学习的价值。积极的定性反馈和学生学习动力的激增都表明职业学校没有理由担心,与创业者进行更多的合作不会带来更大收益(Nyyssölä,2002,2003)。360度评估法使不同轻重缓急的问题都得以顺次解决,但这并非权宜之计,有时会出现一些情况,职业院校的教师要比身为职业导师的企业老板更具有创业精神。实验数据表明,在未来的合作中教育体系内存在的真实挑战看似很简单(其实不简单):教师需要学会运用一种更易于理解、更吸引创业者的语言来教授课程。

"哥本哈根宣言"的目标,特别是职业胜任力的透明度,也将逐年变得更有意义。芬兰高职学生及其劳动力的流动性都是非常有限的。每年只有2.8%的高职学生(总共约4000名学生)在国外接受短期培训。同时,约有2000名学生也会到芬兰进行高职学习。1999—2003年间芬兰出国受训学生的数量大致相同,而来芬兰学习的外国留学生数量每年都略有增长。所有职业院校都处于国际化进程之中(Mahlamäki-Kultanen,2003;Virtanen and Janhola,2004)。因此,参与到欧洲共同倡议,必将意味着芬兰人将实现意义深远的发展,并在职业教育的质量方面取得显著提高。

参考文献

Ammatilliset ESR-projektit. Näytöt (2005), www. oph. fi/ammatillinenesr, 29 March. (Vocational Development Projects funded by the European Social Fund.)

Antonioni, D. (1996), 'Designing an effective 360-degree appraisal feedback process', *Organizational Dynamics*, 25 (2), 24-39.

Armstrong, T., S. Y. Blake and C. Pitrowski (2000), 'The application of a 360-degree feedback managerial development program in higher education: the Florida model', *Education*, 120 (4), 691-695.

Brown, A. (1997), 'All-round, all-purpose feedback for the future', *People Management*, 3 (20), 59-61.

Copenhagen Declaration (2002), 'Declaration of the European Ministers of Vocational Education and Training, and the European Commission, convened in Copenhagen on 29 and 30 November 2002, on enhanced European co-operation in vocational education and training'.

Fletcher, C. (1997), 'The dangers of judging managers by their peers', *People Management*, 3 (17), 50-51.

Funderburg, S. A. and P. E. Levy (1997) 'The influence of individual and contextual variables on 360-degree feedback system attitudes', *Group and Organization Management*, 22 (2), 210-233.

Goodge, P. (2000), 'How to manage 360-degree feedback', *People Management*, 6 (4), 50-52.

Husain, D. D. (1998), 'Accounting for results', *Techniques: Making Education and Career Connections*, 73 (7), 30-33.

Mahlamäki-Kultanen, Seija (2003), 'Leonardo da Vinci. Ohjelman 1 vaiheen pitkä aikaväin vaikuttavuuden arviointi. Ohjelman toisen vaiheen väiarviointi', Opetusministeriö julkaisuja 2003: 43. (Evaluation of the Leonardo da Vinci Programme. Ministry of Education.)

Mahlamäi-Kultanen, Seija (2005), 'Gender and sector effect on Finnish rural entrepreneurs' culture: some educational implications', in Alain Fayolle, Paula Kyr? and Jan Ulijn (eds), *Entrepreneurship Research in Europe: Outcomes and Perspectives*, Cheltenham: Edward Elgar, pp. 292-312.

Milliman, J. F. and R. A. Zawacki (1994), 'Companies evaluate employees from all perspectives', *Personnel Journal*, 73 (11), 99-103.

Nyyssöä, Niina (2002), 'Näytöt ammatillisessa peruskoulutuksessa. Väiraportti nättörojektien toiminnasta vuosina 2000 ja 2001', Opetushallitus, Helsinki. (Skills demonstrations in the vocational education. Report on the development projects during the years 2000 and 2001.)

Nyyssöä, Niina (2003), 'Näytöt ammatillisessa peruskoulutuksessa 2002. Väiraportti nättörojektien toiminnasta', Opetushallitus, Helsinki. (Skills demonstrations in the vocational education. Report on the development projects.)

Opetushallitus (2000), 'Kotitalous- ja kuluttajapalvelujen perustutkinto. Ammatillisen peruskoulutuksen opetussuunnitelman ja nättöutkinnon perusteet'. (National Board of Education. Core curriculum. The Vocational Qualification in Household and Consumers Services.)

QUAL PRAXIS (2005), 'Quality assurance and practice-oriented assessment in vocational education and training', www.pedanet/veraja/qualpraxis, 29 March.

Suursalmi, Pentti (2003) 'Kolmikantaperiaatteen toteutuminen ammatillisen peruskoulutuksen näytöissä, Opetushallitus, Helsinki. (Fulfilment of the tripartite principle in the skills demonstrations.)

Vocational Education Act and Decree 630/98 (1998).

Van de Stege, C. (2003), 'The work-based learning route in Netherlands and in England: comparing ideas and meanings', *Compare*, 33 (4), 483-495.

Virtanen, Terttu and Laura Janhola (2004), 'Selvitys valtion tuen vaikutuksesta ammatillisen peruskoulutuksen kansainväistymiseen, Hanketoiminta vuosina 2000–2003', Opetushallitus, Helsinki. (The impacts of the government subsidy on the development of international activities of vocational upper secondary education and training in Finland during the years 2000–2003.)

Ward, P. (1995), 'A 360 degree turn for the better', *People Management*, 1 (3), 20-22.

Wilson, J. L. (1997), '360 appraisal', *Training and Development*, 51 (6), 44-45.

第十章 打开新商机的途径:创业课堂的创新与策略

吉尔·基库尔

在新市场发展与调整的时代潮流中,创业者一直是全球经济中一支朝气蓬勃的生力军。当前的商业环境正在不断寻找一种可以应对企业的组织、生产和整体市场机制的创新型商业模式。为了寻找潜在的商机并保证技术的进步,创业者需要充分了解业务和运营环境,以发展和利用新兴的想法和机会。

本章的总体目标是重点介绍一门新的创业课程——"当代创业机会"。本课程重点介绍新机会的形成与发展,除此之外,也会介绍一些与创业企业形成与发展相关的关键因素。该课程的引言和框架是基于这样一种观点,即创业不仅仅是开创和发展企业的一系列工具和技巧,它也是一种思维方式,一种机会导向型和创新型的看问题的方式。除了讨论和简要介绍这门课程之外,我们也将剖析这种类型的创业课程为何对潜在创业者的技能和能力,尤其是自我效能的提高至关重要。

具体来说,在本课程的发展过程与框架下,我们力求探索创业者的自我效能和敏锐性在培养学生构思、启动和开发新创业理念和创新能力方面的作用。许多描述创业意向情境的创业模型,都可以通过纳入自我效能概念来解释创业意向的发展,同时还可以解释创业意愿在何种情况下可以转化为创业行动。这种自我效能概念是解释创业意向发展及其转变成行动的条件的一种方式。换句话说,那些具备了创业所需的关键效能感知的个人可能会设定更高的个人目标,也可能会更坚持不懈地克服创业带来的挑战和障碍,尤其是在创业的初始阶段。

新课程开课:当代创业机会

这门新创业课程包括以下部分话题:(1)发现新理念和创新点;(2)针对产品和(或)服务的市场潜力分析;(3)对商业机会的初始融资和组织管理。图 10-1 所示为"当代创业机会"模式,这个模型强调了对新机会和创新的认知与评估。

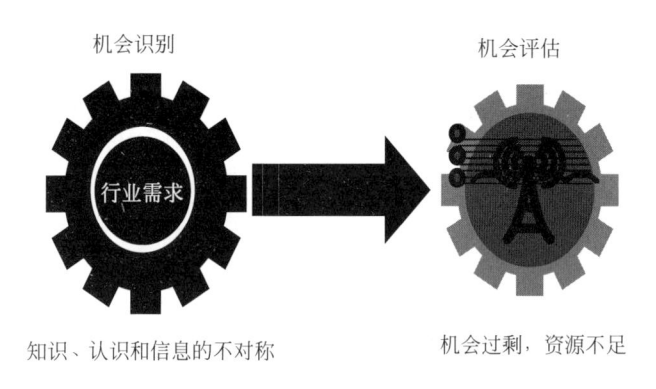

图 10-1 当代创业机会模型

在课程期间,学生将了解行业知识(KIC),以便检查和了解其所选的行业(比如,学生会了解该行业最近的业绩、现状及发展前景)。

在学习行业知识后,学生们就会制定一个机会组织方案(OOPS),具体说明他们在分析了自己的行业之后,如何发现和利用机会。学生将会讨论他们的组织类型(管理团队、关键角色),进行市场和竞争对手分析(来源于行业知识),讨论市场、产品和制造说明并进行财务分析(例如,启动成本,可能的融资方案)。本课程的所有组成部分均旨在帮助未来新兴的和潜在的创业者们找到创新的方法,探索和发现新的机会,因此,他们不断引进并重新设计其各自行业的产品、服务和流程(见图 10-2)。

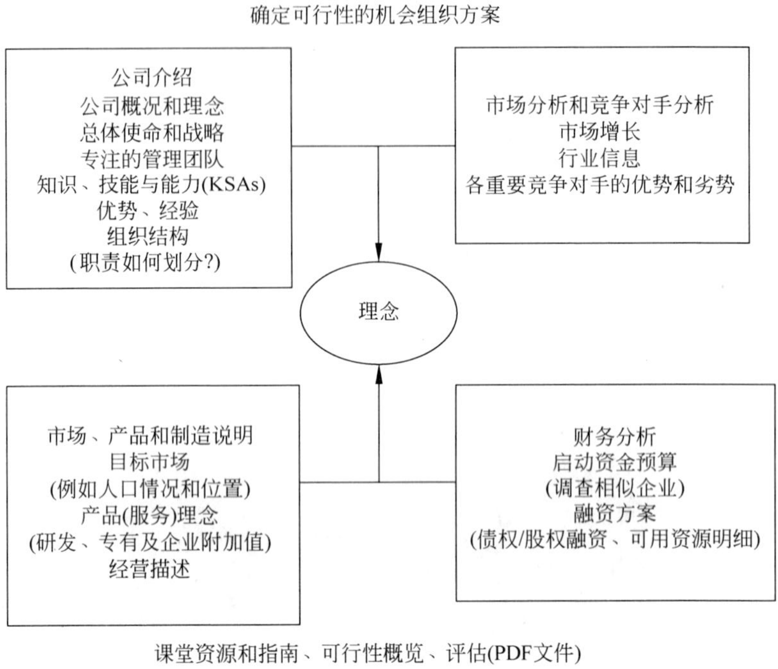

确定可行性的机会组织方案

```
┌─────────────────────────┐           ┌─────────────────────────┐
│      公司介绍            │           │  市场分析和竞争对手分析   │
│   公司概况和理念         │           │      市场增长            │
│   总体使命和战略         │           │      行业信息            │
│   专注的管理团队         │           │ 各重要竞争对手的优势和劣势 │
│ 知识、技能与能力(KSAs)   │           │                          │
│     优势、经验           │           │                          │
│     组织结构             │           │                          │
│   (职责如何划分?)        │           │                          │
└─────────────────────────┘           └─────────────────────────┘
                    ↘         ╭─────╮        ↙
                      ──────→ │ 理念 │ ←──────
                    ↗         ╰─────╯        ↖
┌─────────────────────────┐           ┌─────────────────────────┐
│  市场、产品和制造说明    │           │     财务分析             │
│      目标市场            │           │   启动资金预算           │
│ (例如人口情况和位置)     │           │  (调查相似企业)          │
│   产品(服务)理念         │           │    融资方案              │
│ (研发、专有及企业附加值) │           │(债权/股权融资、可用资源明细)│
│      经营描述            │           │                          │
└─────────────────────────┘           └─────────────────────────┘
```

课堂资源和指南、可行性概览、评估(PDF文件)

图 10-2　可行性分析

整个过程详见下面的提纲:

从行业知识到机会组织方案

1. 根据你的行业知识,在矩阵中列出你的优势、劣势、机会及威胁。

2. 针对你的优势机会策略、劣势机会策略、优势威胁策略及劣势威胁策略制定一个战术理念计划。

	优势	劣势
	S1	W1
	S2	W2
	S3	W3
	S4	W4
	S5	W5

第十章 打开新商机的途径:创业课堂的创新与策略　**177**

机遇 O1 O2 O3 O4 O5	优势机遇策略	劣势机遇策略
威胁 T1 T2 T3 T4 T5	优势威胁策略	劣势威胁策略

3. 针对优势机会、优势威胁等策略得出 4—5 种可行的理念。

4. 在机会组织方案中对理念做出切实评估……

每个机会组织方案都(至少)应当包括:

1. 执行摘要

2. 公司简介(管理团队、关键角色)

3. 市场分析和竞争对手分析(基于行业调查知识)

4. 市场、产品和制造流程描述

5. 财务分析(例如,创业启动成本、可能的融资方式)

示例(及其要素):

- 执行摘要:对以下所有领域的概述,包括对企业可行性的最终建议

- 公司简介

- 公司概况和理念
  — 总体使命和战略意图

- 管理团队

— 知识、技能和能力(KSAs)、优势、经验
- 组织结构(责任如何划分?)
- 市场分析和竞争对手分析
- 市场发展(调查行业发展趋势和消费者需求)
- 行业信息(社会、经济和技术发展趋势)
- 主要竞争对手(列出彼此的优势和劣势)
- 市场、产品和制造流程描述
- 市场服务(即人口情况和位置)
- 产品(服务)概念(产品和/或服务的描述、研发、专有特性和企业的附加值)
- 操作说明(当然,如果是制造产品的的话尤其相关)
- 财务分析
- 预估创业成本(调研类似企业)、融资方式(借贷/股票融资、可用资源清单)

创业课程对本课程的需求

许多创业课程都侧重普遍认定的创业管理和规划技能,却常常忽略一些创业技能,如创新和风险承担。创业技能的教学往往是技术性的,对创业者的认知和思想体系关注得不够。教育者在设计和评估创业项目和课程目标时,应将创业态度和创业观念也纳入考虑范围。

理解新企业创建过程的方法可以帮助教育工作者设计一门创业课程,这样可以检验创业自我效能发挥的作用。从创业的调查阶段到创业的实施阶段,自我效能在揭示整个创业生命周期中不同阶段(见图10-3)所需的基本技能方面发挥着重要作用。以下部分讨论在创业文献中创业者自我效能的各种组成部分。

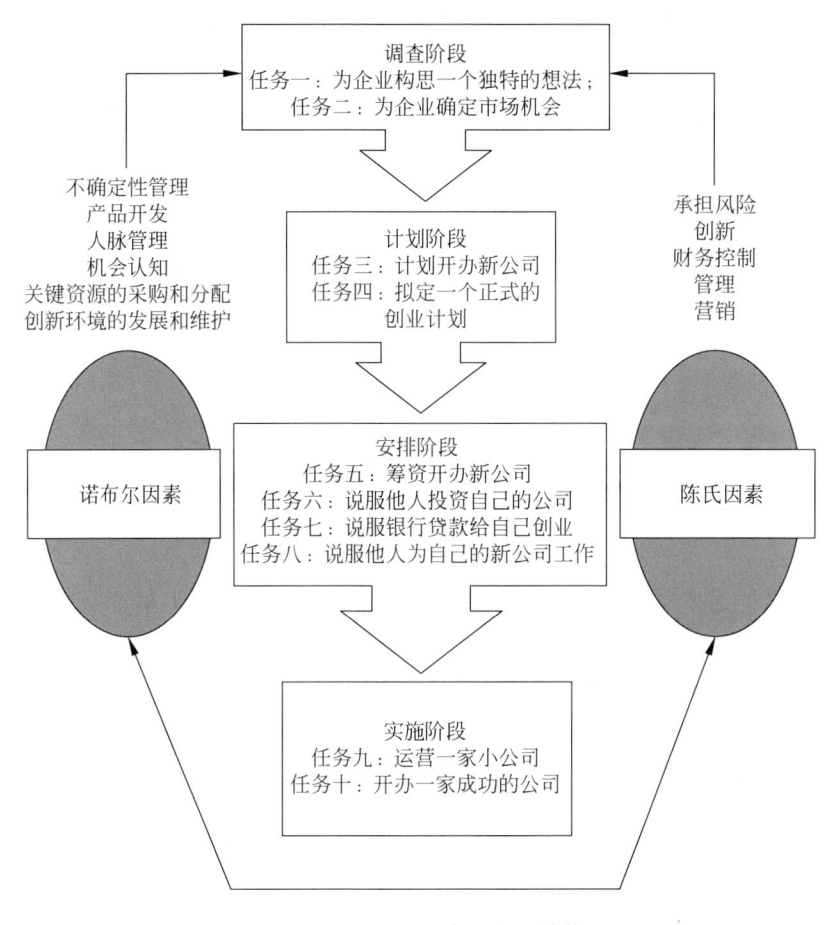

第十章 打开新商机的途径:创业课堂的创新与策略

```
                    调查阶段
                    任务一:为企业构思一个独特的想法;
                    任务二:为企业确定市场机会

  不确定性管理                              承担风险
  产品开发                                   创新
  人脉管理          计划阶段                 财务控制
  机会认知          任务三:计划开办新公司    管理
  关键资源的采购和分配  任务四:拟定一个正式的  营销
  创新环境的发展和维护       创业计划

                    安排阶段
  诺布尔因素        任务五:筹资开办新公司    陈氏因素
                    任务六:说服他人投资自己的公司
                    任务七:说服银行贷款给自己创业
                    任务八:说服他人为自己的新公司工作

                    实施阶段
                    任务九:运营一家小公司
                    任务十:开办一家成功的公司
```

图 10-3 培养创业者的自我效能

创业者的自我效能

作为一种个体差异的变量,自我效能的概念一直以来都被广泛应用于心理学中。人们在面对困难的时候,自我效能被认为是与一个人的活动选择和一个人的努力、坚持、思维过程和遇到障碍时的情感反应有关(Bandura,1997;Lent et al.,1994)。班杜拉(Bandura,1997)认为自我效能是个体对自己实施某种具体行为或产生一定结果所需行为的能力预期。它的主要内容不是关于一个人所拥有的技能,而是关于一个人对他所拥有的任何技能所能做的事情的判断。自我效能是通过发展复杂的认知、社会、语言和/或身体技能而逐渐获得的,而这些复杂的技能往往是通过经验获得的(Bandura,1982;Gist,1987)。因此,通过过去的成就获得技能可以增强自我效能,并有助于人们形成更大的抱负和改进未来的表现(Herron and Sapienza,1992)。检验自我效能和知识获取的研究或类似结果发现,训练前的自我效能措施能够对学习做出积极预测(Gist et al.,1989;Martocchio and Webster,1992)。

自我效能对创业成功具有一定的实际意义和理论意义,因为创业需要创业者拥有独特的技能和思维。在由德诺布尔等人(De Noble et al.)开展的关于创业自我效能的研究中(1999),他们对创业自我效能界定了以下六个理论维度:

- 风险和不确定性因素的管理技能;
- 创新和产品开发技能;
- 人脉管理技能;
- 机会识别;
- 关键性资源的采购和分配;
- 创新性环境的开发和维护。

在这些因素中,有许多因素可能与企业生命周期内确定的关键任务或作用有关。特别是在创业生命周期的早期阶段,产品开发技能和机会识别技能可能起着关键作用。由于"当代创业机会"课程侧重于机会开发和创新,所以我们研究和评估了这门课程的学生在上述技能领域和创业生命周期早期阶段的能力和意识(例如,调查阶段,见图10-4)。

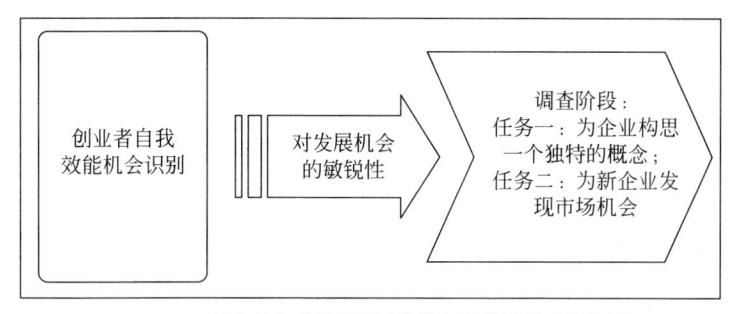

```
┌─────────────────┐  ┌──────────┐  ┌──────────────────────┐
│                 │  │          │  │ 调查阶段:             │
│  创业者自我      │  │ 对发展机会 │  │ 任务一:为企业构思    │
│  效能机会识别    │→ │ 的敏锐性  │→ │ 一个独特的概念;      │
│                 │  │          │  │ 任务二:为新企业发    │
│                 │  │          │  │ 现市场机会            │
└─────────────────┘  └──────────┘  └──────────────────────┘
```

创业者自我效能和敏锐性在商业规划中的作用

图 10-4　创业生命周期的早期阶段

方法和评估

综述

2003 年冬季参加"当代创业机会"课程的本科生参加了此次评估研究。所有学生在课程结束时都收到了问卷调查表,表中要求他们提供有关创业的信念和态度,以及他们认为在扮演创业角色和完成任务时所应具备的技能。

措施

创业自我效能

我们使用了德诺布尔等人(De Noble et al., 1999)的自我效能测量方法来评估学生们的机会识别和发展技能。以下就是我们使用的项目列表:

- 我能够提出新点子、推出新产品。
- 我能够预测新产品和新服务的市场机会。
- 我能够发现改善现有产品质量的新方法。
- 我能够确定企业潜在发展的新领域。
- 我能够迅速抓住商机。

- 我能够创造出满足消费者需求的产品。
- 我能够采取一系列寻找机会的行动。

学生们用李克特量表(Likert-type)七分法(1代表"非常不同意",7代表"非常同意")来评估自己在执行每项任务时的能力。

创业敏锐性

我们采用希尔斯等人的自我感知创业敏锐性量表(1995;5 项内容)来评估学生们的创业敏锐性(对机会的敏锐性)。具体例子包括,"我对机会有一种特别的敏锐性或者敏感度",而且"我喜欢思考和/或寻找新的商机。"对于自己的每一个陈述,学生们都会使用李克特量表的七分法来给自己打分。其中 1 表示"非常不同意",7 表示"非常同意"。

创业生命周期的任务和角色

考克斯等人(Cox et al.,2002)的量表被用于衡量参与者对他们在创业生命周期的每个阶段完成任务(职能)的能力的认知(请参见图 10-3 中的任务)。参与者被要求思考创办新企业的过程。对于调查阶段的每个陈述(任务一和任务二),他们都会采用李克特量表(Likert-type)的七分法来测量他们的自信水平(1="不自信";7="非常自信")。

初步评估:考察关系

为了检验机会识别、自我效能、敏锐性与创业任务之间的关系,我们进行了相关性分析。表 10-1 展示的是描述性统计和零阶相关。

表 10-1　(a)描述统计与(b)相关性

(a)描述统计

	平均数	标准差
自我效能:机会识别	5.5854	1.9150
创业者对机会的敏锐度	4.7877	1.7515
调查阶段——任务 1	5.1205	1.5333
调查阶段——任务 2	5.4699	1.3555

第十章　打开新商机的途径:创业课堂的创新与策略　　**183**

(b)相关性

	自我效能:机会识别	创业者对机会的敏锐度	调查阶段——任务1	调查阶段——任务2
自我效能:机会识别	1.000			
创业者对机会的敏锐度	.583**	1.000		
调查阶段——任务1	.410**	.587**	1.000	
调查阶段——任务2	.470**	.589**	.806**	1.000

注释:相关性在0.01水平时较为显著(以2结尾)。

我们的结果显示,自我效能与创业者的敏锐性有关。创业者自我效能(机会识别)和创业者敏锐性都与两项任务有关,这两项任务均涉及寻找新创意和为新企业进行的创新。通过相关性分析,我们还考察了创业自我效能的构建是如何增强学生的创业敏锐性、提高学生完成生命周期调查阶段任务的能力的。图10-5和图10-6既展示创业者敏锐性对这些任务的影响,也展示了自我效能对这些任务产生的影响。可以看出,当创业者的自我效能较高时(例如,EFFEC=1),学生在为创业寻找独特的想法(调查阶段,任务1)和为新企业寻找市场机会(调查阶段,任务二)方面就具有较高的认识能力。

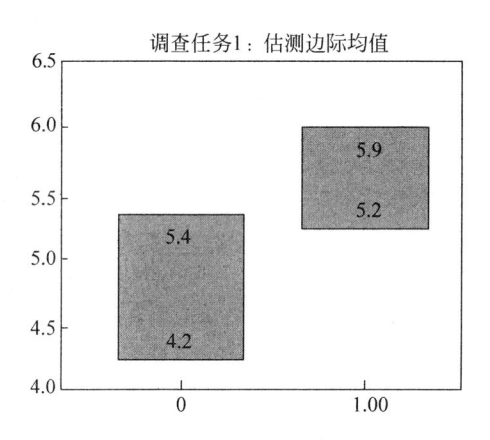

图10-5　发现独特商业想法的感知能力

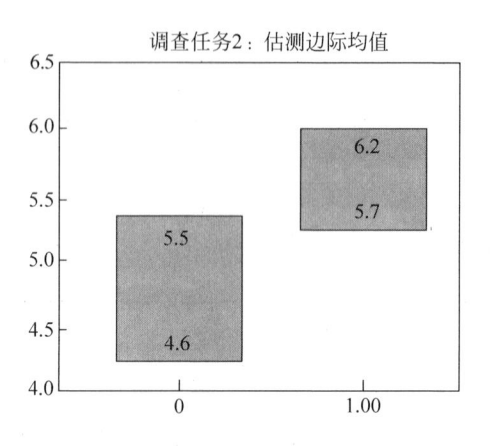

图 10-6 识别新企业市场机会的感知能力

讨论

机会识别过程本身是多维度的,包括寻找新创意的过程和对商业机会的可行性识别。而有些创业者在识别机会之前就已经开始了创业的过程。这一过程在创业后对企业的成长能力来说至关重要。因为这个过程需要应对环境变化并为创业寻求新的创新理念(Zietsma,1999)。本章在概述新的机会识别课程中迈出了第一步,该课程侧重于培养未来创业家的技能和能力,特别是他们参与计划和创业时的技能和能力。

鉴于创业者自我效能与创业生命周期任务之间的关系,人们可以通过对创业者自我效能进行系统的、持续的关注,来提高他们完成这些任务的能力。如前所述,许多创业课程都侧重于教授公认的创业管理和规划技能,却往往忽视教授创业技能,如创新和冒险。此外,创业教育者在设计和评估创业项目和创业课程时,应当把创业态度和观点也纳入到考虑范围。

为了提高学生的创业自我效能,教育者们还应该努力营造一种环境,让潜在创业者和真正的创业者能够分享、辩论、评估他们创业想法的可行性。更具支持性的环境也将提高创业者的自我效能,因为个人会根据环

第十章 打开新商机的途径:创业课堂的创新与策略 185

境中存在的资源、机会和障碍来评估他们的创业能力(见图10-7)。

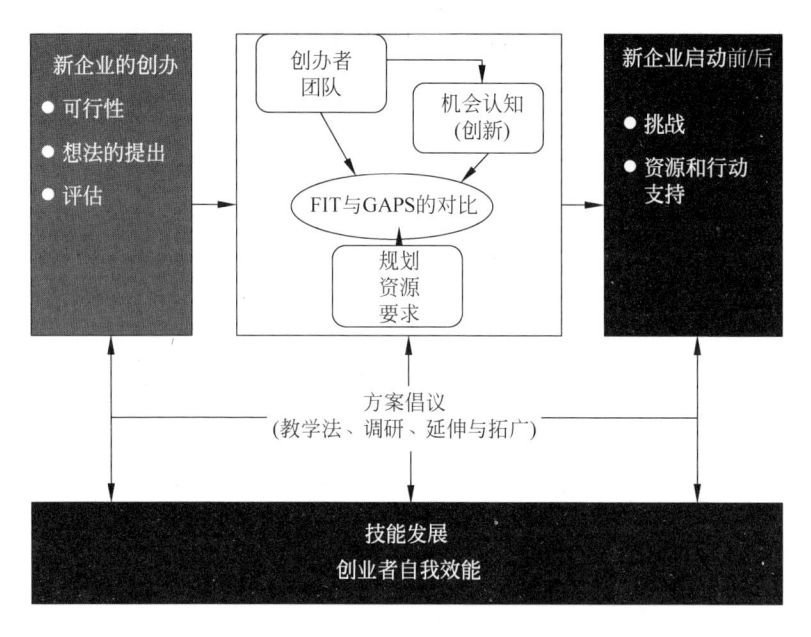

```
┌─────────────┐        ┌─────────┐                    ┌─────────────┐
│ 新企业的创办 │        │ 创办者  │                    │新企业启动前/后│
│ ● 可行性    │        │  团队   │                    │ ● 挑战      │
│ ● 想法的提出│        │         │ ┌──────────┐       │ ● 资源和行动│
│ ● 评估      │───────▶│    ╲   │ │ 机会认知 │──────▶│    支持     │
│             │        │     ╲  │ │  (创新)  │       │             │
│             │        │      ╲ │ └──────────┘       │             │
│             │        │   ┌───FIT与GAPS的对比───┐    │             │
│             │        │   │规划              │    │             │
│             │        │   │资源              │    │             │
│             │        │   │要求              │    │             │
│             │        └─────────┘                    │             │
└─────────────┘                                        └─────────────┘
      ▲                   方案倡议                           ▲
      │              (教学法、调研、延伸与拓广)                │
      │                       │                              │
      ▼                       ▼                              ▼
┌─────────────────────────────────────────────────────────────────┐
│                         技能发展                                │
│                      创业者自我效能                             │
└─────────────────────────────────────────────────────────────────┘
```

图 10-7 概念框架

　　除了建立一个支持性的环境外,教育者还应当考虑到其他人对创业者自我效能的影响。社会学习理论(SLT)提出,通过观察他人的行为来替代学习也是一种学习方式(Bandura,1977),这被称为行为榜样(Bandura,1977)。将社会学习理论以行为榜样的形式应用到创业角色模型之中,我们可以从中发现,有更多机会接触其他创业者的人更可能投身于创业实践活动(Schaver and Scott,1991)。而创业导师可能以家庭成员、雇主、教师或者任何有机会进行观察的人的身份出现(Sexton and Smilor,1986)。随着时间的推移,使用纵向观察法去研究这些关系是如何演变的,以及它是如何影响有志向的未来创业者以使其开创和发展自己的企业的,是非常有趣的。可通过设计项目课程计划,使学生能够评估他们的机会,同时建立有效的管理团队并且获得开展新业务所需的资源。为了将创业者的行为榜样纳入进来,我们需要建立一个支持性的环境和机会(图10-8),从课堂教学开始,课程重心将会放在创业者基本技能、任务和能力上面。这种课程设置可能会给予未来创业者必备的能力和自信,从而让他们在一个要求敏锐度和持续创新的市场中开创并发展自己的企业。

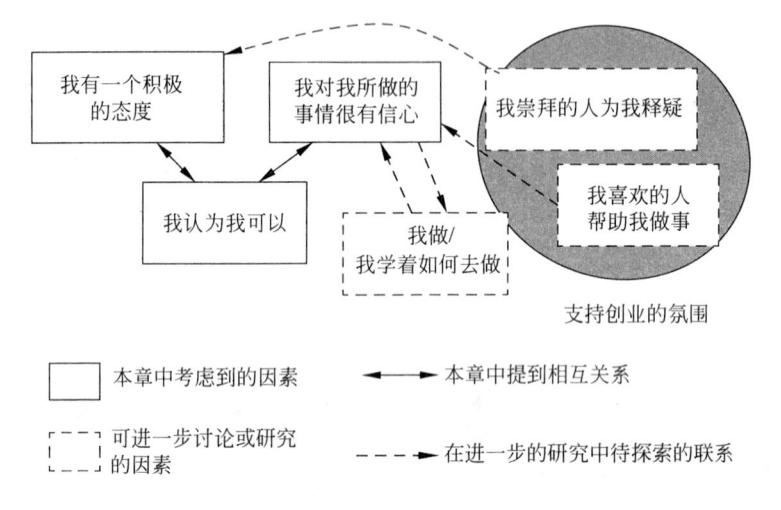

图 10-8 创业者角色模型

参考文献

Bandura, A. (1977), *Social Learning Theory*, Englewood Cliffs, NJ: Prentice Hall.

Bandura, A. (1982), 'Self-efficacy mechanism in human agency', *American Psychologist*, 37 (2), 122-47.

Bandura, A. (1997), *Self-Efficacy: The Exercise of Control*, New York: W. H. Freeman.

Cox, L. W., S. L. Mueller and S. E. Moss (2002), 'The impact of entrepreneurship education on entrepreneurial self-efficacy', *International Journal of Entrepreneurship Education*, 1 (2), 229-245.

De Noble. A. F., D. Jung and S. B. Ehrlich (1999), 'Entrepreneurial self-efficacy: the development of a measure and its relationship to entrepreneurial action', www.babson.edu/entrep/fer/papers99/index99/index99.html, 2005 年 4 月 20 日查询.

Gist, M. E. (1987), 'Self-efficacy: implication for organizational behavior and human resource management', *Academy of Management Review*, 17 (2), 183-211.

Gist, M. E., C. Schwoerer and B. Rosen (1989), 'Effects of alternative training methods on self-efficacy and performance in computer software training', *Journal of Applied Psychology*, 74 (6), 884-891.

Herron, L. and H. J. Sapienza (1992), 'The entrepreneur and the initiation of new venture launch activities', *Entrepreneurship Theory and Practice*, 17 (1), 49-55.

Hills, G. , T. Lumpkin and R. Singh (1995), 'Opportunity recognition: Perceptions and behaviors of entrepreneurs', *Frontiers of Entrepreneurship Research*, Wellesley, MA: Babson College.

Lent, R. W. , S. D. Brown and G. Hackett (1994), 'Toward a unifying social cognitive theory of career and academic interest, choice and performance, *Journal of Vocational Behavior*, 45 (1), 79-122.

Martocchio, J. J. and J. Webster (1992), 'Effects of feedback and cognitive playfulness on performance in microcomputer software training', *Personnel Psychology*, 45, 553-578.

Sexton, D. and R. Smilor (1986), *The Art and Science of Entrepreneurship*, Cambridge, MA: Ballinger.

Shaver, K. and L. Scott (1991), 'Person, process, and choice: the psychology of the new venture creation', *Entrepreneurship Theory and Practice*, 16, 23-45.

Zietsma, C. (1999), 'Opportunity knocks-or does it hide? An examination of the role of opportunity recognition in entrepreneurship', *Frontiers of Entrepreneurship Research*, Wellesley, MA: Babson College.

附录：当代创业机会

吉尔·基库尔博士
电子邮箱:jkickul@depaul.edu
网址:www.depaul.edu/~jkickul

课程简介

对于开创和发展企业来说,创业并不仅仅是一系列工具和技巧,而是一种心态,一种关注机会和创新的看待问题的方式。这是一种从事热爱之事的激情,是一种用金钱、独立、权力和创新创造财富的方式,是挑战和坚持。此外,创业也是创造力,以及为了完成任务而做出的新执行策略。

创业不是那些心灵空洞、胆小怕事、讨厌不确定性、黑白分明者的归宿。相反,创业是为那些有自我驱动力、独立、坚持、幽默、能够扛住失败的压力并且愿意承担和管理适当风险的人所准备的。

本课程将重点介绍新机会的发现及为机会学习所做的准备,这些都可用于新企业的初期运营。它探讨了新企业的概念、启动和发展等关键因素。其涵盖的主题包括：

- 对未来创业者特质的定位
- 发现创新
- 对新产品和服务的市场潜力分析
- 启动资金、组织结构及新企业运营

课程目标

- 针对新创业理念和新企业的可行性、计划及实施提供培训和教育。
- 通过将理论应用到真正的创业问题中来提高管理能力和组织能力。
- 对创业者作为美国社会的重要组成部分这一概念,有一个基本的了解和认识。

课程要求

创意周记

每个星期,学生们都有机会写下他们的创业想法(至少每周一次)。这些想法的来源可以是多样的,随时随地的(建议随身携带笔、纸、草纸、甚至掌上电脑(实物和电子的均可))。请查看网址:www.creativity-pool.com/。

另外,为使你快人一步,可以考虑来自奥斯本(Osborne,1963)的以下问题:

有其他用途吗?	新的使用途径是?
	改良后的其他用途是?
适应?	与之相似的还有哪些?
	它还意味着其他点子吗?
	过去有过相似的经验吗?
	我可以复制什么?
	我可以效仿谁?
改良?	新转机?
	改变意义、颜色、手势、声音、气味、形式和形状?
	其他形状?
放大?	增加什么?
	更多时间?
	更加频繁?
	更加坚固?
	更高?
	更长?
	更厚?
	附加值?
	增加成分?
	复制?
	倍增?
	夸大?

缩小？	减去什么？
	更小？
	浓缩？
	微型？
	更低？
	更短？
	更轻？
	省略？
	精简？
	分开？
	低估？
代替？	谁能代替？
	什么能代替？
	其他成分？
	其他物质？
	其他工艺？
	其他能源？
	其他地方？
	其他方式？
	其他语气？
重组？	成分互换？
	其他类型？
	其他布局？
	其他顺序？
	改变因果？
	改变节奏？
	改变日程？
反转？	正负转化？
	相反情况如何？
	反过来呢？
	翻过来呢？
	变换角色？
	改变位置？
	转变立场？
	换一个方面思考？

第十章 打开新商机的途径：创业课堂的创新与策略

整合？ 混合、整合、融合、混合或集合怎么样？
整合单位？
整合目的？
整合诉求？
整合想法？

关于行业检查知识（KIC）：这是你了解行业及隐藏在行业背后的思想的开始。

完整的行业分析通常包括对一个行业最近的表现、当前的状况和未来展望的回顾。许多分析都包括文本和统计数据的整合。

行业分析有多种来源：如投资公司、商业和贸易期刊、行业协会和政府机构。要进行彻底的行业分析，就需要大量的信息来源（资源助你开始创业）。

- Multex NET。此网站有超过 700 家经纪公司、投资银行及独立研究机构，提供实时、全方位的投资、企业和行业报告。例如包括美林证券、摩根斯坦利（公司）以及所罗门美邦国际。你可以将搜索范围限制为"仅限行业报告"，然后使用下拉菜单来选择行业类型，或者点击关键字。高级搜索页还提供了其他选项。大多数报告均为 PDF 格式。如果想查找新兴市场报告，可以点击调查 ISI 新兴市场网站。
- 标准普尔行业调查（Standard & Poor's Industry Surveys）。
- 美国行业和贸易展望（U.S. Industry and Trade Outlook）。
- 胡佛工业集团简介（Hoover's Industry Group Snapshots）。
- 互联网情报指数（Internet Intelligence Index）。此网站由富尔德公司的图书馆创办，可以向查询者提供"将近 600 个与情报相关的网站,涵盖从宏观经济到个人专利及股票报价中的所有数据和信息"。请关注页面下方的"行业网络资源"板块和"国际网络资源"板块。富尔德公司提供竞争性情报方面的管理咨询。
- 商业网(Business.com)。此网站涵盖 28 个行业,从会计至公用事业。同时,商业网还提供行业网站黄页。

机会组织方案(OOPs!)

如果你计划开一家公司,你见过的每一个商界专业人士和投资者,如律师、银行家、会计师、其他创业者及各类商业"天使",都会问你一件同样的事情——"这是否可行?"机会组织方案和商业计划界定了当今美国商学院所教授的创业或小企业的本质。本课程的一个核心组成部分是让学生有机会制定一个创业机会组织方案并提交评估。每个机会组织方案应(至少)包括以下几个方面:

1. 执行摘要
2. 公司简介(管理团队,主要角色)
3. 市场和竞争对手分析(基于 KIC)
4. 市场、产品和制造流程描述
5. 财务分析(例如,启动资金,可能的融资方式)

KIC 和 OOPs 的呈现

许多研究表明,图文结合的演示报告有助于更好更快地传达意思,帮助团队尽快达成共识,帮助个人更长久地记住重点信息。学生应在演示材料中结合专业文本和图表。研究建议,团队应尽可能以专业的方式进行演示,而且陈述报告最好有创意、创新并有多种演示方法(例如,图表、讲义、统计数据等等)。

小组和课堂参与

要通过本课程,不仅仅要看出勤率,还要看课堂参与度。参与得越多,这门课程对我们大家来说就越有乐趣和价值。每堂课学生都要阅读补充的材料和案例。学生的课堂参与度有很多评判标准,包括积极参与课堂"讨论"部分及参与小组会议和小组发言。

教师对学生参与度的评分大约占最后总成绩的10%,并将使用以下标准进行评分:

- 当教师提出问题或者案例时,你是否积极地(相对于不活跃)参与到其中?
- 当你在课堂上回答问题或评论与阅读、讨论相关的材料时,你使用前面讨论过的概念是否准确(相对于不准确)?
- 当你在课堂上回答问题或评论与阅读、讨论相关的材料时,你的想法是否有创意(而非冗余和重复)?
- 当你被要求回答案例里的问题以解决机构性难题(顺便提一下,作为机构顾问可以挣很多钱),你对于课堂上出现的问题提出了什么样的具体的可行(而非模糊且无用的补救措施)?
- 当你质疑别人的想法(包括教师的想法)时,你如何建设性地(而非破坏性地)提出你的批判?
- 当你所在的小组在课堂中或现实案例中合作时,你缺席了多少次?(你因此没有对小组做出贡献)?缺席一次小组讨论可能对你的最终成绩没有什么影响,但缺席太多则会影响你的最终成绩。

课程要求明细

创意周记　15%
行业知识检查　25%
行业知识报告 10%
机会组织方案 25%
会组织方案报告 15%
课堂出勤率　10%
总分 100%

参考文献

Osborne, A. (1963), *Applied Imagination*, 3rd edn, New York: Scribner.

第三部分

传播和促进创业文化及挖掘创业潜能

第十一章 培养工科大学生的创业精神：教育因素是什么

卡洛琳·韦尔扎特　雷米·巴切莱特

尽管人们经常把工程师与创新联系在一起，但他们创造的企业往往比商学院毕业生创造的企业要少得多(Fayolle,2001)。最值得关注的是，法国工程师的职业模式长期以来一直侧重于大公司的技术或管理职能(Bouffartigue,1994)。

鉴于创新创业在经济领域中的重要性，法国北部地区启动了一项与工程师创业教育有关的研究项目。这项研究是在加来北部地区委员会出台的"创业研究的极点区域"的框架下展开。最初的问题是要找出如何提升新工程师的创业精神，并找出具有影响力的因素。

可以肯定的是，公认的最有利于创业的因素是家庭背景，但这通常是一个不能受教育影响的因素。另一种先进的方法则是基于对创业适应性和技能的识别(Carter et al.,1995;Gartner,1988;Lorrain et al.,1998)，但是这种方法并不能预测某种现象的发生或发现创业者。对我们来说更为有趣的是，一些作者强调教育系统在企业建立之前对促进"创业精神"所起的作用(Albert and Marion,1997;Fayolle,2000)。

我们在里尔中央理工学院(Ecole Centrale de Lille)对里尔高级工程师的教学经历表明，很少有学生选择参加创业硕士课程，这一课程要求申请人拥有个人商业项目(大约2%的学生拥有)，并且他们做这个项目并不是因为一时冲动，而是要在一段时间后取得成果(Verzat et al.,2002)。在这个过程中，法约尔所说的"创业精神的觉醒"，在他们课程的最初两年里,通过实操项目管理经历发挥了重要的作用。

本章的目的在于深入讨论什么是"创业精神"。事实上,尽管这些词使用广泛,但在文献中尚无准确的定义,包括它们是如何创造出来的以及通过教学活动可以提高哪些确切的方面。这是一个提出假设的问题,目的是建立一个关于新培训的工程师如何能够产生创业精神的模型。

本章分为四个部分。第一部分涉及创业精神的定义问题:它是如何先于创业决定出现的?怎样定义创业精神的组成部分?我们提出了一种动态模式。第二部分是关于影响年轻工程师创业精神的因素:与教育背景有什么关联?在工科学校培训中有哪些可能的教学方式变量?第三部分展示了我们研究中的方法论特点。第四部分是一些有关2004年工科学生模型的投射维数的早期结果。结语介绍本研究的理论和实践意义。

创业精神:探索创业过程起始的动态模型

应该如何定义创业精神?尽管这个概念已广泛使用,但它仍需要适当的定义。我们认为这有助于我们理解创业意向是如何形成的。在这个方面,这是对创业进程开始的一个新认识。

创业过程未知的开始

几年来,创业研究者提出了一种观点,即可以将创业理解为一种过程(Gartner,1985,1988;Stevenson and Jarillo,1990)。法约尔(Fayolle,2002)表明,创业是一种相当复杂的现象,这一事实首先证明了这种观点。的确,它包括心理维度、社会维度、经济维度及组织维度。其次,创业情境具有多样性,因为创业者和他们的创业项目大相径庭。

把创业视为一种过程的观点十分重要,因为它使创业活动的相关研究走在创业活动的双重概念的前面。其中,一重概念是经济学家的功能性方法(Baumol,1993),这种方法将创业者描述为创新者、组织者,以及冒险者。另一重概念是以创业者性格、动机及行为来定义创业者的心理学方法,旨在发现创业者的人格类型。

第十一章 培养工科大学生的创业精神:教育因素是什么

我们的研究基于这样的观点:成为一名创业者更多是关乎于他(她)如何建立能做什么或者想做什么的愿景,而这种愿景的建立与他(她)所处的环境支持与否有关。这更多地是一个过程,而不是一种预定。

讨论创业过程无疑是一项非常庞大的课题,因为从初始想法到公司的有效建立都需要很多步骤和数年的时间。2003年,陶恩斯(Tounès)提出创业过程五阶段示意图(见图11-1)。在研究创业决定前,我们选择先研究这一过程的艰难阶段。

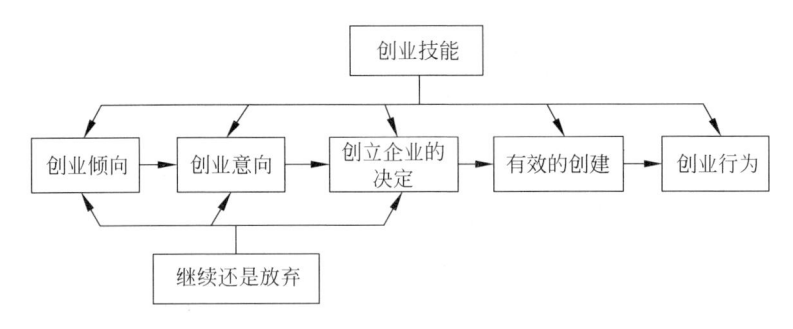

图 11-1 陶恩斯创业过程示意图

资料来源:陶恩斯(Tounès,2003)。

很多作者已经围绕意向概念探讨了这个过程的前几个阶段。大多数研究或是基于阿杰恩应用于创业意向的计划行为理论(Ajzen,1991;2002),或是基于夏皮罗和索科尔提出的创业项目可预测性理论(Shapero and Sokol,1982)。阿杰恩提出,任何行为都可以在接受这一行为的意向中找到表现方式。这一意向源于一些积极的态度,包括这种行为、规范信念及行为的控制感。这些积极态度一方面作用于"内心理控制源",另一方面作用于"自我效能"(Bandura,1982)。比如,他就是这样分析了戒烟的意向。根据夏皮罗和索科尔的理论,创业意向源于人们对其可取性和可行性的认识。克鲁格与卡斯鲁德(Krueger and Carsrud,1993),奥蒂奥等(Autio et al.,1997),王等(Wang et al.,2001),彼得曼与肯尼迪(Peterman and Kennedy,2003)及陶恩斯(Tounès,2003)都试图去解释创业意向。

我们认为这种模型非常重要,但不足以用来探讨创业过程的早期阶段,因为在很多情况下,对这种意向的认识发生得很晚。我们已经从法约尔(Fayolle,1994)的研究中了解到很多工程师在其职业生涯末期才转型为创业者。我们还发现王等人(Wang et al.,2001)的理论提到,在新加坡,一些学生承认自己有创业意向,但当经济环境可以提供更好的就业机会时,他们并不会创业。我们也认为更深层或更早的影响是存在的。例如:法约尔提到,很多创业的工程师在上学期间都在社团担任过重要职务。我们认为,我们在探索性研究中注意到,大多数着手创业的工程师都在他们的创新项目团队中担任过两年决策性领导岗位(Verzat et al.,2002)。

因此,我们可以假设将创业决定前的阶段命名为"创业精神"。但是我们如何定义创业精神呢?

艾伯特和玛丽昂提出(Albert and Marion,1997):"创业精神适用于商业乃至所有人类活动——在识别机会、收集各种资源的过程中,以创造满足需求的财富为目的。"还有一些作者将创业精神定义为关于"企业"和"创业"概念的一种积极态度,或者定义为包括把握主动权和采取措施(Léger-Jarniou,2001)。创业精神还界定了创业者的不同特征,与管理者或发明家不同(Fayolle,2002),精神意象的激活使一个组织得以发展(Fonrouge,2002)。我们可以在这些模型中找到一系列揭示创业行为的个人特点、能力、价值观和态度。

所以,"创业精神"的定义并没有达成明确的共识,而在文献中可以找到的定义似乎更接近于"创业精神"的结果,而不是概念本身。我们的方法是去理解有助于构建这样一种"精神"的动力。刚进入工科大学时,很少有学生了解自己未来的职业或具体能力。三年在校学习提高了他们的专业能力,同时构建了他们的职业认同。因此,我们对创业精神的主要假设是:它是通过职业认同及特定态度、行为、效能感之间的双重阐述逐渐构建的。我们的模型试图将这两种维度包含在一个细化的动态过程中。

动态模型的假设

我们提出的创业精神模型可以简单地由一个图表来表现(图 11-2)。

通过学术研究和职前经历(实习、社团活动),青年学生能够逐渐了解自己能做什么、价值观和信念是什么、什么对他(她)有益。这将有助于他们选择未来的方向,并逐渐总结其专业项目。每一步,我们都假定某些特点可以被视为创业者的特点。让我们以一个广泛的视角来总结一下有关专业定位和能力的所有特征。

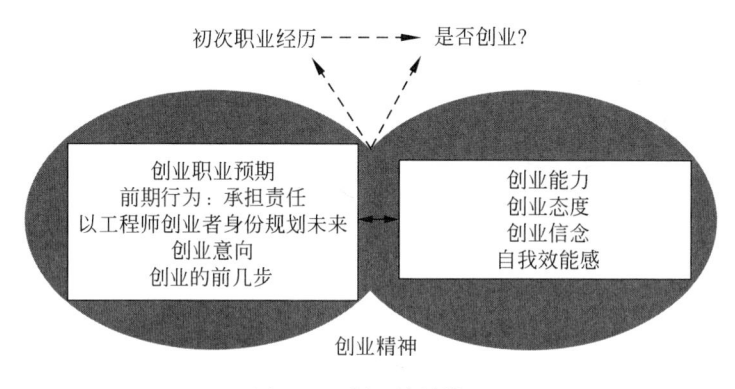

图 11-2　创业精神模型

创业职业规划

通过初步访谈,我们已经注意到角色定位及(或者)职业类型定位的重要性,这种定位是通过一些主张表现出来的,比如:"我早就知道我有成为创业者的潜质","我不把自己当作传统技术或有商业头脑的工程师",或者是"我的家族中有很多创业人士,我也对创业感兴趣"。我们怎样才能说明这些隐性的职业模型呢?

更重要的是,一些作者,例如戈特雷森(Gottfredson,1981 [1996])(由 Guichard and Huteau,2001 引用)认为,专业与职业选择首先是人们试图实现"社会自我",其次是实现"心理自我"。运用生活的相关故事,雷和卡斯韦尔(Rae and Carswell,2000)揭示创业学习过程中在他人面前建立自身意义的重要性:成为创业者就需要建立有明确目标的价值观或动机,所以一旦实现这些目标,这些成功就会提供一种自信和成功的能力,类似于班杜拉的"自我效能"概念。

成为创业者也许可以基于双重交易身份建构理论(Dubar,1991)。实际上,我们在这里发现:

1. 一方面,这是一次传记式的交易,在这种交易中,工科大学的学生认为未来可能会延续或者中断他以前的经历(包括家庭经历、对工科大学的选择、社团活动、项目计划等)。

2. 另一方面,这是一种关系交易。在这种关系交易中,工科大学学生的抱负(事业和生活计划)在有利的环境(包括父母、亲戚、朋友、准备参与的其他学生、外部潜在合作伙伴、有助于建立商业计划或确定创业想法可行性的讲师)中得到认可。这其中,大学文化扮演着重要的角色。

对于许多学生来说,职业计划是通过探索、尝试和错误逐渐形成的,学生们会从中得到一些鼓励以探索试验,然后通过讲师确定创业项目的可行性。

在这方面,一些职业指导心理学家分析建立职业计划的方式很有趣。例如金兹伯格等(Ginzberg et al.,1951,由 Guichard and Huteau,2001 引用)提出建立职业计划是一个包括"现实选择"的过程。这个过程分为三个阶段:第一阶段是探索阶段,一年级学生开始主动搜集信息,与博学多识的人(例如讲师或职业指导人员)进行探讨,以便进行职业选择。第二阶段是凝练阶段,学生通常是四年级学生,将他们的选择和经验凝练,从而能够制定选择的层级结构并确定倾向。该过程的最后阶段称为"细化",它和"专业倾向"相一致;即将毕业的学生选择一个职业,并投入大量时间与精力到他们感兴趣的项目中。

综上所述,在决定建立企业之前,我们可以提出几项假设来定义创业精神的发展情况：

H1. 创业精神是通过创业意向表现出来的。

H2. 创业精神是在大学学习期间通过前瞻性行为(如负责社团或领导项目团队)表现出来的。

H3. 创业精神是通过身份定位表现出来的，这种身份定位可以通过向其他人宣称自己是或想成为什么样的人而被识别，而不是通过技术思维的工程师模式。

H4. 创业精神是通过逐步建立创业的职业计划表现出来的：对于一年级的学生来说，创业精神表现在一个信息搜索的探索阶段。对于二年级的学生，它表现为寻找与项目相关的机会、建议和培训。一到三年级，学生们大致完成其项目工作(已经与银行或合作伙伴建立了联系；他们转向了创业硕士课程)。

培养创业能力

有一部重要的文献涉及创业者的心理状况或他/她的必要能力。所有使用阿杰恩理论的作者都描述了创业意向的各种要素：(1)与创业相关的积极态度；(2)与创业行为相关的内化社会标准；(3)对拥有创业技能、自我控制能力以及成功能力的感知。

我们试图把所有这些维度考虑在内，最终得出潜在创业者的三个特征：

- 具体态度，即以某些方式行事的内在倾向，并主要考虑特定的人格特征；
- 与创业相关的规范信念；
- 感觉自己拥有创业技能(自我效能)。

表 11-1 和 11-2 详细说明了这三个特点。

创业态度 为评估一个人对创业行为的态度,我们在相关文献中选取了八种态度,以便能够得出这些学生对创业行为的态度(表 11-1)。

对于每一种态度,根据生物数据技术,提出一系列问题,引出精确的情况(Mael,1991),这使人们有可能就实际情况提出事实性问题,从历史的角度来看,这些问题涉及观点、态度和价值观。

表 11-1 创业技能评估变量

态度评估变量	参考文献	问卷提出的几种情境
自主性	克雷德(Craid,1990) 克罗米(Cromie,1987)	个人或团队工作, 团队合作时更易于取得"成功"
对成功的需求	麦克莱兰(McClelland,1961) 科赫(Koh,1996)	设定个人挑战目标,所做的超出要求的
活力	(克雷德 Craid,1990)	社团课外活动
冒险	(科赫 Koh,1996)	讨厌风险或规避风险
把握主动	克罗米(Cromie,2000)	在课堂、团体、家庭中采取主动
责任	麦克莱兰(McClelland,1961)	社团责任、班干部
创新	科赫(Koh,1996) 克雷德(Craid,1991)	喜欢改变和新的工作方式
意志、决心	克罗米(Cromie,2000)	不惜一切代价实现目标

关于创业的规范信念 在阿杰恩的意向模型中,规范信念这一概念是指人的内在价值,这是由他或她的社会模式和参照所确证的。此人的"相关人士"是那些在职业和职业定位方面对他很重要的人,也是一个为他或她的项目提供有利环境的人。

我们在调查问卷中提出的问题,一方面旨在找出职业参考模式和有利于学生建立项目的环境(父母、亲戚、密友、讲师、以前的学生、银行、校友),另一方面旨在找出这些参考模式是否支持学生的创业项目。

对拥有创业技能的感知

对这一方面的评价要通过两个次要方面:

1. 自我效能:在本研究范围内,我们定义了与创业者的关键技能相关的自我效能,如相关文献所述(表 11-2)。我们的目的在于通过问卷来确定学生群体是否具有创业技能。

表 11-2 自我效能评估变量

创业者技能	参考文献	问卷提出的几种情境
抓住机会,创造机会	赫伦(Herron,1990),维斯珀(Vesper,1990),鲍姆(Baum,1995)	人员配置机会,或就业、空缺机会
团队合作	钱德勒和詹森(Chandler and Jansen,1992) 洛兰等(Lorrain et al.,1998)	个人或团队工作,处理团队矛盾
建立与维护关系网	奥德里奇等(Aldrich et al.,1987),赫伦(Herron,1990)	与朋友、校友的关系;结交熟人
科技能力	鲍姆(Baum,1995),赫伦(Herron,1990),钱德勒和詹森(Chandler and Jansen,1992)	解决技术问题(电脑)
紧张工作	钱德勒和詹森(Chandler and Jansen,1992)	遵守截止日期,身体力行
组织能力	洛兰等(Lorrain et al.,1998),迪克斯(Deeks,1976)	在学校或一些朋友中组织活动
未来自我规划	汉布里克与克罗泽(Hambrik and Crozier,1985) 米尔顿(Milton,1989)	大学毕业后有一个关于职业规划的个人想法,预计与所计划活动相关的困难
做出决策	迪克斯(Deeks,1976),霍夫和桑德伯格(Hoffer and Sandberg,1987)	信息不足时如何做出决策

2.心理控制源:这个概念指的是掌控事件过程和运行的感觉,或者把它们视为理所当然(Braukhaus,1982;Rotter,1966)。问卷的目的是从两个层面对以下这些方面进行检测:

(a)内部控制点:这一方面是以问答形式进行检测的,这些问题有助于查明该人是否能够自行掌控某些事件(通过他的能力和努力)。

(b)外部控制点:评估这方面的问题,以确定该人是否认为某些事件的发生是由于外部原因(机会、运气、他人的全能)。

因此，我们的假设是：创业精神是通过创业定位所揭示或证实的不同创业者特征而形成的。但这并不能解释为何会出现这样的精神。所以这个模型的第二部分就是要调查可能的原因，特别是要找出工科院校的课程设置中，有哪些因素可以发挥作用。

创业精神影响因素

我们可以找到两个主要因素：一个人过去的经历和大学期间的教育因素。我们要仔细研究这两个因素，以衡量大学期间的教学方法及其他因素的权重。

建构身份的过去

在阿杰恩的意向模型中，身份与动力的建构只是部分地通过规范的信念方面表现。根据我们提出的模型，身份建构动态过程需从两个方面来考虑。一方面是外显的角色（自我定义，特别是作为一名即将成为工程师的人，以及对未来的定位），这一角色与其他人建立起互动的关系（见上文）。另一方面是构建身份过去，这与从社会和家庭背景中获得的传统及身份识别模式相关：父母是不是创业者，父母的职业对自己及其子女的影响，有没有创业社会背景。

这些方面被视为模型输入变量：它们可能会对创业精神产生一定影响，但是我们认为它们不是决定性因素。我们的假设是：对于一些学生来说，过去可能构成一种在他们学习过程中会发展的倾向。对于其他学生来说，他们可能会与过去故意中断，某种程度上看，这种转变也可以被视为一种决心。在其他假设中，我们承认大学教育可以为没有创业背景的学生提供培养创业精神的机会。这一假设得到了支持。我们在研究的定性阶段课程中遇到了一些学生，他们的经历会为这个假说提供几个例子作为支撑。

现在，让我们看看大学教育是如何在这个起始点上发挥作用的，它是否有利于创业精神的发展。

培训的影响

有关建构教育与创业范式的文献资料十分丰富(Leitch and Harrison, 1999;MacMullan and Long,1983;Sexton and Bowman,1984)。还有大量有关大学创业培训领域的报道、总结以及教育实验评估(Garavan and O'Cinneide,1994;Gorman et al.,1997)。显然,尽管对于包括把握主动权及改变途径的创业态度的意识能够——也可以说应该——尽早涉及(Neunreuther,1979),但是报道的实验主要涉及大学管理培训。

关于创业教学目标,很多作者坚持认为必须避免任何机械式的教学,因为这会使创业沦为一套技巧,并忽视学生的动机(Hynes,1996)。根据吉布的理论(Gibb,1993),教学方法不应该只是传递知识,还要培养有利于创业的技能和态度。它们与其他职业目标不同,因为它们是多元的,而且是必要的多学科性的。它们代表一种特定的挑战,尤其是对于我们所研究的工科大学学生来说,关键就是要忘记分析方法和由方法所引起的规避风险的态度,这些方法包括探索对于特定问题的独特解决方案。事实上,我们注意到,在我们的定性研究过程中,对创业感兴趣的学生较少关注技术,更愿意选择他们希望参加的课程。

在相关文献中,可以通过把学生置于解决问题的真实情境中的教学方法来使其学习创业技能和态度。大量实证研究表明,在培养创业者方面,某些类型的教学会比其他类型的教学更有利:"行动学习""在做中学"、通过经验学习、从自己所犯的错误中学习,以及向他人学习(Garavan and O'Cinneide,1994;Hartshorn and Hannon,2002;Leitch and Harrison, 1999)。我们回顾了有关学习方式的诸多研究成果,吉布(Gibb,1993)认为,创业者具有一种特殊的学习方式,这种学习方式更倾向于关注现实生活中的经历,或者行动(实用/直觉模式),或者思考(反思/直觉模式)。雷(Rae)和卡斯韦尔(Carswell,2000)在他们的生活故事讲述方法中提到,被采访的创业者通常喜欢学习,并且热衷于应用所获得的知识和技能。他们甚至建构了自己的一套有关学习及决策方式的理论。

通过最初的定性研究,我们可以认识到活动教学法与实现创业精神培训间的实际联系。里尔中央理工学院的项目活动是这个课程的中心活动（每个学生300小时）。对学生的采访表明，这种适用于团体的教学方法对于学生来说是激发创业精神的最佳方式。当人们做出决定的时候，想要成为一名创业者的意向会受到两种主要经验的影响：(1)在项目活动课程中，学生发现其领导团队的能力，这对于一名将要成为创业者的人来说是一个必不可少的优点；(2)通过项目活动，学生发现产品、市场以及客户机会，这些会有助于他们发现并证实自己创造、决定及发展社会关系网的能力。

根据这些理论要素及我们最初的定性研究，我们提出了几个关于课程选择及学习方式的假设，这些课程和学习方式对于具有创业精神的学生来说是十分典型的。

　　H5. 具有创业精神的学生对现有课程的选择要比其他课程多。他们更喜欢非技术性课程。
　　H6. 学生选择需要积极参与的教学活动，如专题或实习，而不是讲座。

除了依赖社会认知型变量的学习方式外，吉布（Gibb，1993）认为创业精神是在一种特定环境中建立的。更确切地说，他提出了一种文化，即所有行动者（讲师、学生、职业顾问、各种合作伙伴）都需要这种文化来支持创业者和企业的建立。同样地，法约尔（Fayolle，2001）在关于创业工程师的研究中也提到在创业决策时，校园本身的文化也是需要考虑的因素。魁北克管理学院学生进行的一项研究估计了课程选择（商业计划或领域研究）对创业意愿和可行性的影响（Audet，2002）。在我们的初步研究中，决定参加创业硕士课程的学生似乎认为大学文化对于创业更有利。

在相似的领域，柯伦和斯坦沃思（Curran and Stanworth，1989）提出的一个方面，是我们认为在职业选择的培训中具有重要意义的：以"情感社会化因素"调节：灌输态度、价值观、心理心态和策略，以便今后承担起有关的职业角色。在定性研究中，我们观察了一个团队对进入创业过程的决定性影响。一些起初并没有显示出任何倾向的学生，跟随项目团队的领导者之后，最终也倾向于创业了。

依据这两个结果和我们最初的研究,我们提出了关于学生所处环境在构建创业精神中所扮演的角色的几项假说:

H7. 具有创业精神的学生认为大学文化对创业有利。
H8. 具有创业精神的学生有一些喜欢创业的密友。

因此,教学方法扮演了行动变量的角色,我们的问卷将会在两个层面检验这种变量:

1. 一方面,它将检验学生对各种大学教学方法的看法,包括感兴趣情况及贡献度。

2. 另一方面,每三年更新一次调查问卷,就可以确定大学提供的各种类型的教学对创业的预期、技能和态度的影响。然后,就有可能提出一个关于大学课程管理演变的假设,这些假设或多或少利于学生内化创业模式的发展。

综上所述,图 11-3 显示了影响创业精神构建的不同因素。

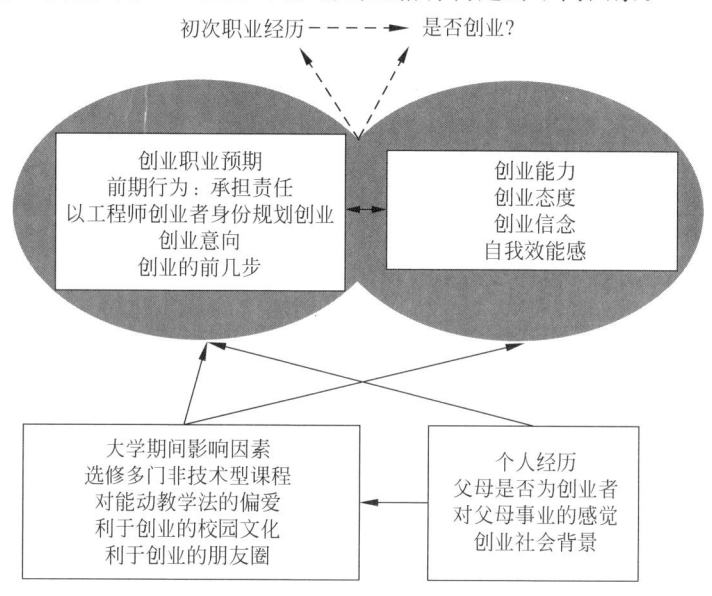

图 11-3 创业精神初探模型

图 11-3 的模型是一个探索性模型,指出了在建立创业精神过程中相互作用的不同因素。它可以被检验的方式,以及它如何引出更精确的解释模型,则需要一些方法论上的解释。

方法论问题

在方法论问题上,存在四个不同的层次:

1. 定量数据和定性数据的平衡。
2. 编制一份问卷,其中包括关于学生生活相关方面的可靠定量数据。
3. 通过进展问卷调查,获得可靠的纵向数据。
4. 我们用不同的步骤和统计程序来检验大量变量之间联系的不同步骤和统计程序。

定性和定量数据之间的平衡

我们研究的第一种方法是定性的(Verzat et al.,2002;Frugier et al.,2003)。我们想了解学生关于创业的态度、表述和信念,以及他们与学生的家庭、社会和教育轨迹的联系。

我们在课程的不同阶段对 11 位工科大学学生进行了两小时的半指导访谈。其中部分学生曾接受创业课程培训,另外一些学生则没有接受过这种培训。通过访谈我们得到两个主要结果(Bachelet et al.,2004):

  1. 本研究中的工科学生职业项目建设的第一个模型,展现了三种主要维度:一方面是与价值观和信念相关的职业定位,另一方面与知识和技能相关。所有这些维度都逐渐内化,并通过学生人生道路四个阶段的重要经历得到证实,分别为:家庭环境的影响、中学教育、"课前准备"阶段(在法国上大学的头两年,然后参加精英"交流会"),以及在"法国高中"的大学年数。

  2. 确定三种不同类型的创业态度和创业预期:

  (a) 第一种类型:坚定的创业者=在三年级时选修创业课程以

便为毕业后创业做准备的高年级学生。他们的创业意向在学校的项目经历中被唤醒,源于他们从家庭环境中继承下来的深刻价值观;但是他们的父母或近亲本身并不一定是创业者。

(b)第二种类型:潜在创业者=那些偶尔声称有创业意向,但至今没有采取任何行动的低年级学生。他们暂时并不认为自己处于项目领导者的地位,但是他们已经准备好以合伙人的身份承担风险。他们表现出了创业能力(自主、采取主动权),但是需要一个推进的机会或者需要更多关于创业的信息。

(c)第三种类型:对创业不感兴趣的学生(在课程的任何阶段):他们没有创业意向,认为创业太复杂,风险过高。他们寻求稳定的未来职业。

这些数据非常有趣,但不能确定因素之间的因果关系,并且发展轨迹的多样性不能结合在明确的可实践的路径上。这就是为什么我们将所有学生都纳入这项庞大的研究中,以获得定量的纵向数据,以便更系统地探讨这些复杂的因素与发展轨迹之间的关系。

当我们对精神类型或发展轨迹做出结论时,我们还计划回访"典型"的学生,以完善我们的理解。事实上,我们的问卷最后涉及一个问题,询问学生以后是否愿意接受采访。

另一个主要问题是,超越创业精神是个别过程的结果。事实上,我们学校几位工科学生创业的切身经历,在调动学生项目团队动力方面产生了重大影响。为了研究这种主要影响,我们选择了具体的方法路径:

- 对于定量数据,我们在问卷中添加了一系列关于如何形成团队合作(团队中的角色和态度、动机和满意度)的具体问题。但我们也包括了在团体层面而不仅仅是在个人层面分析问卷数据的方法。
- 对于定性数据的收集,个人采访不是研究团队过程的最佳方式。我们需要采取其他方法来代替个人采访,这种方法名为"焦点小组"(Morgan,1998;Stewart and Shamdasani,1990)。

问卷的设计

正如探索模型所示,我们需要收集不同类型的数据。如何将这些数据转化成一份有效的问卷?我们遵循的是经典过程(Churchill,1979):

1. 概念(创业精神)的定义,其维度和可实施的因素(意向、展望、态度、自我效能、社会背景、教育等)。
2. 每一个变量的定义及其指标。
3. 选择与每个概念相关的问题的数量和性质(详情见下),并为每个变量的问题进行详细说明。这由团队合作完成,该团队由两名学生和三名在创业和心理学领域的研究人员组成。学生的帮助很重要,可以让学生想象一下与学生生活相关的情况。
4. 对50名学生就问卷上的问题进行测试:观察学生填写问卷,然后由研究人员与考生就后者不能理解的问题进行讨论。
5. 准备好问卷最终版本,向所有200名学生进行问卷调查。

我们必须面对的一个具体问题是调查这些个人和社会因素问题的类型和性质。

基于大量的构想,我们决定将想法的自我评估问题(以李克特量表计分)(Likert scale)与生物数据问题联系起来,调查历史的、客观的和可证实的特征(Mael,1991)。下面关于自我效能"利用机会发展的能力"的例子解释了用这两种方法提出的不同类型的问题。下面是我们提出的一些问题:

— 如果某人向我提供一个意想不到的但有吸引力的项目,我会立刻抓住机会,之后再仔细思考,我:

第十一章 培养工科大学生的创业精神:教育因素是什么

- 完全同意
- 部分同意
- 部分不同意
- 完全不同意

——在最近6个月内,我父亲的一个朋友来家里吃晚餐。他的活动引起了我去实习的潜在兴趣。

- 我抓住机会商量我的实习并预约;
- 第二天我让父亲和他讨论我的实习;
- 我等待下一次和他见面。

调查问卷的管理

这份包括180个问题的调查问卷是通过计算机辅助网络访问(CAWI)向里尔中央理工学院一、二、三年级学生(每个年级为200—250名学生)、ITEEM(欧洲创业与管理技术学院)一年级学生(50名),以及巴黎中央理工学院(450名一年级学生)发放的。

在课程设置的每一年中,我们都会询问相同的学生同样的问题(除了那些预计不会改变的问题,如个人历史),以此来探究哪些取得了演变,哪些没有。三年后,通过完成不同课程阶段的问卷,我们就可以分析个人的演变和集体的演变情况,并将这些与大学在校因素联系在一起。

统计过程

首先,我们使用经典的相关分析和数据挖掘技术来挑选出有联系的相关变量。为了解学生或学生演变的不同情况,我们对选定的项目进行了因子分析。在不远的将来,我们将会使用更高端的技术:

- 通过比值比和对数线性分析来分离不同变量的影响(并排除教育不能起作用的因素的影响,例如家庭背景);

- 用结构方程式来试图证实或证伪更复杂的模型,例如阿杰恩模型。

初步结果

这一部分展示 2003—2004 年度在里尔中央理工学院的三个年级中得到的初步结果。

- 197 名一年级学生(＝高等教育的第三年,因为法国学生在两年的预备课程学习之后参加大学入学考试),占采集样本的 81%。
- 200 名二年级学生(＝高等教育的第四年),占采集样本的 81%。
- 125 名三年级学生(＝高等教育的第五年),占采集样本的 73%(因为很多学生在课程的最后一年选择出国留学)。

在这一阶段,我们能够展示的结果只包括三个展望维度:学生对工程师的表述、工科生设想的职业活动,以及他们想象的职业类型和创业意向。

现阶段我们得出的主要结论如下:

学生认为法国工程师是有特权地位的管理者,技术维度占主导但不是必需。

毫无疑问,法国工程专业学生作为"高等工程学院"的身份定位与工程师作为精英成员的历史形象有关。对于大多数学生来说,工程师享有特权地位(不同样本的 87%—90%)。在所有其他关于工程师的问题中,这是最主要的特征。

掌握技术知识也是一个非常重要的特征,但如表 11-3 所示,尽管这两种特征经常并行,但它并没有管理作用那样重要。工程师管理方面的能力似乎逐年增长(这一点将在对同一学生的纵向分析中得到证实)。

表 11-3 学生对于工程师的看法

一年级学生对工程师的看法	三年级学生对工程师的看法
仅仅掌握技术知识=15%	仅仅掌握技术知识=12%
掌握技术知识+管理角色=68%	掌握技术知识+管理角色=58%
仅仅是管理角色=17%	仅仅是管理角色=24%

当问及学生在未来工作中更希望扮演什么样的角色时,他们从管理层面详细说明了他们所理解的角色:项目管理,这相对于传统管理者的等级角色,在研究中很受欢迎。我们认为这可能受到他们在里尔中央理工学院头两年课程中的项目活动经历的影响。他们中大多数人都喜欢团队合作的经历,这为他们设计工程的日常工作提供了更为清晰的视角。将此与其他没有这种教授方法的大学进行比较,情况如下(表 11-4)。

表 11-4 学生对未来职业角色的倾向

一年级学生对其职业角色的倾向	三年级学生对其职业角色的倾向
小组经理(等级角色)=41%	小组经理(等级角色)=30%
项目经理=35%	项目经理=48%
技术专家=24%	技术专家=21%

但是这些视角是逐渐发展起来的。事实上,发展职业项目是一个漫长的过程。

发展工程师职业项目是一个漫长的过程

几乎没有学生在刚进入大学时就拥有一个明确的项目。67%的学生称自己对未来的工作没有明确的想法。第三年的时候,34%的学生仍然如此,尽管几个月后就要毕业了。我们认为一部分原因是通用工程研究的特殊性。在里尔中央理工学院,学生有机会学到工程学科各个领域的技术知识(从电子学到机械学、自动学、化学工程、土木工程等),从而使得他们有多种工作选择。学生之所以会选择高等专科学院,主要是因为在法国,它可以提供更有威望和更广泛的就业机会,学生也因此延迟了对具体职业的选择。因此,他们选择不做任何选择,从而保留所有的机会。

但是,随着对课程的不断学习,他们对职业的选择也变得日益明确。表 11-5 显示了学生离开大学时对未来职业的构想。

表 11-5 大学毕业后的期望职位

一年级学生对毕业后职位的构想	三年级学生对毕业后职位的构想
研发主管＝23％ 技术主管＝15％ 商业或金融主管＝11％ 销售或营销主管＝6％ 创业者＝8％ 其他领域＝11％ 不知道＝26％	研发主管＝22％ 技术主管＝25％ 商业或金融主管＝10％ 销售或营销主管＝4％ 创业者＝5％ 其他领域＝20％ 不知道＝14％

大多数学生希望获得技术领域中的管理职位。另一些学生选择成为非技术领域中的管理层。很多学生希望继续学习深造,对此可以有两种解释:一种是作为一种延迟职业选择的方式,另一种是为了在专业领域(通常是管理领域)学到更多知识,这在法国工程师的课程中经常得到提倡。

一些学生仍毫无头绪,这意味着他们在寻找工作时非常依赖机会。但是对于我们的主题来说,更引人注目的是潜在创业者的情况。

创业是少数人的选择,但它会受到大学经历的影响

创业对于一年级少数学生来说可能是一个具有潜在吸引力的就业机会(8％),但是对于三年级学生来说就不那么具有吸引力了(5％)。

对于法国工程师来说,稳定在同一家公司仍然是他们职业发展的标准模式。55％的一年级学生和53％的三年级学生期待这样一种职业。在第一年,剩下的学生或是考虑定期跳槽(21％),或是通过创业或者获得独立来实现自我发展(24%)。但是在第三年,只有14%的人仍然设想实现自我发展,而32%的学生会设想定期换工作。事实上,当我们询问他们在第一份工作做了几年之后还想要做什么时,大多数学生(46%)给出了一个投机取巧的回答("到时候再说")。其他更为精确的回答("我可能会待在同一家公司"/"我想创业")对学生少了很多吸引力。最后一种可能性(创业)仅吸引了7.5%的一年级学生和6.4%的三年级学生。

所有这些数据都证实了许多关于潜在创业者的研究:研究时间越长,就会发现创业越没有吸引力,因为很多其他风险更小的就业机会就出现了。这一假说还需要通过对相同学生的纵向分析来证实。

然而,它也可以表明两类样本群体之间的"代际效应",这表明创业比两年前更流行了。事实上,由于大部分学生入学时不太了解自己未来的工作,所以在一定程度上会受到课程的影响,课程会提供越来越多的选择和机会。事实上,2002年建立的三年级创业选择可能会改变目前一年级学生对创业吸引力的看法。

但是,主要数据证实,工科大学学生创业意向水平较低,而且这些意向似乎在不同样本群体之间在下降。图11-4显示了三类样本群体的创业意向(在其职业生涯的任意时期)。

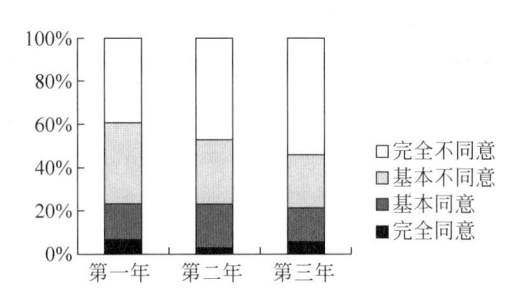

图 11-4　工科大学学生的创业意向

因为可能存在代际效应,所以需要谨慎地解读结果。这还需要通过对相同学生的纵向数据分析来进一步检验。除了极少的"完全同意",图11-4还体现了两种新情况。首先,选择"完全不同意"样本数量在显著增长,这与职业项目定位的逐步精确是一致的;第二是"基本同意"的比例稳定,这说明从长远来看他们是潜在的创业者。实际上,在法国几乎没有工程师一毕业就创业。法国是以年长创业者著称的一个国家(Fayolle,2004)。

所以有效意向真的非常低,但是还有另一个有趣的数据,这个数据涉及合伙创业意向的问题。与之前显示的悲观视角相比,这个问题体现了一幅截然不同的画面,如图 11-5 所示。

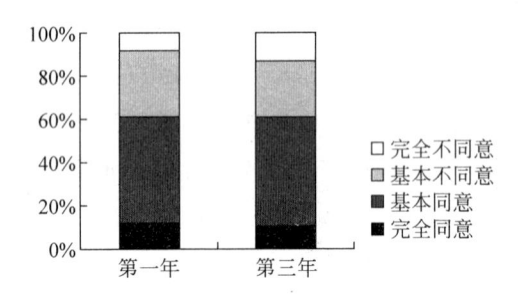

图 11-5　工科大学学生与信任者合伙创业的意向:
"如果我信任的人向我提出建议,我会和他共同创业。"

在这一分析阶段,图 11-5 中的惊人结果很难明确解释。但是我们提出一个假设:工程研究中的项目工作经历对学生对于未来职业及工作吸引力的感知有一定影响。对学生团队的定性采访表明:当项目工作经历成功时,同组的许多学生会选择相同的工作或课程方向,或者在学生团体中承担管理责任。根据我们的经验,在大学课程结束时,成功创业的学生都有一个重要的共同点,即他们都参与过里尔中央学院的项目活动小组。在不久的将来,我们会进一步探索普通学生群体更明确的意向,以证实这一假说。

结论

研究创业意向的论文很多。我们在这项研究中所做的选择是,找出产生这一意向前发生了什么,也就是在本科生和研究生的工科学习中发

生了什么。事实上,创业精神在人生早期就开始了,但是我们假设大学时代是起决定性作用的。我们也假设了另外两件事情:

1.创业精神不仅仅是创办一家企业。因为创办企业的行动可能在职业生涯后期才发生,但是创业精神和行为已经在早期以其他方式出现了。例如在学生会上采取主动,或者仅仅是对学习及学生生活有明确的态度。

2.除了一些已经得到明确探究的因素,如:创业者个性、商业机会等,还必须研究其他变量:学院/大学文化、作为工程师的职业认知、对课程内某些课程的吸引力等等。

这就是为什么我们决定要定义并探索创业精神这一概念,从而研究大学时光如何影响个人。

我们的初步研究结果表明,学生对自己职业生涯和职业认同的定位,毫无疑问地表明法国高等专科学院学生创业导向的薄弱。但是我们也发现,职业认同是逐渐建立起来的,也许有一些方法可以影响这种向创业发展的进程。学生在课程中所做的选择及他们从团队合作中汲取的经验都会对他们产生巨大影响。

这对创业教育有一些实际意义:

1.我们指出了课程中团队活力的重要性。这是我们未来要探索的一个问题。建立这些项目活动可能是培养创业精神的主要因素。但是我们需要明确地知道出现这种活力的条件。就我们在定性基础上所了解到的,激发这些项目的特征可以是创新目标、真正的利害关系(市场和客户)及可用资源(时间、指导教师等)在课程中的重要意义。

2.创业教育的另一重要实践意义在于对创业前教育的评估。目前创业教育评估的趋势是衡量学生创业意向的差异。其他可操作维度,例如课程选择,也是可以测量的。对于调查的纵向分析可能会帮助我们在创业之前定义这些有趣的变量。

在方法论层面,我们的研究为创业教育研究提供了新的观点:

1. 为了衡量意向上的差异,必须使用具体的方法:具有广泛维度的问卷测试,结合观点/自我评估与生物数据的问题,根据学生生活轨迹进行纵向研究。

2. 我们还发现,创业精神不仅要从个人层面和文化层面研究,还要在团队活力方面进行研究。这需要使用特定的统计分析方法分析问卷(群组分析),还要使用定性焦点小组方法来完善结果。

参考文献

Ajzen, I. (1991), 'The theory of planned behavior', *Organizational Behavior and Human Decision Processes*, 50, 179-211.

Ajzen, I. (2002), 'Perceived behavioural control, self-efficacy, locus of control and the theory of planned behaviour', *Journal of Applied Social Psychology*, 32, 1-20.

Albert, P. and S. Marion (1997), 'Ouvrir l'enseignement à l'esprit d'entreprendre', *Les Echos*, 19-20 septembre.

Aldrich, H., B. Rosen and W. Woodward (1987), 'The impact of social networks on business founding and profit: a longitudinal study', *Frontiers of Entrepreneurship Research*, Wellesley, MA: Babson College.

Audet, J. (2002), 'A longitudinal study of the entrepreneurial intentions of university students', in Cahiers de la recherché de LINRPME, Université Québec Trois Rivières, juin. Autio, E., R. H. Keeley, M. Klofsten and T. Ulfstedt (1997), 'Entrepreneurial intent among students: testing an intent model in Asia, Scandinavia, and USA', *Frontiers of Entrepreneurship Research*, 133-147.

Bachelet, R., C. Verzat, D. Frugier and A. Hannachi (2004), 'Mesurer l'esprit d'entreprendre des élèves ingénieurs', *Actes du 3ème congrès de l'académie de l'entrepreneuriat 'Itinéraires d'entrepreneurs'*, Lyon, 31 mars-1er avril. Bandura, A. (1982), 'Self efficacy mechanism in human agency', *American Psychologist*, 37 (2), 122-147.

Baum, J. R. (1995), 'The relation of traits, competencies, motivation, strategy and structure to venture growth', *Frontiers of Entrepreneurship Research*, Wellesley, MA: Babson College.

Baumol, W. J. (1993), *Entrepreneurship, Management, and the Structure of Payoffs*, Cambridge, MA: MIT Press/Macmillan.

Bouffartigue,P. (1994),'Ingénieur débutant à l'épreuve du modèle de carrière: trajectoire de socialisation et entrée dans la vie professionnelle',*Revue Fran çise de Sociologie*,35 (1),69-100.

Braukhaus,R. H. (1982),'The psychologie of the entrepreneur', in S. Cromie (2000),'Assessing entrepreneurial inclinations: some approaches and empirical evidence',*European Journal of Work and Organisational Psychology*,9 (1), 7-30.

Carter,N. ,W. B. Gartner and P. D. Reynolds (1995),'Exploring start-up events sequences',*Frontiers of Entrepreneurship Research*, Wellesley, MA: Babson Collge,pp. 118-133.

Chandler,G. N. and E. Jansen (1992),'The founder's self-assessed competence and venture performance',*Journal of Business Venturing*,7,223-236.

Churchill,G. A. (1979),'A paradigm for developing better measures of marketing constructs',*Journal of Marketing Research*,16 (1),64-73.

Craid,S. (1990),'What does it mean to be entrepreneurial?',*British Journal of Management*,1,137-145.

Craid,S. (1991),'The entrepreneurial tendency of occupational groups',*International Small Business Journal*,9,75-81.

Cromie,S. (1987),'Motivations of aspiring male and female entrepreneurs',*Journal of Organisational Behaviour*,8,251-261.

Cromie,S. (2000),'Assessing entrepreneurial inclinations: some approaches and empirical evidence',*European Journal of Work and Organisational Psychology*, 9 (1),7-30.

Curran,J. and J. Stanworth (1989),'Education and training for enterprise: some problems of classification,evaluation,policy and research',*International Small Business Journal*,7 (2),January/March,11-15.

Deeks,J. (1976),*The Small Firm Owner-manager: Entrepreneurial Behaviour and Management Practices*,New York: Praeger.

Dubar,C. (1991),*La socialisation et la construction des identités sociales et professionnelles*,Paris : Armand Colin.

Fayolle,A. (1994),'La trajectoire de l'ingénieur entrepreneur',*Revue Fran çise de Gestion*,novembre-décembre no. 101,113-125.

Fayolle,A. (2000),'Exploratory study to assess the effects of entrepreneurship programs on French students' entrepreneurial behaviours',*Journal of Entrepreneurial Culture*,8 (2),June,169-185.

Fayolle,A. (2001),'D'une approche typologique de l'entrepreneuriat chez les ingénieurs à la reconstruction d'itinéraires d'ingénieurs entrepreneurs',*Revue de* l'entrepreneuriat,1 (1),77-98.

Fayolle,A. (2002),'Du champ de l'entrepreneuriat à l'étude du processus entrepreneurial quelques idées et pistes de recherche',6th congrès international Francophones sur la PME,October HEC,Montréal.

Fayolle,A. (2004),*Entrepreneur: Apprendre à Entreprendre*,Paris: Dunod.

Fonrouge,C. (2002),'Les recherches en entrepreneuriat: problématiques processuelles et transversales',in 2ème congrès de l'entrepreneuriat,Champs de l'entrepreneuriat et dynamique des sociétés,Bordeaux,17-18 April.

Frugier,D.,C. Verzat,R. Bachelet and A. Hannachi (2003),'Helping engineers to become entrepreneurs. Attitudes, behaviours, beliefs, skills: what are the educational factors in their entrepreneurial spirit?', paper presented at IntEnt Internationalizing Entrepreneurship Education and Training Conference, Grenoble,France,8-10 September.

Garavan,T. N. and B. O'Cinneide (1994),'Entrepreneurship education and training programmes: a review and evaluation,part 1',*Journal of Industrial Training*, 18 (8),3-12.

Gartner,W. B. (1985),'A conceptual framework for describing the phenomenon of new venture creation',*Academy of Management Review*,10,696-706.

Gartner,W. B. (1988),'Who is an entrepreneur? is the wrong question',*American Small Business Journal*,13 (Spring),11-32.

Gibb,A. A. (1993),'Enterprise culture and education: understanding enterprise education and its links with small business Entrepreneurships and Wider Educational Goals',*International Small Business Management Journal*,11 (3), 11-34.

Ginzberg,E.,S. Ginsburg,S. Axelrad and J. Herma (1951),'De l'imaginaire au réalisme' in J. Guichard and M. Huteau (2001),*Psychologie de l'orientation*, Paris: editions Dunod,pp. 122-125.

Gorman,G.,D. Hanlon and K. Wayne (1997) 'Some research perspectives on entrepreneurship education,enterprise education and education for small business management: a ten-year literature review',*International Small Business Journal*,April/June,56-77.

Gottfredson, L. S. (1981 [1996]), 'La carte cognitive des professions, la circonscriptionet le compromis', J. Guichard and M. Huteau (2001),*Psychologie de l'orientation*,Paris: éditions Dunod,pp. 141-152.

Guichard,J. and M. Huteau (2001),*Psychologie de l'orientation*,Paris : editions Dunod. Hambrick,D. C. and L. M. Crozier (1985),'Stumbles and stars in the management of rapid growth',*Journal of Business Venturing*,1,31-45.

Hartshorn, C. and P. Hannon (2002), 'Paradoxes in entrepreneurship education: chalk and talk or talk and cheese?', paper presented at the 25th ISBA National Small Firms Conference, ' Competing perspectives of Small Business and Entrepreneurship', Brighton, 1-19 November.

Herron, L. A. (1990), 'The effects of characteristics of entrepreneur on new venture performance', thesis, University of South California.

Hoffer, C. W. and W. R. Sandberg (1987), 'Improving new performance: some guidelines for success', *American Journal of Small Business*, 11, 11-25.

Hynes, B. (1996), 'Entrepreneurship education and training: introducing entrepreneurship into non-business disciplines', *Journal of European Industrial Training*, 20 (8), 8-10.

Koh, H. C. (1996), 'Testing hypotheses of entrepreneurial characteristics: a study of Hong Kong MBA students', *Journal of Managerial Psychology*, 11 (3), 12-25.

Krueger, N. F. and A. L. Carsrud (1993), 'Entrepreneurial intentions: applying the theory of planned behaviour', *Entrepreneurship and Regional Development*, 5, 315-330.

Léger-Jarniou, C. (2001), ' La création d'entreprise par les jeunes: mythes ou réalités?', 7ème séminaire annuel de la direction des statistiques d'entreprise de l'INSEE, 6 décembre.

Leitch, C. M. and R. T. Harrison (1999), 'A process model for entrepreneurship education and development', *International Journal of Entrepreneurial Behaviour and Research*, 5 (3), 8-10.

Lorrain, J., Belley, A. and L. Dussault (1998), 'Les compétences des entrepreneurs: élaboration et validation d'un questionnaire QCE', in congrès international francophone sur la PME, Nancy, 22-24 octobre.

McClelland, D. (1961), *The Achieving Society*, Princeton, NJ: Van Nostrand.

MacMullan, W. E. and W. A. Long (1983), 'An approach to educating entrepreneurs', *The Canadian Journal of Business*, 4 (1), 6-32.

Mael, F. A. (1991), 'A conceptual rationale for the domain and attributes of biodata items', *Personnel Psychology*, 44, 763-92.

Milton, D. G. (1989), 'The complete entrepreneur', *Entrepreneurship: Theory and Practice*, 13, 9-19.

Morgan, D. L. (1998), *The Focus Group Guidebook*, Thousand Oaks, CA: Sage Publications, The Focus Group Kit vol. 1.

Neunreuther, B. (1979), 'Peut on enseigner l'attitude entrepreneuriale?', *Enseignement et Gestion*, nouvelle series no. 11, 7-13.

Peterman, N. E. and J. Kennedy (2003), 'Enterprise education: influencing students perceptions of entrepreneurship', *Entrepreneurship Theory and Practice*, 28 (2),129-144.

Rae, D. and M. Carswell (2000), 'Using a life-story approach in researching entrepreneurial learning: the development of a conceptual model and its implication in the design of learning experiences', *Education and Training*, 42(4/5), 220-228 (9).

Rotter, J. B. (1966), 'Generalized expectancies for internal versus external control of reinforcement', in *Psychological Monographs*, 80 (1, Whole No. 609).

Sexton, D. L. and N. B. Bowman (1984), 'Entrepreneurship education suggestions forincreasing effectiveness', *Journal of Small Business Management*, 22 (2), April, 18-25.

Shapero, A. and L. Sokol (1982), 'The social dimensions of entrepreneurship', in C. A. Kent, D. L. Sexton and K. H. Vesper (eds), *Encyclopedie of Entrepreneurship*, Englewood Cliffs, NJ: Prentice-Hall, pp. 72-90.

Stevenson, H. H. and J. C. Jarillo (1990), 'A paradigm of entrepreneurship: entrepreneurial management', *Strategic Management Journal*, 11, 17-27.

Stewart, W. and P. N. Shamdasani (1990), *Focus Group Theory and Practice*, London: Sage Publications.

Tounès, A. (2003), 'L'intention entrepreneuriale', thèse de doctorat ès science de gestion, université de Rouen.

Verzat, C., S. Quenehen, R. Bachelet, D. Frugier and Y. Giry (2002), 'Developing entrepreneurship among students in colleges of engineering', paper presented at 'Entrepreneurship in Europe: Specificities and Perspectives', Summer University, ESISAR, 19-22 September.

Vesper, K. H. (1990), *New venture strategies* 2nd edn, Englewoods Cliffs, NJ: Prentice Hall.

Wang, C. K., P. K. Wong and Q. Lu (2001), 'Entrepreneurial intentions and tertiary education', paper presented at conference on Technological Entrepreneurship in the Emerging Regions of the New Millennium, Singapore, 28-30 June.

第十二章　大学生——潜在的创业者：意大利与阿根廷的比较研究

塞尔吉奥·波斯蒂戈　多纳托·亚科布奇

玛丽亚·费尔南达·坦博里尼

引言

　　创业与鼓励创业文化已经成为各国政客、经济专家及学者议程中的基本话题。这种关注是以现有证据为基础的，即新的企业有助于创造就业机会、保障政治和社会稳定，促进创新和经济发展（OECD[①]，1998；Reynolds et al.，2000；2002；Schumpeter，1934；Wennekers and Thurik，1999：27）。

　　包括经济合作与发展组织（OECD）成员国在内的不同例子，在不同时期都获得了一致的结果，创业活动的增加往往会提高经济增长率，降低失业率（Audretsch and Thurik，2001）。

　　然而，当今世界的经济增长源与以往不同（OECD，2000）。在这种情况下，创新与知识是经济增长与发展的主要来源，新企业在创新驱动方面发挥着关键作用。越来越多的人形成了这一共识，即在知识与信息社会，教育是影响新企业形成及其发展前景的关键因素（Kantis et al.，2002b）。

---

　　① OECD：Organization for Economic Co-operation and Development 经济合作与发展组织。——译者注

不同的研究都对教育与创业的关系进行了充分的分析。[1] 其中有研究发现,个人受教育水平与其成为创业者的可能性呈正相关(Cowling and Taylor,2001:167;Delmar and Davidsson,2000:1;Gill,1988:229; Karcher,1998;Lafuente and Salas,1989:17;Rees and Shah,1986; Robinson and Sexton,1994:141)。[2]

另一组研究分析了创业者的各种类型,比如技术出身且教育水平相对较高的创业者(Colombo and Delmastro,2001:177;Litvak and Maule, 1976:31)。也有几项调查旨在评估创业型大学创业教育课程的影响,研究大学毕业生所创企业的特点(Charney and Libecap,2000;Clarketet al.,1984:26;Kolvereid and Moen,1997:154;Levieet et al.,2001; Lüthje and Franke,2002;Tackeyet et al.,1999;Uptonet et al.,1995)。

人们越来越关注创业者所受教育、他们的企业及其成功前景之间的关系,这表明毕业生与在校生作为潜在创业者来源的重要性日益增加,尤其是在创建新知识与科技型企业方面。维卡娜(Veciana,2002)认为,创建新企业对教育的诉求愈来愈强烈,并强调实际经验表明正规教育与企业成功存在一种正相关关系。[3]

维卡娜还解释说,受教育程度低的个人创办新企业的失败率几乎高达80%,而大学毕业生创办企业的失败率却低于20%。另外他指出,迫切需要将创业教育设为独立的教学和研究领域,也需要促进学术机构内部创业文化的发展。

库里斯基(Kourilsky,1995)等作者认为各国要想实现经济增长,关键在于通过创业创造新的就业机会。创业教育中的有效举措对于扩大教

---

[1] 我们对创业采用的是以下定义:"对于崭新经济机会的洞察与创造",以及"在资源定位、形式和使用方面的决策"。(Wennekers and Thurik,1999:27)

[2] 鲍莫尔(Baumol,1968;1993)认为,创业者是可以识别新理念并将其调动起来的人士。他们是领导者,是创业的灵感来源。最后,拜格雷夫(Bygrave,1997)将创业者定义为洞察到机遇,然后建立组织将其利用的人士。

[3] 甘迪斯等(Kantiset al.,2002a),《新兴经济体中的创业:新企业在拉丁美洲与东亚创建与发展,泛美开发银行》。

育系统中潜在创业者的流动日益重要。劳卡宁(Laukkanen,2000)认为,近年来环境要求日益严苛,社会演变方兴未艾,使得创业能力与创业行动的用处甚至是必要性日益凸显。在本科阶段引入创业教育,是大学和商学院对此做出的战略回应。

在这种情况下,许多大学已经认识到这一现象的重要性,并将其纳入课程内容新举措中,将创业推崇为一种正当的职业选择,鼓励创业与生产部门建立更紧密的关系。

在过去的 25 年中,创业课程的数量与重要性显著增长,几位作者对其进行了分析(Fayolle,1998;Finkle and Deeds,2001;Kolvereidand Moen,1997;Lüthjeand Franke;2002;Vesper and Gartner,1997)。[1] 近些年来,一些政府甚至也在开展创业项目和出台相关举措,旨在借助大学与研究机构激发创业潜能。[2]

大学毕业生创业对包括阿根廷在内的新兴国家来说尤其关键,因为其产业结构是以传统公司为基础,而传统公司的科技含量相对较低或只是中等水平。对有活力的创业者们来说,此类公司对于新兴创业者来说不会起到"孵化器"的作用(Kantis et al.,2002b)。

最近关于拉丁美洲创业的一份研究表明,最活跃的公司中有 50% 都是由大学毕业生创立(Kantis et al.,2002a)。因此,教育系统需要进行重大调整,以此促进文化与价值观的转变,进而鼓励创业(Postigo and Tamborini,2002;2003)。

传统的阿根廷教育制度不利于促进或鼓励发展创业者的必备技能。学生没有形成创业的态度,因为教育与社会愿望主要是引导人们去大公司就职。过去的十年里,这一趋势开始逆转,大学教育系统发生了变化。一个迹象是,教育系统与整个社会对创业的关注越来越多。而且,在高失

---

[1] 维斯珀和加特纳(Vesper and Gartner,1997)在一项关于 9 个国家的研究中表明,开设创业课程的大学数量由 1970 年的 16 所增长到了 1995 年的 400 所。

[2] 这样的计划有:德国 EXIST 创业促进计划,苏格兰创业率战略(Business Birth Rate Strategy),创业在巴西(Brasil Emprende),以及意大利 IG。

业率与经济衰退的背景下，个体与机构都认为鼓励创业是解决此危机的关键举措。[1]

过去的十年里，美国在创业课程、讲座、孵化器及其他促进创业的活动方面实现了极大的增长。而目前，阿根廷大约有33%的公共机构和25%的私立机构都参与了与此相关的某种创业活动，但这些举措仍然只是集中于某一地区。这些举措的主要障碍在于课程僵化、缺乏资金及难以找到该领域的专业人士(Postigo and Tamborini,2003)。

阿根廷实例的特点在于，高校出现的创业项目并不是对政府具体政策的响应。虽然意大利的整体经济状况与阿根廷截然不同，但在创业发展与教育方面也面临着相似的问题。几项调查显示，意大利的创业率在欧洲位居前列(Reynolds et al.,2000)。

中小企业(SMEs)作为新企业的孵化器发挥着重要的作用，一定程度上是因为意大利经济中存在大量中小企业。事实上，意大利东北及中部(NEC)地区的创业率尤其高，而这些地区主要是由工业区内的中小企业组成的(Garofoli,1992:101)。

尽管新企业创建率很高，但意大利的创业活动仍面临着一些问题。大多数新企业都是由之前的员工创立，他们中大部分都有技术背景。这些创业者通常在管理生产过程中表现出良好的能力，但正规教育水平较低，其他管理职能（如营销或财务）能力不足。这就是新企业与大部分中小企业缺乏成长的渴望与能力的原因之一(Accornero,1999)。

中小企业缺乏管理能力，部分原因在于它们属于企业集群网或工业区，这些工业区大多数集中在传统行业（如纺织业、服装业、鞋业、家具行业和陶瓷业等）。因为大多数新企业都是由现有公司发展而来，所以它们

---

[1] 20世纪90年代失业率开始上升。1990年失业率大概为8.6%，1993年增长到9.9%，两年后达到18.4%。2002年失业率达到21.5%，其中包含18.6%的不充分就业（阿根廷国家统计局，INDEC,2002)。自1999年以后，除了失业的问题，国内生产总值(GDP)也一直在下降。已知信息表明，1999年的下降率是3.4%，2000年的时候约为1%，2001年为4.4%，2002年为11.2%（国际货币基金组织，IMF,2002)。

通常都属于同一活动领域。除此之外,在意大利,越来越多的人担心这些行业的企业将面临来自新兴国家日益增加的竞争压力。

因此,人们普遍认识到,为了改善中小企业的发展前景,有必要在其他领域创办新企业,尤其是那些与新技术有关的领域。在这种情况下,从大学及研究中心走出来的创业者发挥的作用将会高于现有企业中的创业者(Postigo and Tamborini,2003)。

尽管人们已经认识到研究生创业者的潜在影响,意大利却鲜有行动支持大学创业教育,也很少有人尝试创建基础设施(如孵化器)来支持大学衍生企业。

在创业教育领域,与北美国家甚至其他欧洲国家相比,意大利的创业教育情况十分反常。过去 25 年里,美国对创业领域的兴趣激增,针对本科生与研究生均设立了相关课程、研究中心与学位(Katz,2003;Solomon et al.,2002;Vesper and Gartner,1997)。

1997 年,美国有 160 名创业终身教授。这清楚地表明,创业已被视为一门独立的学科。欧洲大多数国家尽管有些延迟,但都紧跟这一趋势。过去几十年来,创业课程在所有主要工业化国家都得到了发展。此外,在商科与工科学生中开设了更多的创业课程,并得到了一些学术与政府性研究的支持(Beranger et al.,1998;贸易与工业部,1998)。

1996 年,对欧洲主要国家的创业教授席位的数目进行了对比,其中英国有 12 名以上,法国和芬兰各有 11 名,但意大利、丹麦和匈牙利在这一榜单上的排名并不靠前。此外,在过去的几年里,大多数欧洲国家的创业课程都在持续发展,但意大利却几乎一直停在原地。

鉴于这种情况,意大利众多学科领域的大学课程中都可以纳入创业课程。既然主要目标是在高科技产业促进新企业的产生,那么工程学院和理学院应该成为鼓励这些课程的主力。

本研究的主要目的是分析阿根廷和意大利本科生对创业的看法和态度。具体而言,本章旨在分析发达国家和发展中国家不同背景对以下方面的影响:

1. 对创业的态度(学生是否以及为什么要考虑创建自己的企业及其原因)以及社会背景的影响。
2. 感知社会和经济环境(积极和消极因素)对创业的影响。
3. 学生对创业者所持的印象。

考虑到学生人数及人口特征,本研究对两组学生进行了分析,一组来自圣安德鲁斯大学(阿根廷),另外一组来自马尔凯理工大学(意大利)。这些资料是从 2003 年 3 月至 5 月对这两国 260 名学生进行的调查中获得的,对不同课程、不同教育水平、不同性别、不同年龄的学生展开调查。本章安排如下。下一部分我们回顾关于教育、人口因素、文化和榜样对创业感知及态度的影响的文献综述。在第三部分,我们将描述收集和分析数据的方法。第四部分介绍调查结果,第五部分主要得出研究结论。

文献综述

大学在推动创业文化方面的作用

创业是一个复杂的过程。要考虑到大量的变量,新企业的孕育至少要达到三个条件:具有创业者、创业文化和适当的环境。教育在前两者中有着根本性作用(Postigo and Tamborini,2002)。

大学应该促进学生与商业社区合作共同推动创业活动,旨在支持学生创业及赋予年轻人创业所需的基本能力、技巧和知识。所有学生都是潜在的创业者,他们需要大学的环境来助其发展与成长。大学通过提供丰富的创业学习经历,实现其对社会与学生的义务(Ussman and Postigo,2000)。

劳动力市场结构目前正在发生变化,大学毕业不再是就业的保障,现在的年轻人不得不面对劳动力市场的不确定性和复杂性。大学可以通过培养创业者减少失业。

简而言之,创业教育可以成为实现以下目标的途径:(1)创业合法化、发展创业文化以促进经济增长,(2)发展并激发创业技能,(3)帮助学生做好应对动态劳动力市场的准备。

文化

霍夫施泰德(Hofstede,1980;2001)将文化定义为一组共同的价值观、信念与其行为。创业文化意味着一个社会具有较高创业率和较高创业者接受度的社会。文化方面是相关的,尤其是因为相比其他文化,一些文化能够产出更多创业者。包括米勒和托马斯(Mueller and Thomas, 2000)在内的作者看到了价值观、信念和行为之间的关系,并指出文化差异可能会影响人们是否成为创业者的决策。

制度则是另外一个相关因素。制度由正式的(法律法规)和非正式的(行为守则)限制构成。诺思(North,1994:112)认为,制度是"人为设计的制约因素,构成了人类相互作用的结构"。家庭、教育、政治和经济制度则是确定整个社会激励结构的机制。

最后,社会对企业职业的认同是文化的重要组成部分。威尔肯(Wilken,1979)认为,人们对创业活动的支持程度和反对程度会影响其出现与特点,在这样的环境中,创业者享有更大的合法性。尽管如此,这并不意味着规范和价值观足以引起或抑制创业的崛起,我们应该考虑其影响,并将其和其他非经济因素的环境相结合。

榜样

明尼蒂和拜格雷夫(Minniti and Bygrave,1999)认为,随着他人决策的发生,是否创业取决于个体所掌握的有效信息。这样的个体或"经济主体"鱼龙混杂,所得信息各种各样,因此他们对创业的不确定性和成本有不同的看法。

每一个体都会被随机地赋予一套初始特性(生物学和社会学特征)。这些特性与诸如就业前景和教育等社会环境一起,影响着人们对创业的态度。另外,榜样在创业决策中也发挥着根本性作用。榜样可以来源于社会、家庭、朋友及其他社交网络。

理由如下：考虑到商业活动的感知及机会成本的降低，那些有更高可能性和机会直接接触到创业者的人更可能成为创业者。这是两种主要因素影响的结果：第一，建立人际网络往往可以降低交易成本；第二，榜样的出现提高了新创业者出现的可能性。

如果一个人在家庭中不存在创业榜样，大学可借助课程与教学方法促进创业文化。

动机

吉布和里奇（Gibb and Ritchie, 1982）区分了创业的三个重要方面：动机、对成为创业者决定的影响及创业理念的识别与验证。动机的获得是社会背景、家庭、教育及职业生涯等因素影响的结果。

夏皮罗（Shapero, 1984）提出了一套模型，阐述了创业所需的必要条件：置换、行动力、信誉度和可获得性。置换的意思是每一种商业行为都是源于生活中的某种转移或变化。

事实上，这种情况会影响先前的稳定状态，并导致采取行动。引发这些变化的因素可以分成积极因素和消极因素，积极因素包括对成就的需求，消极因素包括失业。行动力取决于创业者的某些个人特质，榜样的存在及积极的环境。

综上所述，要分析的影响大学生创业态度的主要因素包括：大学在推动创业方面的作用、文化、创业榜样及动机。

数据和方法论

该数据来自2003年3至5月进行的一项直接访谈调查，调查对象是圣安德鲁斯大学（阿根廷）和马尔凯理工大学（意大利）的学生。

阿根廷的样本选自圣安德鲁斯大学商学院和经济学院的100名学生。这些学生主要来自布宜诺斯艾利斯，那里的人口占全国总人口的30％以上。由于大量的工业活动聚集在此，该城市是阿根廷最繁华的地区。大部分参与调查的阿根廷学生都不到22岁（表12-1），男性略多于女性（表12-2）。

表 12-1　不同国家和年龄的学生（比例）

	阿根廷(%)	意大利(%)	总数(%)	%
17—19	47	47	94	35.9
20—22	51	87	138	52.7
23—25	2	28	30	11.4
合计	100	162	262	100.0

表 12-2　不同国家和性别的学生

	阿根廷 数量	%	意大利 数量	%
男性	57	57.0	139	85.8
女性	43	43.0	23	14.2
合计	100	100.0	162	100.0

意大利的样本由安科纳大学工程学院的 162 名学生组成。这些学生主要来自马尔凯区（首府为安科纳）。马尔凯区是意大利中部一个较小的高度工业化区域，属于意大利东北-中部（NEC）地区，该地区在二战后经历了高强度的工业化过程，该过程主要以集中于工业区内的小公司为基础。就像其他 NEC 地区一样，马尔凯区专攻"传统"工业（服装、鞋业、家具）。

意大利的样本基本分为两组：第一组由机械工程专业的大一学生构成，年龄大多在 19 岁至 20 岁之间。第二组包括来自不同工科专业（机械学、电子学）的学生，年龄在 23 岁至 25 岁之间（表 12-1）。由于在意大利，工程学仍旧是由男性主导而非女性，所以男性学生占据了意大利样本的主要部分（表 12-2）。

除了按年龄和性别划分的专业差异外，阿根廷和意大利样本之间还有另一个重要差异，即学生的社会背景。阿根廷样本中普遍存在这样一类学生——他们的父母是创业者、专业人士或是管理人员，而意大利样本中，学生的父母普遍是白领或体力劳动者（表 12-3 和表 12-4）。意大利样本中父母的职业分布与全国的平均分布相似，而阿根廷样本则偏向于较高收入阶层。

表 12-3 父亲的职业(比例)

	阿根廷(%)	意大利(%)	总数(%)
专业人士	15.3	16.7	16.1
创业者	37.8	7.7	19.3
管理人员	24.5	15.4	18.9
体力劳动者	0	12.2	7.5
白领	5.1	26.3	18.1
公务员	4	5.1	4.7
其他*	13.3	16.7	15.4
合计	100.0	100.0	100.0

注释:* 包括退休人员。

表 12-4 母亲的职业(比例)

	阿根廷(%)	意大利(%)	总数(%)
专业人士	24.0	5.7	12.6
创业者	10.4	2.5	5.5
管理人员	8.3	4.5	5.9
体力工作者	1.0	10.8	7.1
白领	3.1	25.5	17.0
公务员	4.2	14.6	10.7
其他*	49.0	36.3	41.1
合计	100.0	100.0	100.0

注释:* 包括退休人员和家庭主妇。

该调查问卷分为三部分。第一部分收集学生的一般信息:年龄、性别、所修课程、工作经历和父母职业等。第二部分分析学生的职业前景,特别强调他们成为创业者的意愿,即创办自己的公司。这一部分还提出了关于学生对创业的看法、创业困难及为何创业等问题。第三部分旨在了解学生如何理解促进或阻碍创业的大环境。

数据分析是基于描述性统计和学生分组之间的平均比较。我们特别感兴趣的是分析一些人口变量在创业态度中的作用,并研究阿根廷学生和意大利学生之间的差异。

结果

对于结果的讨论分为三部分：(1)职业理想与创业倾向；(2)对创业者的看法和创业(或不创业)的原因；(3)促进或阻碍创业的环境因素。

职业理想与创业倾向

阿根廷学生和意大利学生在被问及他们未来的职业生涯时，表现出了相似和不同之处。

他们的相似之处在于他们都有可能去应聘，无论是在大公司还是在小公司，还是在公务员队伍中。三分之一的人想要进入大公司，只有小部分人考虑加入公共部门或小公司(考虑加入小公司的意大利学生占比较高，应该是因为马尔凯区存在大量中小企业)。这两个国家的学生都认为，公司不再保证铁饭碗，人们都应做好不止在一家公司工作的准备(表 12-5)。

表 12-5 同意以下关于未来职业生涯说法的学生(比例)

	阿根廷(%)	意大利(%)
硕士或博士	83.0	31.6
有清晰的职业生涯规划	18.2	30.2
进入大企业	34.0	34.8
进入中小企业	3.1	9.6
进入公共机构	9.2	10.1
不止为一家公司工作	65.0	53.2
在国外工作一段时间	85.0	53.1
没有职业规划	10.2	38.8
毕业后马上创业	13.3	3.1
几年后创业	34.3	3.8
工作几年后创业	43.4	16.9
有机会就创业	63.6	31.6
对创业没有兴趣	0.0	11.3
公司无法保证铁饭碗	35.1	32.1
工作不需要全部知识储备	28.9	40.1

意大利学生和阿根廷学生在以下三个方面存在差异：

- 毕业后是否打算攻读硕士学位;
- 是否倾向于在国外工作一段时间(85%的阿根廷学生有此倾向,仅有55%的意大利学生有此倾向);
- 是否倾向于创业。

意大利样本中,毕业后有意攻读硕士学位的意大利学生占比较低,这有两种原因:其一,意大利大学只有在学生学术生涯的最后一年才提供硕士学位;其二,工科毕业生的就业前景很好。第二个原因或许也能解释为什么意大利学生对在国外工作感兴趣的比例更低。这个问题的答案显然更多地取决于国家,而不是学生的社会背景。①

阿根廷学生的创业倾向明显高于意大利学生。至于毕业几年后创业或者有机会创业的人,这两种情况的差异就更加明显了。阿根廷学生似乎更加渴望步入创业生涯(尽管是未来的创业者),更愿意抓住这个机会。

这种结果可能有两种原因。第一,阿根廷的高失业率降低了创业的机会成本。第二,阿根廷的教育制度无法提供工作经历。因此在开始创业之前,学生只能在劳动力市场上积累一些经验(表12-6)。

表12-6 创业(同意以下说法的学生比例)

	阿根廷(%)	意大利(%)
毕业后马上创业	13.3	3.1
几年后创业	34.3	3.8
工作几年后创业	43.4	16.9
有机会就创业	63.6	31.6

从他们对是否考虑过创业的回答中,我们可以看出阿根廷学生对创业具有较高的倾向。在两组样本当中,几乎一半的学生对这个问题的思考还很模糊,47%的阿根廷学生宣称自己曾"认真"打算创业,相比之下,

---

① 不过,这两个国家来自高收入家庭(创业者、管理者和教授)的学生更倾向于在国外工作一段时间。

意大利只有17%的学生有这样的打算,还有三分之一的意大利学生从未设想过这种可能性(表12-7)。

表12-7 创业的兴趣(比例)

	阿根廷(%)	意大利(%)	合计(%)
从来没有	8.0	29.2	20.6
略有兴趣	45.0	53.7	50.2
很有兴趣	32.0	8.2	17.8
我打算创业	15.0	8.8	11.4
合计	100.0	100.0	100.0

创业倾向与学生的社会背景之间存在明显的关系(表12-8)。相较于父母是体力劳动者或白领的学生,父母本身就是创业者或管理人员的学生认真考虑创业或早已有此职业规划的比率更高。

表12-8 父亲的职业对创业兴趣的影响(比例)[1]

	从来没有(%)	略有(%)	有*(%)	总数(%)
专业人士	17.1	53.7	29.3	100
创业者	16.3	46.9	36.7	100
管理人员	11.4	52.3	36.4	100
体力工作者	35.3	58.8	5.9	100
白领	31.7	43.9	24.4	100
公务员	30.0	50.0	20.0	100
其他	16.2	56.8	27.7	100
合计	20.1	51.0	28.9	100

注:* 认真考虑创业或已经有规划。

如果我们分析学生的社会背景(父母的职业),那么国籍造成的差异就消失了。遗憾的是,这种分析只适用于父母是创业者或管理人员的学生,因为只有一小部分阿根廷学生的父母从事体力劳动或办公室工作(表12-9)。

---

[1] 考虑到学生的父亲与母亲的职业高度相关,而且很高比例的母亲目前并不工作,我们就以父亲的职业来分析学生的社会背景。

表 12-9　各国中父亲是创业者或管理人员的学生的创业兴趣（比例）

	阿根廷（%）	意大利（%）	总数（%）
没有	9.8	21.9*	14.0
略有兴趣	50.8	46.9	49.5
有兴趣	39.3	31.3	36.6
合计	100.0	100.0	100.0

注：* 包括没有考虑创业但打算加入家族企业的学生。

总体而言，家庭背景在学生创业态度中所起的作用似乎比与国家相关的整体文化变量的影响更为重要。与此同时，有趣的是，即使在控制社会背景变量之后，阿根廷学生的创业倾向也略高于意大利学生。

社会对创业者的看法及成为创业者的原因

在对创业者的看法问题上，意大利学生与阿根廷学生表现出各种相似点与差异性。两国对创业者个人特点的整体印象是类似的：学生一致认为创业者是能干的人（他们有活力、勇于承担风险、有良好的创业愿景），但社会正义感与诚信度较低（表 12-10）。

表 12-10　同意以下说法的学生（比例）

	阿根廷（%）	意大利（%）
创业者是动态的	95.7	95.9
创业者有良好的创业愿景	79.7	93.0
创业者是诚信的	41.4	31.3
创业者具有清晰的社会正义感	29.1	19.7
创业者与自己的员工交流	69.9	43.4
创业者能够承担风险	88.3	86.3
创业者具有创新精神	81.7	66.9
创业者了解组织	81.9	72.9
创业者具有财务和管理能力	70.4	74.3
创业者是金融投资者	75.3	98.0
创业者是专业人士	55.9	46.5
创业者赚很多钱	40.5	86.4
创业者促进经济发展	80.7	91.4
创业者创造工作岗位	77.2	88.7

学生们似乎认为创业者很聪明,能运用各种方式施展自己的技能和能力,虽然这些方式不总是或不能完全被社会所接受。这种同质性是非常显著的,因为大多数阿根廷学生的父母都是创业者,而大多数意大利学生的父母是雇员。

关于阿根廷学生与意大利学生的区别,有两个问题值得一提。首先是创业者的社会角色和经济作用:相比阿根廷学生,更高比例的意大利学生认为创业者创造了就业机会,并为国家的经济发展做出了贡献,也许这种差异可以归因于阿根廷与意大利的经济状况有所不同。

更高比例的意大利学生认为创业者赚了很多钱。与阿根廷的学生相比,这似乎与他们对创业事业的兴趣不高形成了鲜明对比。这种矛盾如此明显是因为赚钱并不能代表就成为了创业者。

事实上,阿根廷学生与意大利学生都表明:非经济因素才是其创业最重要的原因。显然,这三个原因在这两个国家都是同等重要的,且都与个人因素而非经济成就相关(表12-11)。

表12-11 创业的原因(认为这些原因重要或非常重要的学生比例)

	阿根廷		意大利*	
	%	排名	%	排名
将自己的理念付诸实践	86.0	1	71.6	1
个人独立	80.0	2	66.0	2
创造属于自己的事业	76.0	3	64.8	3
想要成为组织的领袖	57.0	4	34.6	6
经济独立	47.0	5	34.7	7
比做员工赚得多	39.0	6	55.6	4
积累个人财富	33.0	7	38.9	5
找到满意的工作很难	32.0	8	24.7	10
不满足当前的工作	25.0	9	14.8	12
获得一份与能力相当的薪水	22.0	10	34.0	8
社会地位	20.0	11	29.6	9
家世	15.0	12	7.4	13
为了投资家族资产	15.0	13	15.4	11
其他	11	14	3.7	14

注:* 仅限选择5项。

同时，值得注意的是，与阿根廷学生相比，意大利学生更注重经济因素。在创业遇到困难的情况下，阿根廷学生和意大利学生之间的差异更加明显。在前5个困难中，他们在3个方面达成了一致意见：风险太大、缺乏启动资金和竞争过于激烈（表12-12）。

表12-12 创业的障碍（两国学生认为重要的或非常重要的障碍的比例）

	阿根廷		意大利*	
	%	排名	%	排名
风险太大	64.0	1	77.2	2
缺乏启动资金	60.0	2	83.3	1
竞争过于激烈	50.0	3	59.9	4
怀疑自己的创业能力	49.0	4	30.2	6
退休后前景暗淡	26.0	5	4.9	13
没有最低工资保障	23.0	6	27.1	8
雇员的职业前景良好	21.0	7	12.3	11
害怕失败	21.0	8	70.4	3
工作太多	19.0	9	25.9	9
对于创业的消极印象	17.0	10	8.6	12
经济压力	16.0	11	50.0	5
创业活动无固定收入	16.0	12	27.2	7
与雇员有关的问题	12.0	13	16.0	10
其他	8.0	14	1.9	14

注：*仅限选择5项。

伴随这些问题，意大利学生也表明了他们对失败与经济压力的恐惧，而阿根廷学生对自身创业能力和退休后的暗淡前景提出了质疑。经济压力的重要性或退休后前景的差异可以归因于两国体制和机制的差异。其他两项在某种程度上是相互关联的，因为对失败的恐惧与对个人能力信心的缺乏有关。

开创新企业的障碍和激励

两个国家的大多数学生都认为如今创业要比过去困难得多（表12-13）。

表 12-13　与过去相比创业的困难程度(比例)

	阿根廷(%)	意大利(%)	总数(%)
更容易	38.5	23.2	29.1
更困难	61.5	76.8	70.9
总数	100.0	100.0	100.0

认可这一想法的意大利学生占大多数。即使在这种情况下,这种差异也取决于来自创业家庭的意大利学生占比较低(表 12-14)。事实上,如果我们单纯考虑父母是创业者的那些学生,那么两国学生之间的差异就不复存在了(表 12-15)。值得注意的是,即使在这样的情况下,仍有三分之二的学生认为如今创业要比过去困难得多。

表 12-14　过去和现在创业困难程度的对比。按照学生父亲的职业区分(比例)

	更容易(%)	更困难(%)
创业者	35.4	64.6
专业人士	35.0	65.0
管理人员	30.4	69.6
白领	22.7	77.3
体力工作者	21.1	78.9
公务员	18.2	81.8
其他	27.8	72.2
合计	29.1	70.9

表 12-15　与过去相比创业的困难程度(父母是创业者的学生比例)

	阿根廷(%)	意大利(%)	合计
更容易	36.1	33.3	35.4
更困难	63.9	66.7	64.6
合计	100.0	100.0	100.0

除了过度竞争的情况外,两个国家的学生在开创新企业阶段所洞察到的障碍非常不一样。阿根廷学生指出了一般的经济因素,比如全球化、不确定性的存在及打入市场的困难(市场集中和市场饱和)。

意大利学生指出了更加具体的因素,如经济压力、起步阶段筹集足够资金的困难、来自大公司与政府机构的竞争(表 12-16)。以上不同差异可以归因于两国整体经济状况的差别。

表 12-16 创业的障碍

	阿根廷		意大利	
	%	排名	%	排名
全球化	64.0	1	13.6	15
竞争	44.0	2	43.8	1
缺少计划能力	36.0	3	14.2	14
经济趋势	31.0	4	30.2	9
不确定性	29.0	5	32.7	8
市场集中化	24.0	6	6.2	18
市场饱和	22.0	7	30.2	9
趋避风险	20.0	8	29.0	11
创业门槛	19.0	9	22.8	13
其他	17.0	10	0.6	19
合法化	14.0	11	13.0	16
缺少信息	13.0	12	6.8	17
缺少教育	13.0	12	25.9	12
筹集资金问题	8.0	14	34.6	7
缺少经验	8.0	14	35.2	6
经济压力	6.0	16	42.0	2
政府机构	5.0	17	36.4	5
大公司	3.0	18	37.7	4
启动资金不充足	3.0	18	39.5	3

两国学生都没有将缺乏教育视为创业活动的主要障碍。这似乎与创业者形象是一致的,即具有个人特质,但没有接受过特定的教育与培训。

结论

本章对影响大学生理解创业认识和创业态度的因素进行了初步研究,还旨在评估国家间的差异对于这些看法和态度的影响。主要结论总结如下:

学生的社会背景(具体指父母的职业)对学生成为创业者的态度有至

关重要的作用,而国家因素在这一方面影响不大。

相反,社会背景对创业者形象的影响更小。两国的创业者形象十分相似:创业者具有特定的个人特质,善用各种方式施展自己的技能和能力,虽然这些方式不总是或不能完全被社会接受(缺乏诚信或社会正义感)。

不同的国家环境对创业者在创造就业机会、促进经济发展中的作用形象产生了影响:和阿根廷学生相比,意大利学生更认同这一角色。

关于选择创业的理由,两组学生也表现出显著的相似之处。两国学生都强调个人成就,即将自己的理念付诸实践、个人独立、创造属于自己的事业,而非经济原因(赚取钱财、积累财富)。而相比阿根廷学生,更多的意大利学生重视后者的原因。

学生们认识到的创业障碍也是相似的:阿根廷学生与意大利学生都强调创业所带来的风险,以及缺乏启动资金。在主要的障碍当中,他们也考虑了"对失败的恐惧"(意大利学生)以及"怀疑自身的创业技能"(阿根廷学生)。

总的来说,两国学生都重视与自身状态相关的因素,或者自己将要创办企业的特点,而不是与大环境相关的各种因素(只有意大利学生将经济压力视为一种重要障碍)。

超过三分之二的学生认为目前创业要比过去难得多。这一结果在很大程度上取决于学生的社会背景,而不是他们生活的国家。来自创业者、专业人士及管理人员家庭的学生似乎比其他社会背景的学生更有信心创业。在这一点上,值得注意的是,即使是前面提到的三分之二学生都认为当前的形势要比过去的更加艰难。

两国之间的主要差异是由整体创业活动的障碍而产生的。阿根廷学生提出了一般的经济因素,比如全球化的影响、不确定性的存在,而意大利学生指出了更加具体的因素,如经济压力、难以筹到充足启动资金及来自大公司的竞争。

该研究结果表明,总的来说,阿根廷学生和意大利学生在创业认识和创业态度上的相似之处要多于其差异之处。而这两方面的差异主要可归因于学生的社会背景,特别是他们父母的职业,而不是国家因素,这就会产生两种重要影响。

第一个影响是两国的相似性使得两国为促进创业发展,设计、实施相似的大学课程。第二也是最重要的影响是,学生(所表现出来的)对他们未来创业发展的困惑与态度,似乎为创业教育提供了很大的空间,同时也对关于这些教育项目的实施目标与内容给出了一些值得关注的建议。

家庭背景对学生创业倾向的重要影响也表明大学创业课程是极为重要的,这些创业课程不仅是为了发展学生的创业技能,而且要使学生有机会去学习创业知识、推崇创业榜样,使其与创业者进行直接的互动。

关于创业技能,创业课程应讨论以下话题:

> 1. 个人能力的提升和应对创业风险的信心;
> 2. 关于为创业公司筹集外部资金的可能性与手段方面的信息;
> 3. 编写商业计划书,特别针对创业风险的评估与把控;
> 4. 创业的社会文化方面及鼓励或阻碍其发展的力量。

本研究在理论和实证两方面都存在一些局限性,指出了需要进一步发展的领域。在实践层面,主要局限来自于样本的大小及某些人口数据方面缺乏可变性。为了克服这种局限,我们计划扩大样本,纳入更多在大学课程、社会背景与国家方面不同的学生类型。在理论层面,我们需要更多的数据来确定有哪些因素(人口、文化、个人)影响人们对创业与其运营机制的看法和态度。

参考文献

Accornero, A. (1999), 'Poter Crescere E Voler Crescere: I Piccoli Imprenditori Ex Dipendenti', in F. Trau (ed.), *La 'Questione Dimensionale' Nell' industria Italiana*, Bologna: Il Mulino.

Audretsch, D. B. and R. Thurik (2001), 'Linking entrepreneurship to economic growth', STI working papers 2001/2.

Baumol, W. J. (1968), 'Entrepreneurship in economic theory', *American Economic Review*, 58 (2), 64-71.

Baumol, W. J. (1993), 'Formal entrepreneurship theory in economics: existence and bounds', *Journal of Business Venturing*, 8 (3), 197-210.

Beranger, J., R. Chabbal and F. Dambrine (1998), Report Concerning Entrepreneurial Training of Engineers, Paris: Ministère de l'Economie, Finance et Industrie.

Bygrave, W. D. (1997), *The Portable MBA in Entrepreneurship*, 2nd edn, New York: John Wiley and Sons.

Charney, A. and G. Libecap (2000), 'Impact of entrepreneurship education', Insights: A Kauffman Research Series, Rockhill Road, Kansas: Kauffman Center for Entrepreneurship Leadership.

Clark, B., C. Davis and V. Harnish (1984), 'Do courses in entrepreneurship aid in new venture creation?', *Journal of Small Business Management*, 22 (2), 26-32.

Colombo, M. and M. Delmastro (2001), 'Technology-based entrepreneurs: does Internet make a difference?', *Small Business Economics*, 16 (3), 177-190.

Cowling, M. and M. Taylor (2001), 'Entrepreneurial women and men: two different species?', *Small Business Economics*, 16 (3), 167-175.

Delmar, F. and P. Davidsson (2000), 'Where do they come from? Prevalence and characteristics of nascent entrepreneurs', *Entrepreneurship and Regional Development*, 12 (1), 1-23.

Department of Trade, and Industry (1998), Our Competitive Future: Building the Knowledge Driven Economy, Command Paper 4176, London: The Stationery Office.

Fayolle, A. (1998), 'Teaching of entrepreneurship: outcomes from an innovative experience', paper presented at the Internationalizing Entrepreneurship Education and Training Conference, IntEnt 98, Oestrich-Winkel, Germany, 27-29 July.

Finkle, T. and D. Deeds (2001), 'Trends in the market for entrepreneurship faculty, 1989-1998', *Journal of Business Venturing*, 16 (6), 613-631.

Garofoli, G. (1992), 'New firm formation and local development: the Italian experience', *Entrepreneurship and Regional Development*, 4, 101-125.

Gibb, A. and J. Ritchie (1982), 'Understanding the process of starting small business', *European Small Business Journal*, 1, 122-132.

Gill, A. (1988), 'Choice of employment status and the wages of employees and the selfemployed: some further evidence', *Journal of Applied Econometrics*, 3, 229-234.

Hofstede, G. (1980), *Culture's Consequences: International Differences in Work Related Values*, Beverly Hills, CA: Sage Publications.

Hofstede,G. (2001), *Culture's Consequences: Comparing Values, Behaviors, Institutions and Organizations Across Nations*, 2nd edn, Thousand Oaks, CA: Sage Publications.

Instituto Nacional de Estadísticas y Censos (INDEC) (2002), www. indec. mecon. gov. ar. ,accessed April 2003.

International Monetary Fund (IMF) (2002), www. imf. org/external/pubs/B/WEO/2002/02, accessed April 2003.

Kantis, H. ,M. Ishida and M. Komori (eds) (2002a), *Entrepreneurship in Emerging Economies: The Creation and Development of New Firms in Latin America and East Asia*, Inter-American Development Bank, Department of Sustainable Development, Micro, Small and Medium Business Division.

Kantis, H. ,S. Postigo, J. Federico and M. F. Tamborini (2002b), 'The emergence of university graduates entrepreneurs: what makes the difference? Empirical evidences from research in Argentina', paper presented at the RENT XVI Conference, Barcelona, Spain, 21-22 November.

Karcher, B. (1998), 'Does gender really matter? The influences of gender and qualifications on self-employment and their implications on entrepreneurship education', paper presented at the Internationalizing Entrepreneurship Education and Training Conference, IntEnt 98, Oestrich-Winkel, Germany, 27-29 July.

Katz, Jerome A. (2003), 'The chronology and intellectual trajectory of American Entrepreneurship education 1876 – 1999', *Journal of Business Venturing*, 18 (3), 283-301.

Kolvereid, L. and O. Moen (1997), 'Entrepreneurship among business graduates: does a major in entrepreneurship make a difference?', *Journal of European Industrial Training*, 21 (4-5), 154-157.

Kourilsky, M. L. (1995), 'Entrepreneurship education: opportunity in search of curriculum', *Business Education Forum*, 50, 11-15.

Lafuente, A. and V. Salas (1989), 'Types of entrepreneurs and firms: the case of new Spanish firms', *Strategic Management Journal*, 10, 17-30.

Laukkanen, M. (2000), 'Exploring alternative approaches in high-level entrepreneurship education: creation micro mechanisms for endogenous regional growth', *Journal of Entrepreneurship and Regional Development*, 12, 25-47.

Levie, J. ,W. Brown and L. Steele (2001), 'How entrepreneurial are Strathclyde Alumni?', paper presented at the International Entrepreneurship: Researching New Frontiers Conference, University of Strathclyde, 21-23 September.

Litvak, I. and C. Maule (1976), 'Comparative technical entrepreneurship: some perspectives', *Journal of International Business Studies*, 7 (1), 31-38.

Lüthje, C. and N. Franke (2002), 'Fostering entrepreneurship through university education and training', paper presented at the 2nd Annual Conference of the European Academy of Management, Stockholm School of Entrepreneurship, Sweden, 9-11 May.

Minniti, M. and W. D. Bygrave (1999), 'The microfoundations of entrepreneurship', *Entrepreneurship: Theory and Practice*, 23 (4), 41-52.

Mueller, S. L and A. S. Thomas (2000), 'Culture and entrepreneurial potential: a nine country study of locus of control and innovativeness', *Journal of Business Venturing*, 16, 51-75.

North, D. C. (1994), 'Economic performance through time', *American Economic Review*, 84 (3), 112-119.

Organisation for Economic Co-operation and Development (OECD) (1998), *Fostering Entrepreneurship: The OECD Jobs Strategy*, Paris: OECD.

Organisation for Economic Co-operation and Development (OECD) (2000), *OECD Employment Outlook*, Paris: OECD.

Postigo, S. and M. F. Tamborini (2002), 'Entrepreneurship education in Argentina: the case of university of San Andrés's', paper presented at the *Conference International-izing Entrepreneurship Education and Training*, Universiti Teknologi Malaysia, 8-10 July.

Postigo, S. and M. F. Tamborini (2003), 'Entrepreneurship education in Argentina: lessons from the experience of University of San Andrés's', paper presented at the *Annual National Conference of the United States Association for Small Business and Entrepreneurship*, Hilton Head Island, South Carolina, USA, 23-6 January.

Rees, H. and A. Shah (1986), 'An empirical analysis of self-employment in the UK', *Journal of Applied Econometrics*, 1, 95-108.

Reynolds, P. D., H. Michael, S. M. Camp and E. Autio (2000), *Global Entrepreneurship Monitor. 2000 Executive Report*, Wellesley, MA: Babson College.

Reynolds, P. D., W. D. Bygrave, E. Autio, L. Cox and M. Hay (2002), *Global Entrepreneurship Monitor: 2002 Executive Report*, Wellesley, MA: Babson College, London Business School and Ewing Marion Kauffman Foundation.

Robinson, P. and E. Sexton (1994), 'The effect of education and experience self-employment success', *Journal of Business Venturing*, 9 (2), 141-157.

Schumpeter, J. A. (1934), *The Theory of Economic Development*, Cambridge, MA: Harvard University Press.

Shapero, A. (1984), 'The entrepreneurial event', in C. A. Kent (ed.), *The Environment for Entrepreneurship*, Lexington, MA: Lexington Books, pp. 21-40.

Solomon, George T., S. Duffy and A. Tarabishy (2002), 'The state of entrepreneurship education in the United States: a nationwide survey and analysis', *International Journal of Entrepreneurship Education*, 1 (1), 1-22.

Tackey, N., S. Perryman and H. Connor (1999), *Graduated Business Start-Ups*, Institute for Employment Studies, Brighton.

Upton, N., D. Sexton and C. Moore (1995), 'Have we made a difference? An examination of career activity of entrepreneurship majors since 1981', working paper, Baylor University, Baylor, TX.

Ussman, A. and S. Postigo (2000), 'O Papel da universidade no fomento da funço empresarial', *Anais universitarios, Ciencias Sociais e Humanas. 1990 – 2000 Yearbook Special Issue*, Beira Interior, Portugal: Universidades de Beira Interior.

Veciana, J. (2002), 'Comentarios sobre los resultados de la investigación comparada sobre la empresarialidad entre América Latina y el Este de Asia' ('Comments on the results of the comparative study of entrepreneurshop between East Asia and Latin America', in H. Kantis, M. Ishida and M. Komori, *Entrepreneurship in Emerging Economies: The Creation and Development of New Firms in Latin America and East Asia*, Inter-American Development Bank, Department of Sustainable Development, Micro, Small and Medium Business Division.

Vesper, K. and W. Gartner (1997), 'Measuring progress in entrepreneurship education', *Journal of Business Venturing*, 12 (5), 403-421.

Wennekers, A. R. M. and A. R. Thurik (1999), 'Linking entrepreneurship and economic growth', *Small Business Economics*, 13, 27-55.

Wilken, P. (1979), *Entrepreneurship: A Comparative and Historical Study*, Norwood, NJ: Ablex.

第十三章 加拿大大学生创业教育：关于学生创业偏好和创业意向的大型实证研究

伊冯·加斯　马里皮尔·特伦布莱

引言

虽然某些研究已经确定了普通人群的创业潜力(Reynolds,1997)，但很少有研究集中在大学背景上。在知识经济的背景下，更加值得注意的是，大学生逐渐把创业视为一种行之有效的职业选择。拥有近36 000名学生的拉瓦尔大学，已经为学生创业者提供了服务项目，但却对这些学生的创业潜力知之甚少。因此，本研究的目的在于比较拉瓦尔大学学生与普通人群的创业潜力，并验证学生的特定兴趣、期望、意图、需求。同样地，我们试图观察学生的价值观、态度和行为，也就是他们的创业潜力，可能会让他们倾向于创建一家公司，创造自己的事业，或者有这样做的意图。因此，我们也试图更好地理解哪些学习方法能够刺激创业方式，以及什么类型的支持和后续行动有可能吸引学生。

创业过程模型

新企业由创业者创立并发展，也就是那些整合和管理人力和物力资源的人，其目标是创造、开发和实施有助于满足人们需求的解决方案(Cooper et al.,1990)。创业者利用并组织这些资源开始创业，然后发展能够满足这些需求的企业。

很多研究表明，公司创建者有某种特质(Gasse and D'Amours,

2000);然而,根据最新的分析,这些特质能够随着创业者类型的变化而变化(Krueger,2000)。而且,我们也必须意识到,这些创业倾向受到个人工作环境的影响(Reynolds,1995)。

创立企业的行为源于创业者的决策(Bhidé,2000)。影响这个决定的多种因素体现在三个方面,分别是:

- 意愿
- 可行性
- 创造力

图 13-1 试图展示创业过程模型的主要元素。该图表的有趣之处在于它阐明了一个非常复杂且动态的现实。不同层次的分析不仅显示出很多联系和因果关系,而且显示出个人和社会问题的不断相互渗透。一个模型,甚至一种描述性的模型,也只是对现实的部分呈现或者简单呈现。它的唯一目标是帮助人们更好地理解问题中的现象。现实生活教会我们每个人、每种情境、每种环境都有自己的特性。尽管这些特殊性不能被概括,但它们可以作为一般概念的例证。

本研究的目的是验证某些特定的选择变量在大学生创业过程中所发挥的作用。图 13-1 中呈现的其他元素仅显示了该现象复杂性的整体观点。

意愿(价值观)

由于创业首先是个人的问题,而人又是由他们进化的环境所决定的,因此更好地确定周围环境因素是尤为重要的,这些环境能够影响创业吸引力,甚至影响创业的意愿。社会因素和文化因素能够直接影响某些行为或行动的感知意愿(OECD,1998)。当创业活动在一个社群中被推广的时候,比如在大学里,组成这个团体的人们往往就会对这一活动产生积极的认知(Davidsson and Honig,2003)。这一意愿体现在两个方面:一是创业行为所带来的好处是个体所需要的;二是这种好处也是社会所

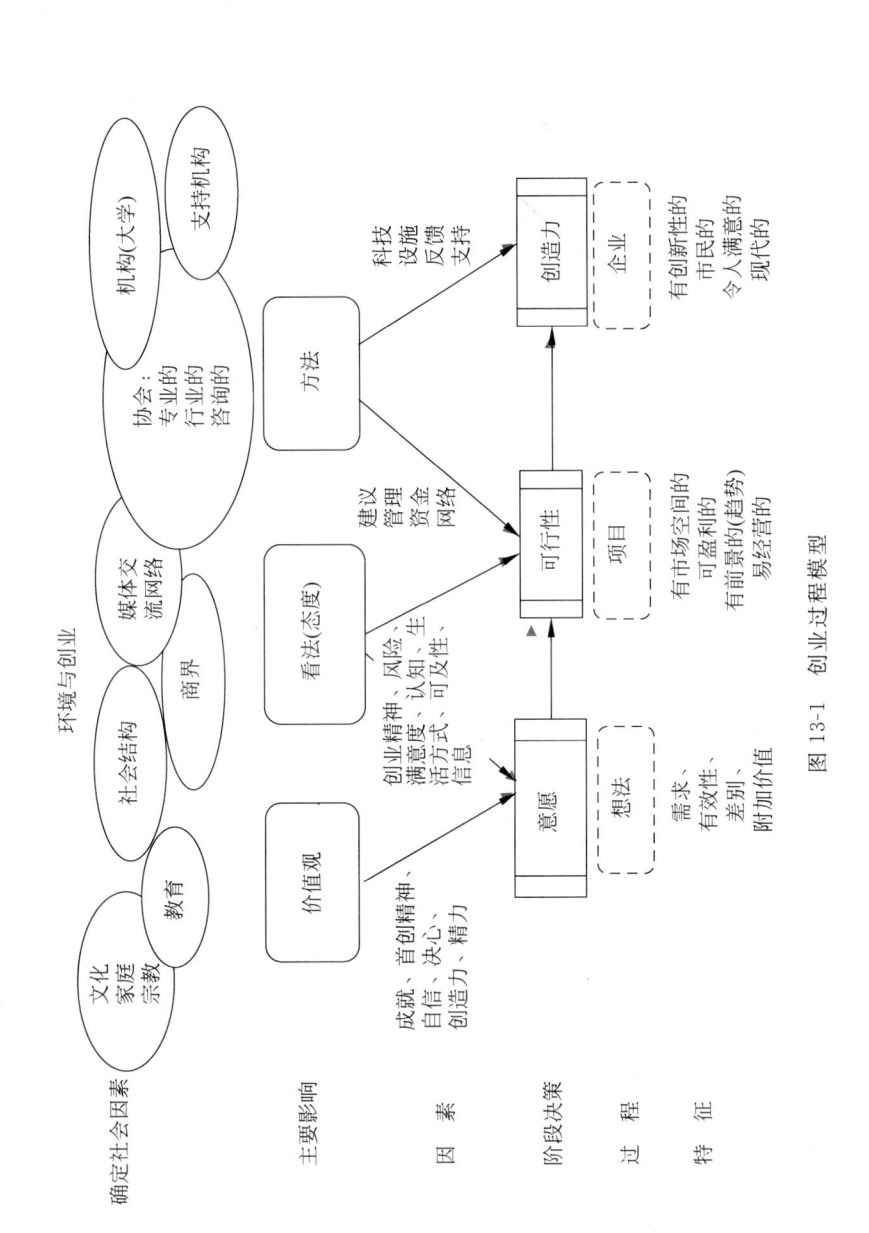

图 13-1 创业过程模型

需要的(Shapero and Sokol,1982)。在大学环境中,我们可以看到,教职工、项目、课程、教学方法及课外活动是怎样影响这一意愿的。考虑某些前提也同样重要,这些前提包括年龄、性别、工作经历——特别是和创业及中小企业相关的经历,以及研究的层次和领域。

可行性(感知)

一些超越了个人控制范围的外部因素影响着创业。很明显,这些因素的相互作用能够促进或者阻碍创业(Fortin,2002)。创业者不仅要感知创业行为的意愿,也必须要考虑这种行为是否具有合理的可行性。可行性取决于创业必备的手段与资源是否是容易获取的。虽然这些方法与创业者的能力紧密相关,但是许多手段来源于周围环境。相应地,可行性应该反映在创业意向中(Krueger and Carsrud,1993)。在大学环境下,拥有自己的公司的可能性、有益于创业的因素及感知到的创业障碍都是创业意向的例证。

创造力(方法)

意愿和可行性是创立企业的必要条件,但不是充分条件。为了付诸行动,有潜力的创业者必须在恰当的时间、恰当的地点整合相关手段和资源。这些资源可以是人力、金融、物质及信息方面的(Filion,2002)。这些可获取的资源所存在的环境就创业而言有着明显的优势(Carter et al.,1996)。在大学环境中,大学及其部门能够对创业者产生决定性的作用。我们不仅希望了解学生们是如何感知他们的大学或者他们期待从大学获得什么,我们也希望确定创业发生率。相应地,比较在校大学生和普通人群之间的创业强度是有价值的。

创业和大学

经常有人定期进行研究,以确定大学项目、课程及创业的专业化是如何发展的(Fayolle,2000)。例如,在美国,维斯珀和加特纳(Vesper and Gartner,2001)表明,超过100所大学提供创业项目,但是多达800所大学和学院提供这方面的课程。在加拿大,孟席斯(Menzies,2000)所做的研究发现,所有的大学或者学院都会提供创业课程或创业项目。在法国,大学、工商行政管理学院、专科学校及"高等专业学院(校)"在过去的十年中一直都在提供越来越多的创业项目和课程(Fayolle,2003)。而且,正如艾伯特等(Albert et al.,1999)、古捷和玛丽昂(Goujet and Marion,1999)及奥布雷赫特(Obrecht,1998)的研究报告过的那样,在过去的几年中,欧洲已经产生了最具创新精神的教学首创。在北美,传统教学法似乎仍居于主导地位,例如,起草商业计划、案例研究、讲座及与创业实践者见面(Fiet,2001a;Katz,2003;Solomon et al.,2002)。此外,鲜有依据创业行为、合适的态度及习得的技能来调查学生在创业课程中真正学习到了什么的研究(Bechard and Toulouse,1998;Chen et al.,1998;Cox et al.,2003;Ehrlich et al.,2000;Gorman et al.,1998)。同时,与没有学习过创业课程的学生相比,学习过创业课程的学生更能获得某些创业特征。例如,学习创业课程与展示创业意向之间有着显著联系(Fayolle,2002;Kolvereid,1996a)。同样地,诺埃尔(Noel,2001)发现了创业教学、创业意向和自我效能感之间的关系。最后,汉塞马克(Hansemark,1998)尝试把成就需求和内心控制点同创业课程联系起来。

相当数量的研究表明,在加拿大及其他地方,有非常有趣的创业意向率。例如,菲利翁等(Filion et al.,2002)表明,在一所说法语的魁北克大学中,57.7%的学生想要创业。而且,奥代特(Audet,2001)发现,在一所说英语的魁北克大学中,尽管只有8%的学生想要在近期内创业,但有45%的学生认为他们有朝一日创业的可能性为75%,这一数据与俄罗斯和挪威的学生群体的数据相似(Kolvereid,1996a;Tkachev and Kolvereid,1999)。

方法和方法论

这些学生是从拉瓦尔大学2002年冬季入学的完整学生名单中随机挑选出来的。数据是由三个专业的数据调查公司(SOM Surveys,Opinion Polls,Marketing)收集的。

被试人群和样本

这项研究的被试人群是拉瓦尔大学 2002 年冬季入学的所有学生。样本是使用拉瓦尔大学提供的文件确定的。为了对学生电话号码保密,拉瓦尔大学的注册服务部门通过电脑随机挑选出作为研究对象的学生。

调查问卷[①]

本调查问卷的初稿由本章作者完成。然后两家公司(SOM Surveys,Opinion Polls)进行技术修订及调查问卷的预测试。

数据收集与处理

总共进行了 600 次采访,69.2%(占前期提供的有效手机号码的比例)的受访者接受了采访,20.5%的手机号码未能在调查期间接通,还有 10.4%的人拒绝接受采访。拨打电话的具体情况和回应率的计算详见表 13-1 和 13-2。

表 13-1　样本数据

1.	最初样本	962
2.	在数据收集期间从未联系上	146
3.	电话停机	55
4.	公司号码	7
5.	线路有问题	1
6.	不合格	8
7.	不在服务区	0
8.	残障或讲外语	8
9.	不在家	46
10.	未完成采访人数	1
11.	家庭拒绝	2
12.	被调查者拒绝	88
13.	完成采访人数	600

---

① 这份调查问卷的副本可在创业者与创业中心获得。

表 13-2　主要应答率

14.	未接通的号码(B+E)	147
15.	接通的号码(A-(N+G))	815
16.	接通号码中的无效号码(C+D+H)	70
17.	接通号码中的有效号码(O-P)	745
18.	未接通号码中的有效号码(估测)(NQ/O)	134
19.	有效号码总数(估测)(Q+R)	879
	估计无应答率(R+I/S)	20.5%
	拒接(J+K+L)/S	10.4%
	估计应答率((M+F)/S)	69.2%

统计学数据分析是由研究者们进行的。数据文件由 SOM Surveys 公司以 SPSS 软件格式传送。在 600 个被调查者的样本结果中,最大误差为 4%,置信水平为 95%。

结果

新兴创业者的盛行和他人的意向

收集的数据被用来确定校园新兴创业者的流行程度。在 600 名被调查者当中,3.2% 的人表示他们正在积极创业。

尽管如此,为了将校园流行程度与关于创业过程与企业诞生全国性研究[1]进行比较,还要考虑另外两个条件。被调查者除了主动参与创建企业之外,还必须:

- 在最后的 12 个月中做出创建企业的具体努力;
- 成为创办企业的企业主或者合伙人。

---

[1] 创业过程与企业诞生全国性研究,魁北克市,创业者与创业中心,2000 年。

在积极尝试创业的学生中,有 73.7% 以上的学生已经在最近 12 个月里做出了具体努力;有 36.8% 的学生成为独立经营者,其余 63.2% 的学生成为合伙人。

在 600 名受访学生中,有 2.3% 的学生满足所有条件。因此,拉瓦尔大学的流行率是 28%,高于加拿大普通人群的 1.8% 的流行率。

创业者:很多人考虑的选择

对没有参与创办企业的学生也进行了调查,以便了解他们是否已经考虑创办企业[①]或者是将来有一天自己会成为老板。结果显示,32.5% 的学生已经开始考虑这件事了。

在这组数字中,有 42.9% 的人表示他们会长期从事这件事,有 31.2% 的人会伴随着学习过程在三到五年的时间里从事这件事,有 14.8% 的人会在结束学习的两年里从事这件事。只有 7.9% 的人在学习过程中考虑创业或者自己当老板。另外,有 3.2% 的人没有回答这个问题。

创业的概念

创业是一个可涉及多方面的概念。而且,受访者确定了涉及此术语的几个要素;表 13-3 显示了主要传统的创业概念的频率。

表 13-3　创业的几种概念(%)

创立新公司	19.0
并购现有公司	0.2
新产品开发	0.7
创立非营利机构	0.2
开发新项目	1.8
企业所有权	11.5
其他	57.0

---

① 581 名受访者属于这一类。

不出所料,创建企业和掌握所有权才是占主导位置的。然而,创业概念中的"其他"类却包括十分不同的因素,如表 13-4 中所示。

表 13-4 创业者的其他概念(%)

自由、自主和独立	26.6
与商业理念有关	20.7
必要素质	10.8
损失和要求	9.4
创新与创造力	8.2
必要技能	5.9
地位/工作	4.1
个人成就	4.1
与环境因素、社会角色(创造就业岗位)相关	3.4

这些"其他"概念中的许多概念指的是价值观、能力、态度、生活方式,以及表明人们拥有或者愿意拥有逐渐宽阔的创业视角的方式。

创业意识:有关服务的知识

拉瓦尔大学通过学生创业者的支持组织——拉瓦尔创业,为其学生提供某些创业服务。调查的这一部分主要聚焦在评价学生对于这些服务了解多少,他们是怎样理解和使用这些服务的。在为拉瓦尔大学学生提供的可用创业支持服务中,那些突出的服务主要与学习、意识和坚持有关。例如:

- 13.7%的受调查者说他们已经在上创业课程
- 25.8%的受调查者已经了解创业的职业可能性
- 42.5%的受调查学生已经在学习过程中掌握关于创业的一些知识
- 40.7%的受调查者在拉瓦尔大学听说过创业

- 21.7%的受调查者了解拉瓦尔大学创业组织;在这些人当中,有33.1%的受调查者知道组织办公室在哪里
- 6.5%的受调查者了解REEL(即拉瓦尔大学学生创业者协会)在学生中宣传创业。

对大学作用的看法

因为大学生逐渐把创业看成一种正当的职业选择,所以,明确大学在学生发展中扮演的角色十分重要。调查显示:

- 55.3%的受调查者认为大学认可创新、首创及创业。然而,96%的受调查者说大学应该正式认可学生们创业的首创精神,例如,通过提供创业活动的课程学分。
- 94.7%的受调查者认为让学生了解创业是重要的。

创业的可能性

关于将来有一天拥有企业的可能性,表13-5给出了学生调查结果。

表13-5 拥有企业的可能性(%)

高	15.3
中	30.3
低	32.2
无	21.8

这些关于某一天拥有自己企业的可能性的看法,与以前对拉瓦尔大学学生研究得出的看法相似,正如下列所述。

创业涉及的因素

和其他人类活动一样,创业可以在某些便利条件下得到更好的发展。

尽管这些条件中有若干已经明确，但只有一些看起来相当重要。

在所提到的主要因素中，只有一个突出因素（融资）占24.2%。在所提及的次要因素中，仍有20.3%的样本选择融资，同时也有13.7%的样本选择掌握的知识。

考虑到媒体和金融、公共机构和公共事业机构为创业提供融资的重要性，这些结果并不令人意外。

创业的障碍

如果不能提供充足的有利于创业的因素，那么这些因素可能常会成为阻碍。这项研究注意到相同的现象，正如主要障碍显示的那样：45.3%的样本选择了资金障碍，也有部分样本选择了利润低（6.7%）。提到的次要因素包括资金（13.7%）、时间（9.6%）和竞争（8.2%）。

资金的可用性再次被视为主要障碍，近一半的受调查者提到了这一点。而且，多数新企业是用非常有限的个人资金创建的。

创业的主要动机

创建自己的企业和成为个体经营者的主要动机在数量上很少，而且往往是一样的。这项研究的受访者也不例外。表13-6提到了受调查者的主要动机。

表13-6 创业动机(%)

自己当老板	29.7
独立和自主	13.8
赚钱	7.2

自己当老板看似是主要原因。但这个概念包括很多方面，例如成就需求，它在创业的古典研究中经常被当作创业者的主要动机。选定的定义看似有很多相似点。表13-7展示了创业的次要动机。

表 13-7 创业的次要动机(%)

自己当老板	14.3
赚钱	13.7
掌权和控制	11.9

能够发展创业的活动

从上面可以看出,学生们认为大学在促进和发展创业中是起到一定作用的。实际上,受调查者被问到拉瓦尔大学应该实施哪些活动、应用哪些方法来促进创业的问题。表 13-8 显示了受访者对拉瓦尔大学可以提供的各种创业发展活动的支持。

最强有力的支持活动围绕着实际创业活动展开的,如接近商业圈、与创业者合作的条件、咨询、指导和财务援助。

表 13-8 拉瓦尔大学应该支持的创业发展活动(%)

更多培训	84.3
对创业首创精神的正式认可	93.2
咨询	96.8
为学生创业提供空间	90.0
企业"孵化器"	83.2
帮助学生创业者寻找资金	95.5
建立人脉	98.2
为学生提供与创业者共同工作的条件	96.7
创业项目的课程学分	80.3
辅导项目	95.0

促进创业发展的方法、学术活动及非学术活动

在大学里,一些学术活动能够有助于发展创业。尽管如此,了解学生关于此类活动的兴趣还是十分有价值的。表 13-9 总结了这类兴趣。

表 13-9 有助于创业发展的学术活动

学术活动	第一选择(%)	第二选择(%)
创业的案例研究	19.5	13.1
参观企业	6.2	12.7
有关创业的会议	9.0	16.2
与创业实践者见面	8.3	19.9
创业实习	42.5	17.1
模拟创业	8.0	9.9

另外,这些活动可以帮助学生们体验到真实的创业情境,最大程度激发了他们的兴趣,实习与实践的情况也是如此。关于那些有助于发展创业的非学术活动,表 13-10 所示为学生如何看待这些活动。这里,实践方面也占据主导地位,以及咨询服务和创业计划大赛。

表 13-10 有助于创业发展的非学术活动

非学术性活动	第一选择(%)	第二选择(%)
创业计划竞赛	26.7	25.6
参与学生协会	12.2	15.7
学生创业者联盟	19.2	26.3
向学生提供的小企业咨询服务	41.0	30.0

受调查者概况及其历史

大多数创业研究都特别关注创业者概况及其个人经历,其中主要包括年龄、教育水平、能力及相关经验。因此,在拉瓦尔大学学生中:

- 17.8%的受调查者曾经创业
- 66%的受调查者曾经全日制学习

表 13-11 呈现了学生的受教育水平。这一比例相当代表拉瓦尔大学的学生人数。表 13-12 列出了样本的学习领域。正如可以在表 13-13 看出的那样,70%以上的学生都是 20—29 岁。

表 13-11　教育水平(%)

教育水平	%
学士	62.7
硕士	13.3
博士	4.8
毕业证书	0.5
结业证书	11.5
没有学分的课程	3.2

表 13-12　学习领域(%)

	%
文学	11.7
管理	17.0
教育	11.0
工程	17.7
社会科学	11.8

表 13-13　年龄分类(%)

	%
20 岁以下	3.8
20—23 岁	45.7
24—29 岁	25.2
30 岁及以上	25.3

分析和解读

新兴创业者的流行率

这项研究的目标之一是确定拉瓦尔大学中新兴创业者的流行率,并把这一流行率同加拿大总人口中的流行率进行比较。之所以能够进行这种比较,是因为在对加拿大新兴创业者的总体研究中采用了相同的方法和相同的资格标准(Menzies et al.,2002)。就像上文提到的那样,校园内的流行率比加拿大普通人群高 28%,即 2.3%对 1.8%。然而,考虑到学生学习结束后,他们经常会接受他们所在领域的工作而放弃创业项目,尽管这些学生有可能是一些积极参与创业的学生。在学习期间,他们出于经济原因,将创业作为一个临时解决问题的办法。这一假设可以通过纵向研究来检验。

创业意向

关于拉瓦尔大学学生创业意向的结果,可以与在1995年PME[①]研究组织进行的研究和在2000[②]年由吉纳维芙·特伦布莱同一研究小组进行的另一项研究做对比(参照表13-14)。

表13-14 在三个不同时期比较学生的创业意向

	2002* (%)	2000 (%)	1995 (%)
想过创业	32.5	42	59
在校期间想创业	7.9		短期4
毕业两年想创业	14.8	n/a	中期22
毕业三到五年想创业	31.2	n/a	长期33
在更长的时期内想创业	42.9	n/a	
不清楚	3.02	n/a	

注:* 这项研究的问题标记包括创业意图和自己当老板。

这些结果之间的差异可以通过样本选择来解释。在以前的研究中,样本中包含的学院和学科仅限于那些表现出最大创业倾向的学院和学科。本研究的主要特点是其代表性广泛,从拉瓦尔大学所有不同课程、学科和学院学生的正式名单中随机抽取样本。

结果显示,有很高比例的学生正在考虑创业,这说明了学生把创业作为潜在职业选择的事实。然而,我们应该理解,这里讨论的是意向,那些正在考虑最后创业和已经实施创业的人所占百分比的差距是十分显著的。诚然,正如前面显示的那样,正在积极尝试创业的学生的百分比是3.2%,然而,那些已经考虑创业或自己当老板的学生的百分比是32.5%。

---

① 创业者与创业中心,计划性科技创业的调查,拉瓦尔大学,1995年11月。
② 特伦布莱(Tremblay,2000)。

而且，他们当中大多数人认为他们将在完成学业后三年或更长的时间后开始创业。考虑到拉瓦尔大学有 36000 名学生，这意味着近 1152 名学生正在参与创业，11700 名学生已经考虑最终创业或者将来有一天自己当老板。值得强调的是，这些学生中有 7.9%（925 人）在学习期间有创业意向。

基于专业院系的意向

大部分学生创业者似乎来自于管理科学（21%）、科学与工程（15.8%）和社会科学（21%）。这三个专业的学生在创业方面的比例也最高。

其他专业想要创业的学生比例也很高，从牙科的 66.7% 到城市规划、建筑和视觉艺术的 64.7%，以及药学方面的 44.4%。

小企业研究小组在先前的一项研究中收集了一些支持数据，得出以下结论：农业和食品科学（31%）、科学与工程（23%）、管理科学（13%）和林业（12%）具有创业意向的学生最多。

女性的意向

女性也被列在潜在的创业者之列。同一研究小组在 2000 年进行的研究表明，39% 的女性是潜在创业者。在本研究中，正在积极尝试创业的 3.2% 的学生中，有将近 37% 的学生是女性，如表 13-15 所示。

表 13-15 不同性别学生的创业努力

	男性（%）	女性（%）
主动尝试创业	63	37
曾经想过创业	55	45

而且，在 32.5% 的已经考虑创业或者成为个体经营者的学生中，有近 45% 的学生是女生。这些结果表明，女性在创业方面的地位日益提高。因为她们越来越可能读大学——在拉瓦尔大学，女生占 52%——这种增长不足为奇。

对服务的了解程度

表 13-16 中呈现的结果似乎表明,很少有拉瓦尔大学的学生意识到校园中的创业服务。如上文所述,拉瓦尔大学有两项促进和发展创业的主要服务,他们是,拉瓦尔创业和 REEL(拉瓦尔大学生创业者组织)。

表 13-16 基于创业努力的服务意识比较

	了解拉瓦尔创业机构(%)	了解 REEL(拉瓦尔大学学生创业者协会)(%)
所有受调查者	21.7	6.5
主动尝试创业	26.3	0
曾经考虑过创业或者成为个体经营者	29.1	11.6

值得注意的是,这些服务组织是自筹资金的,其广告和宣传预算都是十分有限的;而且,学生们经常对校园里提供的其他服务感到困惑。尽管如此,本章作者对于学生们表现出来的相对较低的百分比(介于 21% 和 29% 之间),还是感到有点惊讶的。

需要进一步的研究来评估校园内各种培养创业意识的项目和服务的有效性。似乎学生们对于针对创业的项目或者活动不太感兴趣,除非他们正在认真考虑创业;对于那些主动参与创业活动的学生来说,他们也许甚至觉得这些服务不太能满足他们的需求。

关于创业培训的意向

近些年来,拉瓦尔大学已经提供了关于创业的多种课程和项目,特别是在管理科学系。这些课程大部分是所有学生都可以参加的学分课程。

在受调查者中,有关创业培训的意向比较高。确实,有 40.8% 的受调查者对学分课程感兴趣。在已经考虑创业或者想成为个体经营者的受调查者中,这一比例上升到 75.5%,如表 13-17 所示。

受调查者们提倡的学习方式主要集中在实验和实习活动。如上所见，到目前为止，和创业者一起工作是最受欢迎的(42.5%)[1]，紧接着是创业企业的案例研究(19.5%)。积极尝试创业的受调查者也更喜欢与创业者一起工作(36.8%)和案例研究(21.1%)的学习方式。

这些结果与 2000 年的研究结果相符合。在 2000 年进行的研究中，学生们表现出对于研讨会、模拟创业、企业参观以及与创业者会面的偏好。因此，潜在创业者似乎偏爱实践的方法，而不是理论和演讲课程。

表 13-17　不同创业状况的个体对于创业培训的意向

	对学分课程感兴趣(%)	对学分课程不感兴趣(%)
积极创业	57.9	42.1
创业不积极	40.3	59.7
考虑过创业或者自己当老板	75.5	27.5
从未考虑过创业或者自己当老板	24.7	75.3

非学术活动

对创业兴趣最高的院系[2]的学生首选的非学术活动基本相同。表 13-18 展示了根据不同院系选出的最受欢迎的 3 种活动。

此外，表 13-19 展示了基于受调查者创业动机的课外活动选择。

看起来，关于三项活动（中小企业咨询服务、创业计划大赛及学生创业者协会）对创业活动贡献的相关性，大家似乎有一致的观点。

表 13-18　基于学习领域的受欢迎的课外活动

	小型企业咨询服务(%)	创业计划大赛(%)	学生创业者协会(%)
管理	48.0	24.5	14.7
工程	42.5	26.4	18.9
社会科学	35.2	32.4	16.9
城市规划、农业和艺术	42.1	36.8	10.5

---

[1] 结果与受调查者的第一反应选择相符。

[2] 这里涉及的学院是管理科学，科学与工程，社会科学，城市规划、建筑与视觉艺术。

表 13-19 基于创业努力情况的受欢迎的课外活动

	小型企业咨询服务(%)	创业计划大赛(%)	学生创业者协会(%)
积极创业	47.4	21.1	21.1
不积极创业	40.8	26.9	19.1

结论

这项探索性研究还有诸多尚未触及的领域。尽管如此,它给出了关于拉瓦尔大学学生创业潜力的很好的认识,特别是如何创建"创业档案"("创业档案"指的是在校生在学校所修的一系列学分课程和项目;参与者可以将"创业档案"标注在他们的结业证书上)。它还提供了关于大学生创业的总体情况。这所大学在创业者培训、研究和服务方面有着丰富的经验;在此介绍它是为了作为一个例子说明在特定环境中可以做什么,而不是试图说明在别处应该做什么。正如我们在表 13-1 中表明的那样,创业受到许多环境和社会因素的影响;一种创业文化将会在一种特定的环境中产生和发展,并且会以与这些方面相一致的速度发展。例如,如上文所述,在拉瓦尔大学中,新兴大学生创业者的流行率比加拿大总人口[①]高出 28%。相当数量的学生正在积极参与创业或者前期创业中。同样地,超过 32% 的受访学生已经开始考虑创业或者将来自主经营。

从这项研究中得出的主要观点是,拉瓦尔大学的学生希望获得基于经验和实践方法的学术及非学术支持。他们也希望拉瓦尔大学为创业提供更加坚定的支持。指导和支持项目、与创业者共同工作、融资及结交人脉等方法似乎是满足学生需要的方法。最后,受调查者对于拉瓦尔大学的创业支持组织总体上了解甚少或毫不知情。

必须重申的是,无论是大学还是非大学,环境的创业潜力都会随着时间的推移而改变。这种潜力可以通过首创精神和环境变化来增长,这些举措和环境变化促进了创业人才的出现,或更有效地利用了现有人才。

[①] 根据创业过程和公司诞生的国家研究,创业者与创业中心,2000。

对创业表现出积极的态度，大学项目和媒体表达对创业的认同，把创业视为一种生活方式，通过社会认可和荣誉促进成功的创业活动，增强才能，关注机遇，以及在教学中包含发现、创新和风险的内容，这些因素都将有助于促进创业，增加我们对创造性能力的利用。因为创业的发展最终取决于个人特质与社会环境因素的相互作用。

参考文献

Albert, P. , M. Bernasconi and F. X. Boucand (1999), 'L'enseignement de l'entrepreneuriat au CERAM: une histoire avec Sophia Antipolis', in Bertrand Saporta (ed.), *Actes du premier congrès de l'Académie de l'entrepreneuriat*, Lille.

Audet, J. (2001), 'Une étude des aspirations entrepreneuriales d'étudiants universitaires québécois: seront-ils des entrepreneurs de demain?', in Thomas A. Bryant (ed.), *Actes du Congrès de l'Association Canadienne des Sciences Administratives du Canada*, Section Entrepreneuriat et affaires familiales, Toronto, 22 (21), 31-41.

Bechard, J. P. and J. M. Toulouse (1998), 'Validation of a didactic model for the analysis of training objectives in entrepreneurship', *Journal of Business Venturing*, 13 (4), 317-332.

Bhidé, A. V. (2000), *The Origin and Evolution of New Businesses*, New York: Oxford University Press.

Chen, C. C. , P. G. Greene and A. Crick (1998), 'Does entrepreneurial self-efficacy distinguish entrepreneurs from managers?', *Journal of Business Venturing*, 13 (4), 295-316.

Cooper, A. C. , W. C. Dunkelberg, C. Y. Woo and W. J. Dennis (1990), *New Business in America: The Firms and their Owners*, NFIB Foundation. Washington, DC.

Cox, L. W. , S. L. Mueller and S. E. Moss (2003), 'The impact of entrepreneurship education on entrepreneurial self-efficacy', *International Journal of Entrepreneurship Education*, 1 (2), 229-247.

Davidsson, P. and B. Honig (2003), 'The role of social and human capital among nascent entrepreneurs', *Journal of Business Venturing*, 18 (2), 301-440.

Ehrlich, S. B. , A. F. De Noble, D. Jung and D. Pearson (2000), 'The impact of entrepreneurship training programs on an individual's entrepreneurial self-efficacy', *Frontiers of Entrepreneurship Research*, Babson Conference Proceedings, www. babson. edu/entrep/fer, accessed 21 October 2001.

Fayolle, A. (2000), 'L'enseignement de l'entrepreneuriat dans le système éducatif supérieur: un regard sur la situation actuelle', *Revue Gestion 2000*, 3, 77-95.

Fayolle, A. (2002), 'Les déterminants de l'acte entrepreneurial chez les étudiants et les jeunes diplômés de l'enseignement supérieur françaises', *Revue Gestion 2000*, 4, 61-77.

Fayolle, A. (2003), *Le métier de créateur d'entreprise*, Paris: Editions d'Organisation.

Fiet, J. O. (2001a), 'The pedagogical side of teaching entrepreneurship', *Journal of Business Venturing*, 16 (2), 101-117.

Filion, L. J. (2002), *Savoir entreprendre: douze modèles de réussite*, Montréal, CA: Les Presses de l'Université de Montréal.

Filion, L. J., D. L'Heureux, D. Kadji-Youaleu and F. Bellavance (2002), 'L'entrepreneuriat comme carrière potentielle: une évaluation en milieu universitaire', *Chaired' entrepreneurship Maclean-Hunter*, Cahier de recherche 2002-04, Montreal, HEC.

Fortin, P. A. (2002), *La culture entrepreneuriale: un antidote à la pauvreté*, Québec, CA: Les éditions de la Fondation de l'Entrepreneurship.

Gasse, Y. and A. D'Amours (2000), *Profession: Entrepreneur*, Montréal: Les editions Transcontinentales.

Gorman, G., D. Hanlon and W. King (1998), 'Some research perspectives on entrepreneurship education, enterprise education and education for small business management: a ten-year literature review', *International Small Business Journal*, 3 (4), 56-77.

Hansemark, O. C. (1998), 'The effects of an entrepreneurship program on need for achievement and locus of control of reinforcement', *International Journal of Entrepreneurial Behaviour and Research*, 4 (1), 28-50.

Katz, J. A. (2003), 'The chronology and intellectual trajectory of American entrepreneurship education 1876-1999', *Journal of Business Venturing*, 18, 283-300.

Kolvereid, L. (1996a), 'Prediction of employment status choice intentions', *Entrepreneurship Theory and Practice*, 20 (3), 45-57.

Kolvereid, L. (1996b), 'Organisational employment versus self-employment: reasons for career choice intentions', *Entrepreneurship Theory and Practice*, 20 (3), 23-31.

Krueger, N. F. (2000), 'The cognitive infrastructure of opportunity emergence', *Entrepreneurship Theory and Practice*, 24, 5-23.

Krueger, N. F. and A. L. Carsrud (1993), 'Entrepreneurial intentions: applying the theory of planned behaviour', *Entrepreneurship and Regional Development*, 5, 315-330.

Menzies, T. V. (2000), *Entrepreneurship Education in Canada*, Montreal: John Dobson Foundation.

Menzies, T. V., Y. Gasse, M. Diochon and D. Garand (2002), 'Nascent entrepreneurs in Canada: an empirical study', *ICSB 47th World Conference*, San Juan, Puerto Rico.

Noel, T. W. (2001), 'Effects of entrepreneurial education on intent to open a business', *Frontiers of Entrepreneurship Research*, Babson Conference Proceedings, www.babson.edu/entrep/fer, accessed 7 June 2001.

Obrecht, J. J. (1998), 'Entrepreneurship education and training in France: a new challenge to the universities', *8th Global Inter-Ent Conference*, Oestrich/Winkel, Germany.

Organisation for Economic Co-operation and Development (OECD) (1998), *Stimuler l'esprit d'entreprise*, Paris: OECD.

Reynolds, P. (1995), 'Explaining regional variation in business births and deaths: US 1976-88', *Small Business Economics*, 7 (5), 153-227.

Reynolds, P. (1997), 'Who starts new firms?', *Small Business Economics*, 9 (1), 190-204.

Shapero, A. and L. Sokol (1982), 'The social dimensions of entrepreneurship', in C. Kent, D. Sexton and K. Vesper (eds), *The Encyclopedia of Entrepreneurship*, Englewood Cliffs, NJ: Prentice Hall, pp. 72-90.

Solomon, G. T., S. Duffy and A. Tarabishy (2002), 'The state of entrepreneurship education in the United States: a nationwide survey and analysis.', *International Journal of Entrepreneurship Education*, 1 (1), 65-87.

Tkachev, A. and L. Kolvereid (1999), 'Self-employment intentions among Russian students, *Entrepreneurship and Regional Development*, 11 (3), 269-280.

Tremblay, G. (2000), 'Profil des entrepreneurs potentiels de l'Université Laval', essay, September, Université Laval, Quebec.

Varela, R. and J. E Jimenez (2001), 'The effect of entrepreneurship education in the universities of Cali', *Frontiers of Entrepreneurship Research*, Babson Conference Proceedings, www.babson.edu/entrep/fer, accessed 8 December 2001.

Vesper, K. H. and W. B. Gartner (2001), *Compendium of Entrepreneur Programs*, Los Angeles, CA: Lloyd Grief Center for Entrepreneurial Studies, University of Southern California.

第十四章 创业行为的动机与局限——针对法国博士生的调查研究

吉恩-皮埃尔·布瓦森

吉恩-克劳德·卡斯塔格诺斯　贝朗杰·德尚

在过去几年中，大中小学专门用于培养学生创业意识的时间大大增加。事实上，法国在创业领域的确落后于很多国家（如，魁北克行动；Menzies，2002），尤其是在过去十年中，法国新企业的数量一直呈下降趋势或偶尔保持不变（即每年有 27 万新企业）。值得注意的是，1990 年法国有超过 304 000 家新企业诞生，而到 1995 年，这个数字变成了 280 000 家。根据法国统计局发布的数据显示：从全球范围来看，这些新企业包括白手起家的企业、重组的企业以及被收购的企业。而白手起家的企业数量一直在不断增长（从 2002 年的 178 000 家上升到 2003 年的 200 000 家）。2003 年，200 000 家企业实现了法国政府于 2003 年出台的《迪特雷伊法》的发展目标。可以说，2003 年取得如此好的成绩是受到了该法律的影响，也可以解释为是对经济衰退的回应：创办公司就是创造本国就业机会。因此，法国政府为了刺激和激励创业，鼓励创新和研究，已尝试出台了许多措施（包括经济措施和财政措施）。

工业和研究部的创新计划（2002）第六条措施强调：为了鼓励人们创业，十分有必要设置创业课程。其中一项举措是在法国众多大学校园里创办创业中心。2002 年，法国政府把格勒诺布尔大学作为试点，在此创办了法国第一个创业中心。此项研究使用不同的绩效指标，其中一些体现出学生是如何逐渐形成创业意愿的。指标共建的数据库会为研究者提供更广泛的信息数据,尤其是 CERAG 工作室(格勒诺布尔管理实验室,专门从事创业项目研究)。在提议开办创业中心原型的前期阶段(Boissin, 2003)以及由法约尔(Fayolle, 1999;2001)和维斯特雷特(Verstraete, 2000)主导的后续调研阶段,74 位博士生收到了一份关于他们的创业意向和创业意识的看法的问卷。本章将会对这些数据做深入分析,根据这些博士生对创业的动机和局限性认知,将他们"分类"。这些博士生是未来的研究者,也代表了法国行政改革计划的目标人群。了解博士生从纯粹科学的角度对创业的看法有利于给法国政府提供更好的信息,以帮助未来的学生了解创业领域。

本章第一部分详细介绍了创业涉及的理论和实践方面的细节。以下是对创业中使用到的方法的描述、对获得结果的分析以及将来对学生采取潜在创业行动的讨论。

理论目标和实践目标

激励是创业过程中最重要的一个影响因素(Bird, 1988;Katz and Gartner, 1988)。激励模式,如计划行为模型(Ajzen, 1987;1991)在创业的过程中似乎具有持久性、简单性和稳健性的特点(Krueger, 1993)。这一理论最近被用于几项研究中(Emin, 2003;Fayolle, 2004;Tounès, 2003)。总之,这项工作是了解学生思想的第一步,也是博士生创办的新企业的代表,激励模式将会应用于进一步的研究中。这项工作的目的十分重要,其原因有多种。为了采取适当的教学方式,课程设计者也需要弄清楚学生们对创业的看法。与创业相关的行为表现在三个不同的方面:清晰的创业意识、有针对性的创业计划及具体创业行为的实施(Albert and Marion, 1998)。然而,这三个方面的干预措施仍然要取决于学生们对创业行为的态度与看法。不同的方式还取决于学生不同的学习水平(学士、硕士、博士等)。而目前在格勒诺布尔大学,学习过程中采用的提高意识的方法有所不同。

对创业类型(Daval et al., 2002)的分析表明:对创业行动的积极态度与一个人的成长背景密切相关。这些背景包括个人的内在特点（年龄、性别）、过去塑造的价值观（教育、专业经验）及其他一些能够影响个人选择的因素（Lorrain and Dussault，1998）。一个人的过去经历会影响他的创业能力。他对创业的具体态度与他的经验、受教育程度及教养是紧密相关的（Lafuente and Salas，1989；Laufer，1975）。学生目前所处的环境似乎也会影响到他们参与创业行为的意愿及他们对创业行为的最初反应。而学生当前所处的环境主要表现在他们的大学生活、学习及课外活动上。为了确保学生所处的环境对创业行为的认同，有必要采取相关行动。比如弄清楚什么因素会降低或提高学生的创业意愿，了解学生们对创业的看法是十分有必要的。这是一种提出适应个人需求的策略方法。来自不同背景的创业者或者潜在创业者对创业的看法都会受到不同因子的激励（Woo et al.，1988）。

　　创业行为同时受多种因素共同影响，包括内在因素、外在因素、消极因素（对工作的不满、不必要的改变、技术和创意上的挫折）和积极因素（财政支持、合作伙伴关系）（Baronet，1996）。以上这些因子都提供了支持或反对创业的理由。因此，本章的目的就在于定义并分析那些接受问卷调查的博士生们的创业动机和创业过程中遇到的障碍。过去几年中，对于创业动机的研究有很多，尤其是在市场营销领域，激励机制的相关研究特别突出。近年来，很多理论模型及相关研究成果已经被应用于创业行为，特别是在创造动机方面（Emin，2004）。这项调查是对参加创业课程的格勒诺布尔所有学生进行更大规模分析的一个测试。这项调查是针对所有参加创业课程的格勒诺布尔学生进行的一次大规模分析测试。这项大规模分析的目的并非研究创业意图和创业行为之间的差距，主要是因为：首先，追踪已经毕业的学生似乎是不可能的，这样的工作会牵涉每个人的参与，以获得那些无法简要概括的个人信息。第二，一些学生在他们的整个课程中增加了创业课程。他们别无选择，只能学习这门学科，但其中一些人并没有创业的打算。第三，培训的成功与否不能用培训后的新企业数量来衡量。该课程可以巩固有利领域的积累,而这一领域可能在十年后仍令人受益匪浅。课程可以巩固一个有利领域的建设,十年后可以加以利用。所以这个新的在这里,不能考虑10年后的创造。

方法

2003年我们在格勒诺布尔大学针对74名博士生完成了一项问卷调查。他们的情况非常不同:65%的被调查者是男性,35%是女性。其中60.8%的学生正在进行纯科学研究,32.4%的学生在工程学院学习,而学习社会科学和文学的人很少,各占5.4%和1.4%。有三分之二的样本来自入学第二年的学生,其余的则来自于处于写论文最后阶段的博士生们。我们的样本多种多样,但无论受访者受教育程有多不同,他们都有一个共同点,即他们都选择了参加管理学博士研讨会。

该调查问卷不是只通过定性访谈的方式去了解博士生对创业行动的看法,而是旨在迅速和更大规模地收集信息并提高学生对于创业行为的认识。为了保证所使用方法的稳健性,以及调查对象对所问问题的理解,调查采取了不同的预防措施:调查问卷先由几位专家(大学讲师、创业代表)审读,然后再分发给学生。问卷包括封闭式问题、二分问题及多选问题。已完成的问卷数据的答案使用10.0版本的SPSS软件(社会科学统计软件包)进行编码。多选问题采用里克特七级量表进行统计,旨在将定性信息转化成定量信息(Lambin,1994)。这些问题涉及具体要点,例如,创业动机和创业困难。这些问题有助于多变量统计分析,以确定不同的学生类型。

最佳数据统计配置的选择考虑了本研究保留的所有影响因子和调查对象特征。本章将针对与学生动机相关的所有问题进行详细的统计序列分析,对于学生所认为的缺点,也采用了同样的程序。

在因子分析中,观测次数必须从30次增加到50次,超过变量数据统计(Donada and Mbengue,1999)。这项调查共包括74个调查对象及19个变量。巴利特检验的结果否定了相互关系的矩阵恒等值一致性的假设,并判定凯泽·迈耶(Kaiser Meyer)和奥尔金(Olkin)最小阈值为 0.5 的检验是具有充分依据的(KMO:0.525)。根据凯泽准则,所涉及因子的数量都是预定好的(矩阵恒等值大于 1)。对卡特尔"碎石"检验的分析证实了这个值。保留下来的 6 个因子解释了 66.4%的差异。所有变量的代表性都大于 0.5(最低要求)。所有因子均根据方差最大化旋转法进行解释。

至于类型分析,根据沃德(Ward)的分级程序及动态人群分析,采取树状图的分析方法进行分析统计,有 5 组数据保留下来(表 14-1)。

表 14-1 学生动机的类型

最终聚类分析	等级				
	1	2	3	4	5
线性回归因子分析得分 1	2.03899	.07566	.28160	−.26662	−.34819
线性回归因子分析得分 2	1.64990	−.17164	.22529	−.58821	.45584
线性回归因子分析得分 3	−1.24083	.04081	1.19383	−.22208	−.60520
线性回归因子分析得分 4	−.36240	.20824	−.72047	.30203	.18964
线性回归因子分析得分 5	1.27904	−.31721	.09564	.56494	−1.05056
线性回归因子分析得分 6	.69319	1.83593	−.26165	−.35450	−.51006

费希尔检验(检验分类的有效性)和方差分析让我们保留这些组,因为这些因子的显著性低于 0.050。第四组的人数比其他组多,因此博士生创业动机的分布不是同质的。因此,对不同群体的解释是细微的,需要判别分析的结论作为补充。

为进行有效的多元判别分析,被解释的变量必须是名义变量(我们面对因子分析过程中软件确定的群组时即这种情况),还有在区间尺度上测量的解释变量。应进行两次数据检验。巴特利特测试(结果正确)及孔箱试验(到目前为止基本都是符合的,因其否定了矩阵的相等性)。最高的恒等值与判别函数是具有相关性的。我们的结果显示了四个主轴(见表14-2),前两个是最具区分性的,它们分别解释了变量差异的42%和28%。

其中6、3、5、1这4个因子是四轴结构中最具区分性的。

表14-2 由判别分析确定的轴(结构矩阵)

	函数 1	函数 2	函数 3	函数 4
线性回归因子分析得分6	.601*	−.504	.197	−.513
线性回归因子分析得分3	.194	.584*	−.119	−.532
线性回归因子分析得分4	−.136	−.234*	.220	−.025
线性回归因子分析得分5	.193	.259	.637*	.473
线性回归因子分析得分2	.136	−.074	−.535*	.341
线性回归因子分析得分1	.295	.030	−.106	.368*

结果与讨论

对这些问卷调查进行的统计数据分析确定了最有可能创业的博士生所具有的特质。为补充这些结果,我们采用多元分析法。

创业意识和意向之间的紧密联系

我们所采用的是创业的广义定义,包括广泛的创业环境和多样的创业形式,这与传统的创业观点大相径庭。然而,考虑到博士生的创业意向,这种对创业行为的广义定义也有其局限性。事实上,不少于75%的博士生有创业意向,但只有三分之一的人真正关注创建企业。因此,即使关于创业意向的研究数据出现很多有趣的结果,也很难在不同变量(性别、敏锐性)和创业者意向之间建立联系。

性别与创业意向密切相关。男性更能接受创业。换句话说,在家庭角色(例如怀孕、生育)成为问题,或预期这些问题出现之前,我们所了解到的创业行为对于女性的影响程度在早期就有所体现。

同样,创业意识的培养与创业意向也是密切相关的。创业意识的这一结果令人鼓舞,这似乎也与那些有意创业者对支持(孵化器)和创业目的深入了解联系紧密。然而,与创业相关的教育和课程看起来似乎对创业行为没有多大影响。换句话说,培养创业意识必须切实让人们了解创建或收购公司的具体情况。对于其余内容,年轻人也许不太需要了解。例如,创业中心的行动应该以集体项目的经验作为一种提高认识的手段,而不是将其视为目标。在大学,信息课程在工程学院和社会科学学院比纯科学课程开设得更加密集。

关于创办企业的动机和局限的印象/感知

主要动机有:
- 项目开发,技术或能力的发展
- 团队精神,团体动力
- 追求独立
- 迎接挑战

"支持率"较低的其他动机:
- 个人主义、认可、权力
- 经济收益、利润最大化
- 风险

主要弊端有:
- 风险
- 财务要求和资金短缺
- 教育过程中缺乏创业意识
- 行政程序

以下弊端在数量上并不十分重要，如法国文化、稳定收入的吸引力、承担新责任及缺乏开办新企业的梦想。

根据博士生对创业动机和局限的认识，构建博士生类型学

通过多变量分析确定了 5 组动机。在确定 6 个分析因子后，用这些因子对这些动机组进行解释。因子 1 将有关追求独立性、自主性、脱离监管和希望控制其职业环境的动机进行重新分组。这个因子与变量"利润最大化"呈负相关，与创业动机和独立意识呈正相关。这些动机在不同的创业类型中都出现过(Casson,1991；Cooper and Artz,1993；Dunkelberg and Cooper,1982；Filion,1997；Julien and Marchesnay,1996；Lafuente and Salas,1989；Laufer,1975；Siu,1995；Woo et al.,1991)。

因子 2 与财务和物质方面相关：包括财富和利润最大化，以及追求经济利益和创造就业岗位的动力。提及因子 1 的作者中，可以加上迈纳(Miner,1997)。前两个因子被广泛应用于与创业行为相关的科学文献中。

因子 3 涉及集体动力、团队精神及项目开发。有趣的是，这个因子在相关文献中很少被提及。

因子 4 与两个变量紧密相关：对被人认可和权力的研究(大多数作者同意选择这两个动机因子)。

因子 5 包括与创业行为的个人特质有关的变量：独立决策、个人主义、风险和挑战(这两个变量呈弱相关，相关性−0.493)。这些变量和"心理控制源"相关，特别是在伯德(Bird,1986)、戴维森(Davidsson,1988)、雷(Ray,1993)、迪金斯(Deakins,1986)和迈纳(Miner,1997)的研究成果中体现明显。

因子 6 包括两个变量：以充分利用自己的知识为目的的创业，以及以快乐为目的的创业。

通过对这些因子的分析，我们得以解释这 5 组博士的创业行为动机

(见表14-1)。

第一组只包括3个人,他们认为创业行为的动机只涉及利益、权力追求和对个人命运的掌控。因子1、2和4是这一组的代表,这也清楚地显现了因子3的负数得分。对这些学生来说,创业行为毫无疑问是个人行为。这种解释是由判别分析所确定的,因为这个小组在轴线2上是负值,而轴线2与团队精神相关。这种创业观念来自媒体,因为媒体的关注点往往集中在创业者追逐利润和掌控他人方面。

第二组中的9位博士认为创业动机是为了获得快乐和对个人知识的充分利用及创新。这一组与因子6之间的关系很密切。同时,判别分析也丰富了这一解释:该组在轴4上为负值,轴4代表独立性。因此,创业行为就相当于项目发起人获得乐趣的冒险,独立性并非一个重要的影响因素。

类型分析和判别分析结果共同解释了另外14名学生的结果,这些结果与因子3有很大相关性。创业行为可以被视为一种集体冒险行为。有趣的是:这一组中约一半以上的成员都宣称自己有创业意向。在组织内开展新活动与这些学生考虑创业动机的想法是一致的。

22名博士生认为,推动一个人采取创业行动的动机与个人寻求冒险有关。判别分析结果表明这一组在轴1上为负值,轴1涉及对乐趣的追求,该轴是最具差别性的。该组学生中有三分之二没有参与任何协会。对他们来说,创业行为是一种受风险驱动的行为,而他们目前不愿意承担这些风险。已经收到有关创业行为信息的学生中有35%属于这一组。

最后一组包含14名学生,他们认为创业是受财富和权力驱动,但不愿冒险。因子5与因子3同为负值,但因子5比因子3还要低。因子2呈弱相关性(<0.5)。判别分析结果表明在"寻求快乐""团队冒险"及"单独行动而不是为了钱"等轴上也显示出较小的负值。这个小组中70%的学生有创业意向,他们认为创业行为没有风险且有利可图。40%希望从事创业行为的学生在这个组里。

主实验组(该组中学生人数最多)是由"个人冒险"所驱动的:他们遵

循自己的想法、承担自己所做决定的结果、自由决定、自己做老板。khi^2 分析法的结果表明进行创业活动时，创业动机和创业意向之间密切相关。第 5 组的学生比第 3、4 组的学生更加受到这一因子的吸引。有趣的是，文学专业的学生在第 4 组，这就意味着对他们而言，主要的激励因子是独自承担风险。社会科学专业学生在第 2 组和第 5 组，他们把创业行为与权力的获得、追寻快乐、不承担风险联系在一起。协会成员在第 3、4、5 小组中所占比例相同，而在第 4 组中有 41% 的非协会成员。

不同的动机受到博士生数量的影响。关于他们对创业行为缺点的观点也已经进行了类似的分析。根据因子分析（表 14-3）得出 5 组缺点，解释了 66.7% 的差异。

表 14-3　学生创业弊端认知类型的分析

最终群组	组别				
	1	2	3	4	5
线性回归因子分析得分 1	.08932	.51037	−.48905	1.22617	−.45055
线性回归因子分析得分 2	−.81259	1.62421	−.24449	−.25998	.11705
线性回归因子分析得分 3	.73107	.76279	.41469	.85246	−.82533
线性回归因子分析得分 4	.96961	.36619	−.46107	.08999	−.32102
线性回归因子分析得分 5	.84401	.08658	−.64817	−.96456	.70096

第 1 组中包含 10 名博士，他们认为创业的主要阻碍因素与固定收入的吸引力，个人不执着，缺乏新想法和法国文化相关。这些因子与夏皮罗（Shapero，1984）所说的"错位"截然相反，也就是说创业的阻碍因素主要是相对于现状而言：个人仍然是工薪阶层，不够投入。这个小组中男性和女性的数量一样多。

第 2 组的 8 名学生认为当前的微观经济环境是限制创业发展的一个

因素,因为微观经济环境无法对人们创业发挥激励作用。这一因子包括缺乏帮助、缺乏财务支持及冗长的行政程序。格耶瓦里和福格尔(Gnyawali and Fogel,1994)认为这些因子对创业行为来说是最根本的,并且也可以对关系网络形成补充。这一组90%不是协会的成员。

第3组中的18名博士生认为法国意识形态和大学里创业意识教育的缺乏也是主要的限制因素。在大学里,教育和课程占据首要地位。

第4组中的9名学生则认为责任感、风险及创业必要的时间和精力是最主要的限制因素,其中个人参与程度影响最大。khi^2分析法的结果显示创业行为和创业意向之间存在重要联系。71%的博士生表达了他们在现有组织中有创业的意向。

最后一组包含16名学生,他们认为宏观经济环境(意识形态、意识、法国文化)有利于创业,但是对他们来说,主要限制因素是缺少新想法。

创业动机与创业限制因素相比较的结果是很有趣的:所有学生在个人冒险激励下表现出的主要缺点是很难离开他们目前的处境。这个分析强化了个人特征。受集体冒险刺激的一半学生对缺乏创业行为课程表示遗憾。有一半受集体冒险精神驱动而创业的学生表示很后悔没有上过创业课程。最后,57%的学生认为个人参与意愿是最主要的限制因素,他们能够承担风险并希望独立工作的愿望驱动着他们创业。对他们来说,一旦这些障碍被清除,他们就能坐享其成了。

第1组和第2组中约有三分之二的学生表明自己有创业意向,而第3、4、5组中三分之二的学生没有这种意向。由此推断,缺乏课程学习、个人参与程度高低及宏观环境是限制创业行为的主要方面。因此针对这些因素,着手采取相应解决措施十分必要。文学专业学生及社会科学专业学生均属于第3组。

另一个可以对创业行为有推动力的因子,他们认为是意识形态的影响。因此,针对这个问题进行交流、探讨,并让所有人都能参与创业是很重要的。

总论

上述结果表明人们对博士生的刻板印象是不准确的。创业和创业行为并非仅仅是个人价值的最大化,特别是创业者的个人财富。博士生眼中的创业行为是一种现代化的表现且与团队创业动力(对科学实验的创新十分重要[①])、承担风险能力及寻求个人满足感或独立相关。

创业行为的局限性可以通过提高认识(目前由创业中心开展的行动,旨在推广高等教育机构采取不同举措促进创业认知)或财政支持(通过地方投资举措、制定相关法律、财政政策支持等)来克服。然而,令人遗憾的是,那些尚未在创业过程中遇到这些问题的人并不认为这些因素制约了创业发展。在这一领域已经取得的长足发展,需要由参与者更好地对其中的因素加以整合,形成新型印象,努力避免传播某些刻板印象及固化理念。

由于我们采取的方法有局限性,因此调查分析得出的结论也需要综合各种因素来看待。特别是考虑到我们样本规模偏小,我们的结果并不具有广泛的代表性。

此外,研究人员已经阐述了我们的调查结果,虽然他们是以区分统计法为基础进行解释的。不过,这些结果是一项还在进行的工作:本章介绍的结果只代表对格勒诺布尔大学参加创业课程的所有学生进行更广泛的关于创业动机调查的第一步。更大规模的调查将在更复杂的统计分析的意向模型基础上进行。

参考文献

Ajzen, I. (1987), 'Attitudes, traits, and actions: dispositional prediction of behavior in personality and social psychology', *Advances in Experimental Social Psychology*, 20, 2-63.

Ajzen, I. (1991), 'The theory of planned behavior', *Organizational Behavior and*

---

① 从新兴生物技术公司观察到的要素(Boissin and Trommetter, 2003)。

Human Decision Processes,50,179-211.

Albert,P. and S. Marion (1998),'Ouvrir l'enseignement à l'esprit d'entreprendre', in S. Birley and D. Muzyka (eds),*Guide de la creation d'entreprise*,Paris：Village Mondial, pp. 8-30.

Baronet,J. (1996),'L'entrepreneurship,un champ à la recherche d'une définition. Une revue sélective de la littérature sur l'entrepreneurship',*Cahier de recherche*,no. 96-07-01,juillet.

Bird,B. (1986),'Entrepreurial behavior：what do entrepreneurs do?',*Frontiers of Entrepreneurship Research*,Wellesley,MA：Babson College,pp. 168-170.

Bird,B. J. (1988),'Implementing entrepreneurial ideas：the case for intention',*Academy of Management Review*,13 (3),442-453.

Boissin,J.-P. (2003),'Le concept de "Maison de l'Entrepreneuriat". Un outil d'action pour l'initiative économique sur les campus',Etude réalisée en 2003 et dirigée par Jean-Pierre Boissin pour la Direction de la Technologie du Ministère français de la Jeunesse,de l'Education Nationale et de la Recherche,mai,106 p,www. grenobleuniversite-recherche. org/mde,accessed April 2003.

Boissin,J.-P. and M. Trommetter (2003),Stratégies de croissance et contextes de gouvernement d'entreprise de biotechnologie,*Revue Internationale PME*,16 (3-4)，75-93.

Casson,M. (1991),*L'entrepreneur*,*Economica Gestion*,Paris：Edition Economica.

Cooper,A. C. and K. Artz (1993),'Determinants of satisfaction for entrepreneurs',*Frontiers of Entrepreneurship Research*,Wellesley, MA：Babson College,pp. 221-231.

Daval,H.,B. Deschamps and S. Geindre (2002),'Proposition d'une grille de lecture des profils d'entrepreneurs',*Revue Sciences de gestion*,no. 32,printemps.

Davidsson,P. (1988),'Type of man and type of company revisited：a confirmatory cluster analysis approach',*Frontiers of Entrepreneurship Research*,Wellesley,MA：Babson College,pp. 88-105.

Deakins,D. (1996),*Entrepreneurship and Small Firms*,New York：McGraw-Hill.

Donada,C. and A. Mbengue (1999),'Méthodes de classification et de structuration',in *Méthodes et recherche en management*,sous la direction de R-A. Thiétart,Paris：Dunod,pp. 373-396.

Dunkelberg,W. C. and A. C. Cooper (1982),'Entrepreneurial typologies：an empirical study',*Frontiers of Entrepreneurship Research*, Wellesley, MA：Babson College, pp. 1-15.

Emin,S. (2003),'L'intention de créer une entreprise des chercheurs publics：le cas français',thèse pour l'obtention du doctorat en sciences et gestion à l'Université

Pierre Mendès France de Grenoble, http://asso. nordnet. fr/adreg/these_version_finale_p. pdf, accessed December 2003.

Fayolle, A. (1999), 'L'enseignement de l'entrepreneuriat dans les université françaises: analyse de l'existant et propositions pour en faciliter le développement', Rapport à la Direction de la Technologie du Ministère de l'Education de la Recherche et de la Technologie, mai.

Fayolle, A. (2001), 'Les enjeux du développement de l'enseignement de l'entrepreneuriat en France', Rapport à la Direction de la Technologie du Ministère de la Recherche, mars.

Fayolle, A. (2004), 'Utilisation de la théorie du comportement planifié pour évaluer l'impact des programmes d'enseignement en entrepreneuriat', working paper, CERAG, Grenoble.

Filion, L. J. (1997), 'Le champ de l'entrepreneuriat: historique, évolution, tendances', *Revue Internationale PME*, 10 (2), 129-172.

Gnyawali, D. R. and D. Fogel (1994), 'Environments for entrepreneurship development: key dimensions and research implications', *Entrepreneurship Theory and Practice*, Summer, 43-62.

Julien, P. A. and M. Marchesnay (1996), *L'entrepreneuriat*, Economica, Gestion poche, Paris: Edition Economica.

Katz, J. and W. B. Gartner (1988), 'Properties of emerging organizations', *Academy of Management Review*, 13 (3), 429-441.

Krueger, N. F. (1993), 'The impact of prior entrepreneurial exposure on perceptions of new venture feasibility and desirability', *Entrepreneurship Theory and Practice*, Fall, 5-20.

Lafuente, A. and V. Salas (1989), 'Types of entrepreneurs and firms: the case of new Spanish firms', *Strategic Management Journal*, 10 (1), 17-30.

Lambin, J.-J. (1994), *La recherche en marketing, analyser, mesurer, prévoir*, 3ème tirage, Paris: Ediscience International.

Laufer, J. (1975), 'Comment devient-on entrepreneur?', *Revue Française de Gestion*, novembre, 11-26.

Lorrain, J. and L. Dussault (1988), 'Les entrepreneurs artisans et opportunistes: une comparaison de leurs comportements de gestion', *Revue Internationale PME*, 1 (2), 157-176.

Menzies, T. V. (2002), 'Strategies and best practices of entrepreneurship centres', Faculty of Business, Brock University.

Miner, J. B. (1997), 'A psychological typology and its relationship to entrepreneurial success', *Entrepreneurship and Regional Development*, 9 (4), 319-334.

Ray, D. M. (1993), 'Understanding the entrepreneur: entrepreneurial attributes, experience and skills', *Entrepreneurship and Regional Development*, 5, 345-357.

Shapero, A. (1984), 'The entrepreneurial event', in Calvin A. Kent (ed.), *The Environment for Entrepreneurship*, Lanham: Lexington Books.

Siu, W. S. (1995), 'Entrepreneurial typology: the case of owner-managers in China', *International Small Business Journal*, 14 (1), 53-64.

Tounès, A. (2003), 'L'intention entrepreneuriale. Une étude comparative entre des étudiants d'écoles de management et gestion suivant des programmes ou des formations en entrepreneuriat et des étudiants en DESS CAAE', Thèse pour l'obtention du doctorat en sciences et gestion, Université de Rouen. Verstraete, T. (2000), 'Les Universités et l'entrepreneuriat', papier de recherche, ADREG, 11 p.

Woo, C. Y., A. C. Cooper and W. C. Dunkelberg (1988), 'Entrepreneurial typologies: definitions and implications', *Frontiers of Entrepreneurship Research*, Wellesley, MA: Babson College, pp. 165-173.

Woo, C. Y., A. C. Cooper and W. C. Dunkelberg (1991), 'The development and interpretation of entrepreneurial typologies', *Journal of Business Venturing*, 6 (2), 93-114.

第十五章　非洲非正式部门的创业教育

哈纳斯·A. 卡德　戴维·W. 诺曼

引言

本章分析非正式部门在非洲的作用，促进创业教育的必要性，以及为非正式部门的创业教育提出一种新方法。"非正式部门"或"非正式经济"的概念本身源于非洲。1972年，国际劳工组织（ILO）对肯尼亚的就业情况进行考察并得出结论：农村向城市的人口迁移导致城市失业率上升（国际劳工组织，ILO, 1972:5-6）。随着城镇失业率的提高，大量新迁入人口及城市居民开始从事小规模的食品加工生产和配送货物的服务行业，以此作为一种谋生的手段。直至最近，这一经济领域的管理仍然没有形成规范，也经常被就业相关研究及国家收入核算所忽视。然而，近几十年来，人们认识到了它的重要性，国际劳工组织已经实施了许多行动项目，以此来改善非正式部门在不同国家的作用。

尽管城市地区首先明确认识到非正式部门的潜在重要性，但是对于农村地区来说它们也同样重要。鉴于大多数非洲国家农业规模小的性质，农村地区的非正式部门可以被视为既包括农业活动，又包括非农业活动。当然，在这些地区，农业通常是当地经济发展和劳动就业的催化剂，同时，非农业部门也为农业相关活动提供各种机遇（比如，投资分配、营销产品、增值服务岗位）及其他与家庭生产活动相关的岗位。农村地区农业和非农业活动的正相关性经过一段时间也得到了认可（Carols and Thorbecke, 1988:131）。随着历史的发展，产业结构会不可避免地发生转型,农业部门在解决就业和国家经济增长方面也将不如从前一样重要(Bryceson,1997:241)。然而,对于大多数非洲国家来说,这种产业结构转型的过程仍然很漫长,因为这些国家的非农业部门规模很小,并且消纳能力有限。城市地区的正式部门很可能无法吸纳更多劳动力,所以,城市地区的非正式部门就有可能继续雇用大部分劳动力。城市地区的非正式部门就成为正规工作单位失业者的新雇主。最后,无论是在城市地区还是农村地区,非正式部门都周期性地在农业和正规部门的失业浪潮中扮演着新雇主的角色。

不幸的是,非正式部门自身的特点抑制了其在经济中所发挥的作用。非正式部门的许多企业都是个人企业,缺乏组织结构。非正式部门处于"灰色经济地带",因此不被权威机构和决策者认可,常常被忽视。大多数交易都是基于信任和口头协议。这些交易并非基于常规的商业准则和惯例,因而不符合规定。

直到最近,经济学家仍未将非正式部门视为社区或农村发展的重要因素,但人们认为非正式部门与正式部门同等重要。海雅美(Hayami,1998:309)指出:"这些小规模的乡村企业对于国家经济的贡献并不亚于那些城市创业者经营的大型现代企业。"从历史上看,随着人均收入水平由低到高的经济发展,正式部门的经济显著增长,同时文献表明,非正式部门的中小型企业的经济也有所增长(Martin,2000:13)。不幸的是,非正式部门发挥的作用和对经济发展和转型过程所做出的贡献并未引起太大关注。

在深入讨论之前,我们要强调两个问题。第一个问题是人们通常认为非正式部门或传统行业的从业者"能力低、无组织性、生产力水平低、没有进取心"(Birkbeck,1978:1173)。从发展的角度看,这些部门并不重要。相反,有人却认为这是经济发展最重要的领域(Yamada,1996:308)。在本章中,我们认为非正式部门与正式部门同等重要,尤其是在当今非洲的大环境下(Robinson,2002:581)。在另一项研究中,哈格布莱德和黑兹尔(Haggblade and Hazell,1989:360)称,在非洲,非正式部门全职就业占比为 14%,而利德霍尔姆(Liedholm,2002:228)一项基于非洲和拉丁美洲的研究称,该比例介于 17% 和 27% 之间。最近的一项研究表明,非正式部门在非洲非农业就业中占比为 80%(Chen,2001:71)。

第二个问题是非正式部门就业的性质广受争议,并且关于个体经营者是否属于创业者这一问题尚未达成一致。非正式部门包括赚取日结工资的人、个体公司及由雇主和雇员组成的小公司(Pisani and Patrick,2002:106)。以上群体通常很难区分。莫里斯等人(Morris et al.,1997:88)发现,南非黑人区的酒馆老板们之所以创业,是为了在种族隔离以后创造商机或形成有利可图的市场。就本章来看,我们认为非正式部门包括创业者和潜在创业者。

据《今日 ANC 新闻》(ANC,2002:1)报道:"许多统计学家和评论家并没有注意到南非经济的非正式部门。"因此,很多人忽视了经济活动中的非正式部门。他们认为,在这些非正式部门工作的人不应该算作可衡量的经济活动的参与者,因为他们没有在所谓的"正式经济"部门工作。然而,就像许多发展中国家一样,非正式部门也是经济的重要组成部分。事实上,这一部门也存在着大量的小型企业。

关于非正式部门在促进经济发展和维持全世界数百万计人口生活的重要性方面的文献不断增多。研究非正式部门创业问题的文献越来越多。皮萨尼和帕特里克(Pisani and Patrick,2002:95)指出,非正式部门可以成为创业能量的出口和创新之源。马克斯(Marquez,1994:164)在研究公共政策对企业形成和扩张的影响方面也得出了类似的结论。皮萨尼和帕甘(Pisani and Pagan,2003:593)表明,鼓励个体经营者或创业者在非正式部门进行活动可以促进国家的社会经济发展。

非洲的创业空白

十多年以前,1989 年《世界银行》公布的报告中论述了非洲对于创业的需求:

非洲需要创业者。实现经济可持续增长将有赖于非洲社会各阶层灵活响应新兴市场和科技机遇的能力。非洲的创业者必须要创造工作机会,只有他们采取主动才能满足对于低成本产品和服务的长久需求(世界银行,World Bank,1989:155)。

至少从中短期来看,非洲发展大规模工业的可能性很小。然而,中小型企业在全非洲都已成功创办起来。由于经济活动不断变化,特别是满足社会需要方面,今天的非洲仍然存在创业空白。

谈到非洲发展新型伙伴关系(NEPAD,2002)时,康韦(Conway,2003:4)曾指出:"如果非洲的农业不能正常经营,那么非洲也会出问题,没有农业领域的发展,非洲也很难得到发展。即使农业领域得到发展,创业和私营部门固有的弱点仍然难以维持发展。没有创业的话,技术进步的积极影响就很难最大化。"非洲发展新伙伴计划(2002:54)的一条建议是:"通过支持技术获得、产品升级、培训及能力培养等措施来提升私营部门的技术和管理能力。"

对于非洲创业者来说,期望把高科技产业作为创造财富的最佳方式是不现实的。事实上,这也是没有意义的。创业者通常不受部门或地区的限制。创业者需要让自己的经营活动适应所在地区的机遇和特点。在非洲的大背景下,鲍尔(Bauer,1984:31)发现:生产经济作物及其相关的贸易和运输活动扩大了市场,创造了新的机会,而这也反映了创业活动。虽然有一些迹象表明在非洲存在与其资源禀赋有关的创业,但经济增长的需要却表明其缺乏创业。

为非洲发展而创业

如今,人们认为创业是发展战略中的重要组成部分,特别是在对小型企业的促进方面。几乎所有课程都包含创业内容。在农村地区,人们与其社会经济环境紧密相联。直接的社会经济环境不是新兴企业形成与成功的标准,而是整个过程中的一部分。创业活动和社区相辅相成,互为补充。一方的繁荣促进另一方的发展。社会的发展有赖于地方资源流动、运用适当的技术手段及对于回应不断变化的环境。因此,商业和社会的支持性交互对于创业者、公司及地方社会极为重要。

教育质量低、数量有限的低质量资源、第一产业为主要经济成分、高度依赖国际援助项目,是非洲与其他大洲的区别。过去的二三十年间,与其他大陆相比,非洲大陆的经济更为低迷。政府贫困、自然灾害、持续内战和冲突导致了不良经济环境,阻碍了地方和国外的投资。自然资源和人造资源尚未得到有效利用。非洲发展的主要障碍是其一直依赖不景气的农业。近期的报告表明,许多非洲国家约有60%的人口或直接或间接地依赖农业,而农业是许多经济体的支柱产业。非洲大陆许多国家的经济发展无疑都需要农业来发挥关键作用。

贫穷和落后的经济条件为创业提供了机遇,生存的威胁激发了人们寻求生存方式的聪明才智。这类似于人口生态理论的解释,表明组织的存在很大程度上可以通过环境因素来解释(Amit et al.,1993:823)。生态理论的优势是将各种环境因素相结合,而大多数其他理论仅仅根据个别特征发展起来。该理论还预测,无法适应环境的个人和组织将从体系中消失(Aldrich,1990:9)。遗憾的是,该理论没能在维系组织的存在或防止个人从环境中消失的方面给出建议。

创业最鲜明的特点是:它始终被认为能对经济增长做出积极贡献。经济增长时需要创业,经济衰退时,创业加强生存的力量。因此,所有的发展中经济体都极其需要创业,尤其是非洲。联合国亚洲及太平洋社会委员会(联合国,2002:73)做过一项关于亚洲经济危机影响的研究,拟定了一项题为《保护经济下滑中被忽视的群体:亚洲经济危机的教训》的发展战略。非正式或乡村领域的作用之一是"吸纳"就业,尤其是在经济危机时期。为应对危机,中小企业在创造就业方面的贡献被重视,创业的发展被视为首要任务。

非洲可以向日本学习的东西有很多,尤其是在创业方面。随着日本经济的发展,许多小规模、家族式企业留存下来并不断发展壮大。海雅美

(Hayami,1998:310)强调,中小企业的优势是,它们为创业者创业提供重要动力,又因为它们生产少量差异化产品而具有灵活性。非洲经济的动态性和多样性反映了它的灵活性,这正是创业所需要的。非洲的可持续发展主要依赖于改革传统经济模式、充分有效地利用有限资源、挖掘潜在的技能和知识,在当地社会经济环境的框架下创业。只有通过促进各部门创业尤其是非正式部门才能实现可持续发展。正如范·达伦(Van Daalen,1989:22)指出的,"我们认为发展是一种独特的现象,与我们在平衡趋势的循环往复中观察到的可能截然不同。正是流动渠道自发且间断的变化,以及平衡受到的扰动,永久改变和错置着以前的平衡状态。"

促进创业教育的挑战和现实

在高收入国家,创业教育已被许多大学和学院视为重要的学科领域。人们将创业教育作为课程的一部分,希望以此促进创业。这类课程的重点是教会学生何为创业、如何成为创业者及何种环境能够促进创业。设计这类课程的目的是满足希望获得创业技能并以此维持生计的青年人不断增长的需求。

大多数大学里的管理学院都有创业课程,作为管理学的一部分。在学术语境中,管理并不等同于创业,由此引发了一些争议。普拉契卡和韦尔施(Plaschka and Welsch,1990:56)引用维斯珀的话解释道:20世纪70年代末,创业是一种"离题活动",在学术上薄弱且缺乏学术的知识体系。这是因为关于创业的研究很少,由此创业方面的文献也很匮乏。近年来,人们不断向创业领域灌输学术精神,创业也逐渐被视为一门学科和一种职业。

来自不同领域的人都对创业教育感兴趣,他们大多数致力于创立新兴企业或拓展自己的现有业务。事实上,我们并不清楚那些事业上成功的创业者在何种程度上参与了创业教育的学术课程。有多少人从这类学术课程中获益以及他们如何获益将会是一项有趣的课题。大多数有关创业培训的学术机构都没有留存创业者校友的个人记录。

麦卡锡等（McCarthy et al.，1997：2）表明，关于创业的商业教育的后期表现主要依赖于对成功校友的报道。支持该观点的论据是创业课程为校友处理创业后续问题做了充足准备。另一方面，如果我们认为只有那些接触过相关创业学术课程的人才能真正成为创业者，那么今天的世界将截然不同。显然，高收入国家关于创业的高等教育并没有像宣称的那样对企业的形成做出很大贡献。这在非洲亦是如此。

毋庸置疑，非洲需要创业技能和商业技能来改变经济增长缓慢的恶性循环状况。在考察了非洲大陆的商业教育状况之后，托马斯（Thomas，2004：1）评论道："商业培训是让更多非洲地区繁荣的重要因素。如果想让我们的课堂与创业相关，我们该如何学习呢？"此外，作者也质疑非洲的工商管理硕士课程与非洲环境的相关性及投入产出情况。汉考克和菲茨西蒙斯（Hancock and Fitzsimons，2004：46）最新的南非全球创业辅导研究发现，阻碍南非产生创业者的最重要因素是南非人缺乏创业能力，而这主要是教育系统的弱点所致。

不断变化的商业和社会环境要求教育和培训课程能够灵活地满足当前需求。比利特和塞登（Billett and Seddon，2004：52）曾论道，在工业化国家，教育和培训机构无法完全满足这些需求。不幸的是，刻板的课程、动荡的政治格局和中央集权政府阻碍了非洲发生这种变化。有两种可选的方案能够减轻这一问题：(1)学术机构和产业领域积极合作，共同制定灵活的课程；(2)为个人提供学习行为导向课程的机会。前者对于非洲的非正式领域来说或许并不是较好的选择，而后者经过完善和建立"新的"社会伙伴关系能够满足基于社区的学习（O'Donoghue，2001：13）。比利特和塞登（Billett and Seddon，2004：52）称："有证据表明，这些新的社会伙伴关系正在提倡相对创新的方式，通过当地决策制定来提供学习机会。"在非洲，对于那些正式教育系统内外的人来说，培养个人创业技能的学习和机会都可来源于社区。

教授创业课程及学习创业

对有效的创业教育的要求能够对个人和社会产生深远影响,人们对此已进行了深入研究。在高收入国家,正式教育被视为潜在创业者培养创业能力的关键因素。在正式教育中,创业课程主要集中在结构性课程资料上,这些资料旨在让学生能够认识、理解和意识到创业技能可以应用到现实环境中。创业课程被定义为"一套关于创业、新兴企业管理或建立新业务的理论课程"(Levie,1999:7)。非洲大陆在确立创业需求,以及将创业和课程结合方面很落后。例如,布罗克豪斯(Brockhaus,2001:14)指出,1947年哈佛商学院开设了第一堂创业课程,而南非在20世纪90年代初期才首次开设创业课程作为商业管理的一部分(Kroon,1997:172)。

创业教育可以是正式或非正式的。正式创业教育的批判者认为,正式的课堂学习可能会阻碍批判性思考的形成,而创业者倾向于"非传统、挑战现有假设并且在解决问题的过程中更加灵活"的思考方式(Kirby,2004:515)。一些早期的研究表明,"正式的学术培训阻碍了商业前沿的发展"(Bartlett,1988:26)。在非洲,无论是正式教育系统还是非正式教育系统,都对人们的生活产生了巨大影响。在国际劳动组织最近的一项研究中,汉恩(Hann,2001:4)发现,公共领域的正式教育培训课程已经过时、不再灵活也不再适用了。汉恩(Hann,2001:3)还称:"在过去的15年中,非正式领域的培训没有得到提高反而退化了。"

据史蒂文森(Stevenson,2002:1)称:

> 创业教学方法的基本原则包含三方面内容:第一,创业被视为一个过程而不是一个人来讲授;第二,是在学生中间树立一种信念——他们可以成为创业者;第三是树立信仰——创业管理不仅仅依靠灵感,更多还源于努力。

教师通过学习过程引导学习创业课程的学生培养创业者特质,该学习过程包括获得见解、知识、能力和技术。在坦桑尼亚、乌干达、赞比亚、津巴布韦和南非进行了一系列调查研究之后,弗里斯(Frese,2000:162)总结道:个人主动性、创新性、创业取向和自主性等心理特质是非洲人成功创业的重要因素。弗塔嫩(Virtanen,1997:4)认为,个性特点是能够解释和预测创业活动和行为的中间变量。

所以,正式的学术研究课程无法培养创业的特性,因为创业课程是通过"讲课、教材、论文及期末考试评估传统的方式来讲授的"(Levie,1999:4)。谈到教授创业课程,法雷尔(Farrell,1984:63)评论道:"我无法教授学生具备冒险的个性特点,但是我可以教他们分析这些风险、分析自己的选择并且从过去的错误中吸取教训。"另外,汉考克和菲茨西蒙斯(Hancock and Fitzsimons,2004:47)称,南非的正式教育体制不但没有提升创业的特性,而且还抑制了创业的个性发展。他们建议重新定位正式的创业教育体系,以更好地培养创业文化。

全球创业管理研究的一项重大发现(Reynolds et al.,2000:11)是,大多数创业者的年龄在25岁到44岁之间,而贝格利等(Begley et al.,2005:43)发现,典型的创业者在三十多岁开始创业。新生创业者的教育水平分布分别是研究生12.6%,本科生23.6%,专科生32.2%。实际上,许多刚刚创业的创业者都是教育水平偏低的年长者,这与传统上人们只有大学毕业才能创业的观点相悖。一大部分(63.8%)新生创业者的教育水平都低于专科毕业生(Reynolds et al.,2000:11)。世界银行在非洲进行的辅助调查显示,除了坦桑尼亚,其他所有国家的所有创业者中读完高中的人数不到50%,拥有大学文凭的人占总人数的15.7%(赞比亚)到26.1%(津巴布韦)(Ramachandran and Shah,1999:1)。所以很明显,这些创业者是在正式教育体制以外学到或获得创业特性的。假设在非正式部门工作的大多数人比正式教育体制内的人收获少,也是合理的。

学习是一个复杂的过程。课堂上,有的学生学到的多,有的学生学到的少,而且每个人都有自己的学习方法。个人的学习方法代表其通过更加有效的方式获得知识并运用知识去识别机会。教授和学习创业不同于其他学科。在其他与其相关和不相关的学科中,通常可以通过评估个人所拥有的知识和技能判断其课程的适用性。尽管创业课程是在课堂上讲授,仍然没有综合的理论去辅导创业者处理创业初期的各种不确定性。即使有这样的理论,真正的考验也是真实环境下长期的业绩情况(Block and Stumpf,1992:20)。迪金斯和弗里尔(Deakins and Freel,1998:145)认为:创业学习和创业过程的相关知识鲜为人知,仍然是"黑匣子"。当然,随着人们不断运用所学知识和经验摆脱环境束缚,他们学会了创业。很多理论解释了多种情境下的创业学习。本章中,我们认为通过经验或实践来学习最为重要,在这两种情况下,创业者能够根据特定环境和周围的人改变行为模式和行动。

因此,我们需要一种创业教育的新方法,不仅仅因为上述创业特性的相关问题,也因为创业者都是成年人,而且在世界大多数地区,尤其是非洲,有些人没有机会接受大学教育。这种情况下的创业培训可能是一个挑战,因为该项工作涉及成年人,需要用更为非正式的方式进行,需要进行在职培训,而且接受培训人员的工资又很低。

辅导:一种另类创业教育方法

非洲的整体环境是极其复杂多样的,不同国家之间、同一国家的不同地区之间存在着很大差别。鉴于这些特点,人们很难提出一种适用于所有非洲国家创业教育的策略并将其付诸实践。在某种情况下适用的方法可能在另一种情况下就不适用了。鉴于正规创业教育的本质及其具有争议性的成功,有必要找到适合非洲的创业教育方法。本章提出的方案重点关注的是农村制度的运行原则、创业者及与其有关联的个人,这些人能够在追求生活目标的同时辅导他人具备创业能力。

农村的发展需要建设良好的社会经济制度,这是所有社会互动的基础。遗憾的是,人们只有在社会经济制度发生变革或运行不顺利时才会意识到这些制度的重要性(Shaffer,1989:35)。制度环境在所有发展活动中都发挥重要的作用。制度环境在供给、市场和业务扩展方面发挥着重要作用。戴维斯和诺思(Davis and North,1971:6)认为:"制度环境是奠定生产和规范人们使用资源交换及分配回报的一整套政治、法律规定。"在传统的创业文献中,尽管制度制定对内外干预起到缓冲作用,但它还是被忽略了。拉坦(Ruttan,1984:549)表明,制度具有感知和容纳变革的能力。

因此,我们所提出的方法中的干预模式是通过现有机构实现的,这些机构包括社会单位,例如地方的个体而不是外来者。当地创业者更有能力创造价值并且利用包括人力资本在内的资源,他们也能为潜在的创业者树立榜样。

就方法论来看,我们运用了博尔顿(Bolton,1980:198)所界定的"辅导"一词:"一个有经验的人通过多种方式辅导并支持不断发展的新创业者的过程——树立榜样、引导、辅导、训练或成为朋友。"

个人需要得到认可——他们是积极的参与者,是我们所提出方法的核心。创业过程始于个人。哈佛商学院近期的一项研究表明:在财富200强公司(被认为是美国最大的200家公司)里,几乎所有公司都是个人创立的,包括福特和通用电气(Purrington and Bettcher,2001:2)。考察了关于个性特点和创业者行为的现有文献后,加特纳(Gartner,1988:63)总结道:创业是"个人在创造机构时扮演的角色",他还指出,应该从个体和行为角度来看待机构创建过程中的创业。创业者应该作为一个集体,通过关系网来推动创业,扮演好榜样和教育者的角色。创业者运用强联结和弱联结发展横向和纵向关系网络。这在发展导师和潜在创业者之间的业务关系方面有促进作用。随着这一过程的继续,创业将有助于形成以创业者为中心进行的"外部"控制小组。

在非正式部门,人脉网络对于新兴企业和公司的生存尤为重要。在关于创业的文献中,新兴创业者、家庭背景及先前的经历通常存在密切的联系。与家人和朋友的关系能够促进创业所需资金的流动(Blanchflower and Oswald,1998:44)。信任是家庭成员或朋友之间主要的联系来源之一。维护关系最终也有助于创业活动的形成。雷诺兹（Reynolds，1991:64）表明："潜在的创业者发现，冒险创业时承担的风险是来自于市场的话，情况还好，如果在自己脆弱时期被朋友或者同事利用会让人更不舒服。"我们发现潜在创业者得到了更多的保护，如果他们有朋友或同事作为导师，那么他们更加有能力承担风险，也更容易成功。作为导师的创业者，可以从培养专业人士和个人发展中获得满足感和成就感（Ragins and Scandura，1994:959）。作者发现，导师们也能通过对学员的辅导而在同辈中获得身份地位。

创业者之所以要结交人脉是因为群体的形成和发展，也就是他们的成功在很大程度上有赖于群体关系的密切程度及合作程度。这是因为："成功的创业活动并不总是独立出现的，而是发生在某个社区的社会环境下。营销商品的时候如此，在创业者建立与其所处环境之间的复杂联系时也是如此。"（MacKenzie，1992:39）

拉尼尔和李特尔（Lanier and Little，1986:528）提出："未来的教师及实习教师实际上可以'学习新招术'，同时掌握经商的各种学科知识和技能"。事实上，创业者就是实习教师，并且有效利用这一优势进行培训，这样做恰到好处。在合作学习的过程中，辅导卓有成效，因为创业者为新创业者提供辅导和帮助，尤其是当他们创业或是创建新公司遇到困难和挑战的时候。选择推动创业的创业者将继续追求自己的生计目标，但是也会花费一些时间去帮助他人改进创业所需的技能和态度。这一学习过程包括适应性学习，旨在应对变化而生存下去。它也体现了创造与整合经验的能力（Sullivan，2000:162）。

冈珀斯等（Gompers et al.，2005:612）简要概括了创业的外在性。在这里，作者指出"一些创业公司很可能是其他创业公司的发源地"。这种可能性确实存在，因为一家初创企业为其他新兴企业创造机遇，而且创业者的创业行为也是其他人学习的榜样。创业的这个层面很切合我们的方法，即让创业者做导师以激励他人创业。"向同龄人学习"这一成年人的学习原则也有效支持了这种方法。

仅仅依赖辅导还不足以鼓励创业。支持性的社会经济环境在促进非正式部门创业方面也很有必要。反过来，必要的资源和保障性环境又会变成支持创业的基本服务。在强调导师的必要性的同时，基础服务也同样重要。缺乏创业所需的基础服务会阻碍创业的传播。汉恩(Hann，2001:44)称，非洲城市非正式部门的中小企业主们所面临的最严峻挑战来自于政府机构的干预(80.8%)、办公地点的缺乏(77.7%)、市场和竞争(61.5%)及信誉的缺失(56.3%)。

外部环境能够对成功创业产生重大影响。外部环境包括创业者已知和未知的众多因素。与未知因素相比，已知因素算不上什么问题。未知的环境因素可能是一种威胁，也可能鼓励创业者将风险最小化或扩展业务。汉恩(Hann，2001:34)称，非洲创立的新企业中，大约有一半在创办的前三年倒闭。其中一个主要因素是，用于创造机遇或扩大机遇的可靠信息不易获取。新信息能够带来新的市场机遇，使业务组合多样化，降低处于停滞状态的市场运作的风险。这不仅能够促进创业，也能帮助创业者保持成功的状态。汉恩(Hann，2001:2)称，非正式部门的市场通常处于饱和状态，所以非正式部门的创业者要想使产品多样化并进入新市场以克服饱和问题，信息是不可或缺的因素。帕克(Parker，1996:30)发现，赞比亚的创业者所面临的最棘手问题是如何推销自己的产品，因为现有市场上的一些商品的客户很少，而对于其他产品而言，供应商竞争激烈。

充足的资金是创业的重要因素之一。创业者应有能力购买原材料及所需产品、附加值，甚至调整附加值过程中所运用的技术。在大多数中小企业的发展过程中，一个极具价值的因素是信贷。遗憾的是，发放和偿还贷款方面有很多不良记录。但本章指出，项目的价值是决定是否给予资金支持的主要因素。筹措资金不同于提供贷款。前者在进行之前要评估项目价值和偿还能力。采用这样的标准能够增加成功融资和企业运作的潜力。非洲非正式部门的大多数创业者所雇用的员工不足十人。对于这样的企业来说，其存款不太可能满足投资需求和抵押需要，因此通常无法筹措资金。

营造良好的创业环境必须具备高效率,以客户为导向和较少官僚主义的融资系统。短期的资金支持和长期的投资需求通常被视为企业发展和创业主动性形成的主要障碍。借贷障碍与缺乏其他融资来源,对借贷成本都有影响。

在促进创业和辅助企业发展课程方面,基础设施是一个重要因素。有利的支持体系能够促进商品的自由流通,尤其在非洲大陆,因为许多国家拥有共同的国界线。创业者不仅要降低产品的成本、为产品找到新市场,还要能够运送这些商品。流通的自由性对于创业者、商界和社会来说都是有益的。在这个信息科技时代,在社会经济领域发展的过程中,非洲对于信息技术的运用落后于其他地区。汉纳(Hanna,2002:1)引用塞贡·阿格拜(Segun Agbaje,担保信托银行主管)的话称,"在非洲,使用电话的人数不足人口总数的2%。"近期,有限的网络设施主要在省会城市使用,农村地区几乎与世隔绝。然而,鉴于大多数非洲国家都很贫困,发展完善基础设施可能还需要很长的一段时间。

创新型企业的形成与社区的知识和能力有直接关系。传播知识对于社区的其他成员有益处。知识的集体性是社区的重要资源,可以被视为社会资本。在不断变化的社会经济环境下,社会资本需要定期升级。人力资本是社会资本的核心,需要通过正式和非正式的方式不断得到发展。在前人研究的基础上,山田(Yamada,2004:308)表明:

> 关于知识社区和成功创业的社会资本的因果关系有两种假说。一种假说是,高级的创业知识社区是社会资本的某些异质实体建立的。另一种假说是高级知识社区的动力创造了社会资本。创业者们不遗余力地在实体之间寻求新的差异和意义。这是创业网络的活力来源,创业者根据自身动机参与这些活动是最重要的因素。

尽管信息、基础设施、资金和人力资源是创业及其发展的必要条件,但是仅有哪一种因素都是不够的。关于创业的大多数理论集中在个别因素，没有考虑到综合因素。山田（2004：309）认为，"创业的多维度视角可以用来描述两种现象——新知识的形成和发展（新产品和服务的产生）以及知识社区的发展。在理解创业的多维度视角时，不能将这两种现象割裂开来。"

创业是一种社会现象，出现在动态且复杂的环境中。诸如信息、基础设施、资金和人力资源发展的每种因素都会彼此巩固，最重要的是，培训者或教育者要准确理解上述因素在创业教育过程中，特别是在非正式部门中的协同作用。人们认为非正式部门的创业者群体具有很强的流动性，该领域本身非常容易解体。确定了辅导过程中促进创业教育的主要因素后，下图（图15-1）所示为非洲非正式部门创业者培训模型。

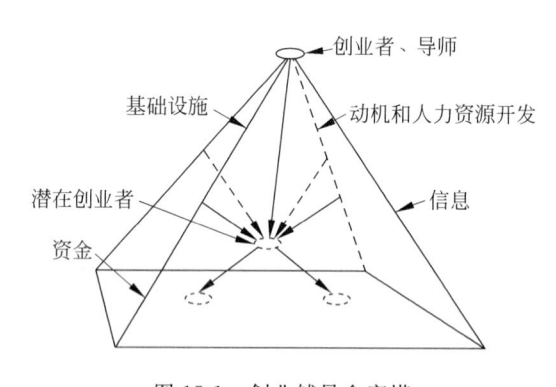

图 15-1　创业辅导金字塔

结论和政策影响

低迷的社会经济状况和匮乏的教育机会是非洲发展的主要障碍。注重创业发展能够刺激社会经济发展，尤其是在非正式部门。创业者能够成为潜在创业者的导师。因此，创业能够催生创业。潜在创业者是成年人，他们中的大多数必须在正式教育体制外学习。辅导是一种实用方法。针对农村经济发展的创业课程忽视了这一点。执行机构的一项主要任务是确保创业者不剥削与之相关的合作者。

参考文献

African National Congress (ANC) (2002), 'Extending the frontiers of prosperity', *ANC Today*, 2 (42), 18-24 October.

Aldrich, H. (1990), 'Using an ecological perspective to study organizational foundingrates', *Entrepreneurship Theory and Practice*, 14 (3), 7-24.

Amit, R., L. Glosten and E. Muller (1993), 'Challenges to theory development in entrepreneurship research', *Journal of Management Studies*, 30 (5), 815-833.

Bartlett, A. F. (1988), *Profile of the Entrepreneur or Machiavellian Management*, Leatherhead: Ashford Press.

Bauer, L. (1984), 'Remembrance of studies in the past: retracing the frst steps' in G. M. Meier and D. Seers (eds), *Pioneers in Development*, New York: Oxford University Press.

Begley, T. M., W. L. Tan and H. Schoch (2005), 'Politico-economic factors associatedwith interest in starting a business: a multi-country study', *Entrepreneurship Theory and Practice*, 29 (1), 35-55.

Billett, S. and T. Seddon (2004), 'Building community through social partnerships aroundvocational education and training', *Journal of Vocational Education and Training*, 56(1), 51-68.

Birkbeck, C. (1978), 'Self-employed proletarians in an informal factory: the case of Cali's garbage dump', *World Development*, 6 (9/10), 1173-1185.

Blanchflower, D. G. and A. J. Oswald (1998), 'What makes an entrepreneur?', *Journal of Labour Economics*, 16 (1), 26-60.

Block, Z. and S. A. Stumpf (1992), 'Entrepreneurship education research: experience and challenge', in D. J. Sexton and J. D. Kasarda (eds), *The State of the Art of Entrepreneurship*, Boston: PWS-Kent, pp. 17-45.

Bolton, E. B. (1980), 'A conceptual analysis of the mentor relationship in the career development of women', *Adult Education*, 30 (4), 195-207.

Brockhaus, R. H. (2001), 'Foreword', in R. H. Brockhaus, G. E. Hills, H. Klandt and H. P. Welsch (eds), *Entrepreneurship Education: A Global View*, Aldershot: Ashgate.

Bryceson, D. F. (1997), 'De-agrarianisation in Sub-Saharan Africa: acknowledging theinevitable', in D. F. Bryceson and V. Jamal (eds), *Farewell to Farms: De-agrarianisation and Employment in Africa*, research series 1997/10, African Studies Centre, Leiden and Aldershot: Ashgate, pp. 237-256.

Carols, E. S. and E. Thorbecke (1988), 'A multisectoral framework for the analysis of labour mobility and development in LDCs: an application to postwar Puerto Rico', *Economic Development and Cultural Change*, 37 (1), 127-148.

Chen, M. A. (2001), 'Women in the informal sector: a global picture, the global movement', *SAIS Review*, 21 (1), 71-82.

Conway, G. (2003), 'From the green revolution to the biotechnology revolution: food for poor people in the 21st century', Woodrow Wilson International Center for ScholarsDirectors Forum, Washington, DC: 12 March.

Davis, L. E. and D. C. North (1971), *Institutional Change and American Economic Growth*, New York: Cambridge University Press.

Deakins, D. and M. Freel (1998), 'Entrepreneurial learning and the growth process in SMEs', *The Learning Organization*, 5 (3), 144-155.

Farrell, K. (1984), 'Why B-schools embrace entrepreneurs', *Venture*, 6 (4), 60-63.

Frese, M. (ed.) (2000), *Success and Failure of Microbusiness Owners in Africa: A Psychological Analysis*, Westport, CT: Greenwood Publications.

Gartner, W. B. (1988), 'Who is an entrepreneur? is the wrong question', *Entrepreneurship Theory and Practice*, 13 (4), 47-68.

Gompers, P., J. Lerner and D. Scharfstein (2005), 'Entrepreneurial spawning: public corporations and the genesis of new ventures, 1986 to 1999', *Journal of Finance*, 60(2), 577-614.

Haggblade, S. and S. Hazell (1989), 'Agricultural technology and farm-nonfarm growth linkages', *Agricultural Economics*, 3 (4), 345-364.

Hancock, M. and P. Fitzsimons (2004), 'Global entrepreneurship monitor 2004', *National and Regional Summaries*, Kauffman Center for Entrepreneurial Leadership, KansasCity, MO: Ewing Marion Kauffman Foundation.

Hann, C. H. (2001), 'Training for work in the informal sector: new evidence from Eastern and Southern Africa', *Occasional Papers*, Geneva: International Labour Organization.

Hanna, J. (2002), 'Emerging opportunities in Africa', *Harvard Business School Working Knowledge*, 25 March, 1.

Hayami, Y. (1998), 'The peasant in economic modernization', in Carl K. Eicher and John M. Staatz (eds), *International Agricultural Development*, Baltimore, MD: Johns Hopkins University Press, pp. 300-315.

International Labour Organization (ILO) (1972), *Employment, Incomes and Equity: AStrategy for Increasing Productive Employment in Kenya*, Geneva: ILO.

Kirby, D. A. (2004), 'Entrepreneurship education: can business schools meet the 8challenge?', *Education and Training*, 46 (8-9), 510-519.

Kroon, J. (1997), '*Entrepreneurship education in South Africa: a lifelong *process*', paper presented at Annual Conference of the Southern African Entrepreneurship and Small Business Association, International Conference, Victoria Falls, Zimbabwe, 27-29 April.

Lanier, J. and J. Little (1986), 'Research on teacher education', in M. Wittrock (ed.), *Handbook of Research on Teaching*, 3rd edn, New York: Macmillan, pp. 527-569.

Levie, J. (1999), *A Survey on Entrepreneurship Education in Higher Education in England*, London: London Business School.

Liedholm, C. (2002), 'Small frm dynamics: evidence from Africa and Latin America', *Small Business Economics*, 18 (1-3), 225-240.

MacKenzie, L. R. (1992), 'Fostering entrepreneurship as a rural economic development strategy', *Economic Development Review*, 10 (4), 38-44.

Marquez, G. (1994), 'Inside informal sector policies in Latin America: an economist's view', in C. A. Rakowski (ed.), *Contrapunto: The Informal Sector Debate in LatinAmerica*, Albany, NY: State University of New York Press, pp. 153-173.

Martin, G. (2000), 'Employment and unemployment in Mexico in the 1990s', *Monthly Labour Review*, 123 (11), 3-18.

McCarthy, A., P. J. Morris and J. Winn (1997), 'A new look at undergraduate entrepreneurship education', paper presented at International Council for Small BusinessConference, San Francisco, CA: 21-24 June 1997.

Morris, M. H., P. Jones and D. Nel (1997), 'The informal sector, entrepreneurship, andeconomic development', *Journal of Developmental Entrepreneurship*, 2 (2), 83-98.

New Partnership for Africa's Development (NEPAD) (2002), *Comprehensive Africa Agriculture Development Programme*, Rome: Food and Agriculture Organization.

O'Donoghue, D. (2001), 'A little TLC works wonders', *Education Times*, 17, 13.

Parker, J. C. (1996), 'Micro and small-scale enterprises in Zambia: results of the 1996 nationwide survey', *Development Alternatives Inc.*, for the Overseas Development Administration, December.

Pisani, M. J. and J. A. Pagan (2003), 'Sectoral queuing in a transitional economy: the caseof Nicaragua in the 1990s', *Labour*, 17 (4), 571-597.

Pisani, M. J and M. J. Patrick (2002), 'A conceptual model and propositions for bolstering entrepreneurship in the informal sector: the case of Central America', *Journal of Developmental Entrepreneurship*, 7 (1), 95-111.

Plaschka, G. R. and H. P. Welsch (1990), 'Emerging structure in entrepreneurship education: curricular designs and strategies', *Entrepreneurship Theory and Practice*, 14 (3), 55-70.

Purrington, C. A and K. E. Bettcher (2001), 'From the garage to the boardroom: the entrepreneurial roots of America's largest corporations', National Commission onEntrepreneurship.

Ragins, B. R. and T. Scandura (1994), 'Gender differences in expected outcomes of mentoring relationships', *Academy of Management Journal*, 37 (4), 957-971.

Ramachandran, V. and M. K. Shah (1999), 'Minority entrepreneurs and frm performancein Sub-Saharan Africa', RPED Paper ♯ 080, Africa Region, Washington, DC: WorldBank.

Reynolds, P. D. (1991), 'Sociology and entrepreneurship concepts and contributions', *Entrepreneurship, Theory and Practice*, 16 (2), 47-67.

Reynolds, P. D., M. Hay, W. D. Bygrave, S. M. Camp and E. Autio (2000), 'Global entrepreneurship monitoring', *2000 Executive Report*, Kauffman Center for Entrepreneurial Leadership, Kansas City, MO: Ewing Marion Kauffman Foundation.

Robinson, I. (2002), 'Polarizing Mexico: the impact of liberalization strategy/growth, employment and equity: the impact of the economic reforms in Latin America and the Caribbean', *Relations Industrielles*, 57 (3), 579-582.

Ruttan, V. W. (1984), 'Social science knowledge and institutional change', *American Journal of Agricultural Economics*, 66 (December), 549-559.

Shaffer, R. (1989), *Community Economics: Economic Structure and Change in Smaller Communities*, Ames, IA: Iowa State Press.

Stevenson, H. (2002), 'Entrepreneurship: it can be taught', *Harvard Business School Working Knowledge*, 22 April.

Sullivan, R. (2000), 'Entrepreneurial learning and mentoring', *International Journal of Entrepreneurial Behaviour and Research*, 6 (3), 160-175.

Thomas, A. (2004), 'Africa's thirst for knowledge', *Business in Africa*, 1 April, 1.

United Nations (2002), *Protecting Marginalized Groups during Economic Downturns: Lessons from the Asian Experience*, New York: United Nations Economic and Social Commission for Asia and the Pacifc.

Van Daalen, H. J. (1989), *Individual Characteristics and Third World Entrepreneurial Success*, D. Com thesis, University of Pretoria, South Africa.

Virtanen, M. (1997), 'The role of different theories in explaining entrepreneurship', in S. Kunkel (ed.), *Entrepreneurship: The Engine of Global Economic Development: Journal of Best Papers of the 2nd World Conference*, San Francisco, CA: International Council for Small Business.

World Bank (1989), *Sub-Saharan Africa: From Crisis to Sustainable Growth*, Washington, DC: World Bank.

Yamada, G. (1996), 'Urban informal employment and self-employment in developing-countries: theory and evidence', *Economic Development and Cultural Change*, 44 (2), 289-314.

Yamada, J. (2004), 'A multi-dimensional view of entrepreneurship: towards a researchagenda on organization emergence', *Journal of Management Development*, 23 (4), 289-320.

译后记

创新创业教育旨在培养最具有开创性的人，包括首创精神、冒险精神、创业能力、独立工作能力的提升，创新创业教育本质上是一种实用教育。他山之石，可以攻玉。有辨别地借鉴与学习，有利于自身的提高与完善。

译著《国际创业教育》系"创新创业教育译丛"中具有国际视野的典范，其研究点位涵盖英国、美国、意大利、阿根廷、加拿大、法国及非洲。该书内容包括创业教育领域的问题探讨与时代创新，企业中教学的困难与反思，商学院是否能教授人们创业，创业计划大赛的作用，英美创业教育方式的异同比较，成功企业家干预创业，商业计划竞赛的实证评估，国际职业生涯教育的可行性，创业课程的新理念与新策略，工科大学的创业精神，意大利与阿根廷大学生潜在创业能力的对比分析，加拿大学生创业动机与偏好的研究，法国博士生创业动机的局限，非洲非正式领域的创业路径研究。

自20世纪90年代初科学领域出现关于创业教育的专题会议，创业教育日益成为研究者们的兴趣焦点。本书编选自2003年格勒诺布尔会议会刊，其跨地区、多点位的研究为创业教育的深入研究提供了更为广阔的视角。本书分为三个部分：首先是创业教育的关键问题，其次是创业教育方法论的创新，最后一部分涉及扩大和促进创业文化及培养创业潜能。

本书的顺利面世与"创新创业教育译丛"翻译团队全体成员的辛勤付

出、全心投入密不可分。在此,我尤其感谢译丛主编杨晓慧教授的悉心指导和大力支持,这给团队成员以强大的精神信念支撑;孔洁珺等核心成员的协同攻关,攻克了很多语言翻译上的难题;王晨霏、李佳璐等同事也帮助完成了大量基础性工作。

金 昕

2017 年 7 月 17 日

图书在版编目(CIP)数据

国际创业教育:议题与创新/(法)阿兰·法约尔,(德)海因茨·克兰特编;金昕,王占仁译.—北京:商务印书馆,2019

(创新创业教育译丛)
ISBN 978-7-100-17633-0

Ⅰ.①国… Ⅱ.①阿… ②海… ③金… ④王… Ⅲ.①创造教育-研究 Ⅳ.①G40-012

中国版本图书馆 CIP 数据核字(2019)第 144108 号

权利保留,侵权必究。

国际创业教育
—— 议题与创新

〔法〕阿兰·法约尔
〔德〕海因茨·克兰特   编

金 昕 王占仁 译

王晨霏 曹清华 李 莹 张思奇 校

商 务 印 书 馆 出 版
(北京王府井大街36号 邮政编码100710)
商 务 印 书 馆 发 行
北京艺辉伊航图文有限公司印刷
ISBN 978-7-100-17633-0

2019年9月第1版　　　开本 787×960 1/16
2019年9月北京第1次印刷　　印张 20½
定价:60.00元